智能控制技术示范特色专业及实训基地建设项目系列教材

智能网联汽车技术

主　编　马亚勤　李　鹏　张　凤

副主编　孔德就　邓汝奎　马建伟

　　　　姜海鹏　马明勤　吴自勤

合肥工业大学出版社

图书在版编目(CIP)数据

智能网联汽车技术/马亚勤,李鹏,张凤主编. --合肥:合肥工业大学出版社,2024.5.

ISBN 978 - 7 - 5650 - 6799 - 0

Ⅰ.U463.67

中国国家版本馆 CIP 数据核字第 2024UM8696 号

智能网联汽车技术

ZHINENG WANGLIAN QICHE JISHU

主 编	马亚勤 李 鹏 张 凤		责任编辑	毕光跃 郭 敬

出 版	合肥工业大学出版社	版 次	2024 年 5 月第 1 版
地 址	合肥市屯溪路 193 号	印 次	2024 年 5 月第 1 次印刷
邮 编	230009	开 本	787 毫米×1092 毫米 1/16
电 话	理工图书出版中心:0551 - 62903204	印 张	16.75
	营销与储运管理中心:0551 - 62903198	字 数	400 千字
网 址	press. hfut. edu. cn	印 刷	安徽联众印刷有限公司
E-mail	hfutpress@163.com	发 行	全国新华书店

ISBN 978 - 7 - 5650 - 6799 - 0 定价:49.50 元

如果有影响阅读的印装质量问题,请与出版社营销与储运管理中心联系调换

前　　言

在当今万物互联与人工智能广泛渗透的时代背景下，汽车产业正经历前所未有的深刻变革。汽车电动化、智能化、网联化及共享化已成为不可逆转的发展趋势。智能化技术作为核心驱动力，为解决环境污染问题、提升交通安全水平、优化能源结构及缓解交通拥堵等提供了关键路径。智能网联汽车，作为这一变革的标志性产物，集成了人工智能、信息通信大数据等前沿技术，构建了全新的汽车产业生态链，对跨界复合型人才的需求日益增长。

自动驾驶汽车技术，作为智能网联汽车领域的核心组成部分，是一项复杂且庞大的系统工程。其核心在于环境感知，即智能车辆对外部环境与内部状态信息的全面采集、精准处理与深入分析，这是实现车辆自主行驶的前提与基础。环境感知依赖于多样化的车载传感器，这些传感器如同车辆的"感官"，可以实时捕捉周边环境的细微变化。通过对复杂算法的运算与解析，这些原始数据被转化为指导车辆行为的决策依据。因此，环境感知技术实为硬件设备与软件算法的高度融合体。其中，硬件设备构成了感知的物理基础，主要包括超声波雷达、毫米波雷达、激光雷达、视觉传感器及多传感器信息融合系统等关键组件。

本书紧密结合二十大报告中关于科技创新、产业升级等方面的精神，以打造"金教材"为目标，力求将专业知识与实践案例相结合，为读者呈现一个全面、系统且具有前瞻性的知识体系。本书主要有以下特点。

1. 系统全面

本书涵盖相关技术、系统和应用领域的知识，从传感器到通信技术，再到车辆控制和自动驾驶等，均进行了详细介绍。读者可以全面了解智能网联汽车的各个方面。

2. 紧跟行业前沿

随着技术的不断进步和应用的推广，智能网联汽车已经成为汽车行业的发展趋势。本书及时更新最新的技术、政策和行业动态，使读者能够紧跟行业的发展脉搏。

3. 多学科交叉

本书广泛涉及了计算机科学、通信工程、车辆工程等多个学科领域，为读者呈现了一个综合性的知识体系。本书不仅深入探讨了智能网联汽车的技术原理和发展趋势，还详细分析了这些技术如何在不同学科中相互融合与应用，从而为读者提供了一个全面了解智能网联汽车领域的平台。通过本书，读者能够洞察到跨学科合作在推动汽车工业创新发展中的重要性和潜力。

4. 实用性强

智能网联汽车是实际应用的产物。本书紧密围绕这一特性，高度注重对实际应用案例的详实介绍，并且精心设置实践环节，助力读者将理论知识有效地应用于实际操作之中。此外，为了极大地丰富教学手段、显著提升学生的学习体验，本书还配备了极为丰富的数字资源，涵盖动画、教学视频及教学课件等。

本书与上海景格科技股份有限公司合作编写，旨在实现教学与生产对接，实训项目均来自企业真实案例，实用性更强。本书有助于学校了解企业对人才的需求，使教材内容更加贴近实际工作岗位，提高学生的职业能力和职业素养。

尤为值得一提的是，本书还拥有配套在线课程，读者可在线学习、留言、答疑、记录学习进度、分享学习心得、评估学习效果等。本书为读者打造了更加多元化且互动性十足的学习平台，带给读者更加全面且深入的学习感受。

本书旨在全面而深入地阐述智能网联汽车及其相关技术的基础理论环境感知技术的原理与应用、通信技术的最新进展、车辆定位与导航技术的实现方式,以及智能决策技术的实践探索。本书的编写坚持科学性、实用性与通用性的统一原则,确保内容既符合职业教育汽车类专业课程体系的标准要求,又能够满足行业发展的实际需求。

本书不仅适用于新能源汽车工程技术、智能网联汽车工程技术、汽车工程技术等相关专业的教学与学习,同时也可作为自动驾驶汽车领域工程技术人员的参考读物,助力其提升专业技能与素养。

鉴于编者水平有限,以及智能网联汽车技术的快速发展与持续创新,我们深知本书在内容覆盖与深度挖掘上难免存在不足。因此,我们诚挚邀请广大读者不吝赐教,对本书的不足之处提出宝贵意见与建议,以便我们在未来的修订工作中不断完善与提升本书。

编　者

2024 年 3 月

目　　录

项目 1　智能网联汽车关键传感器技术与装调 ················· (001)

　　任务 1　智能汽车传感器认知 ··············· (002)
　　任务 2　激光雷达技术应用及装调 ··········· (009)
　　任务 3　毫米波雷达传感器技术应用及装调 ··· (025)
　　任务 4　超声波传感器技术应用及装调 ······· (050)
　　任务 5　视觉传感器技术及装调 ············· (066)

项目 2　高精度地图及车辆定位与导航技术 ················· (089)

　　任务 1　智能网联汽车高精度地图及制作 ····· (090)
　　任务 2　车载卫星导航定位系统认知与装调 ··· (098)
　　任务 3　车载惯性导航系统认知与装调 ······· (127)

项目 3　智能网联汽车通信及网络技术 ····················· (156)

　　任务 1　5G 通信技术在智能网联汽车中的应用 ··· (157)
　　任务 2　物联网无线通信技术 ··············· (162)
　　任务 3　光纤通信技术在智能网联汽车中的应用 ··· (176)
　　任务 4　交通大数据及车联网平台 ··········· (180)
　　任务 5　车载自组织网络技术 ··············· (187)

项目 4　智能网联汽车整车联调与路试 ····················· (196)

　　任务 1　智能网联实训车多传感器融合调试 ··· (197)
　　任务 2　智能网联实训车自动巡航 ··········· (209)
　　任务 3　自动紧急制动系统 ················· (223)
　　任务 4　智能网联实训车障碍物规避 ········· (229)
　　任务 5　车道保持辅助系统 ················· (242)
　　任务 6　智能网联汽车交通信号灯与交通标志识别技术 ··· (248)

参考文献 ·························· (259)

二维码索引

【微课】 智能汽车传感器认知 ……… （002）

【动画】 机械旋转式激光雷达 ……… （009）

【微课】 激光雷达认知 ………………… （013）

【动画】 激光雷达脉冲测距法 ……… （013）

【动画】 激光雷达干涉测距法 ……… （014）

【动画】 激光雷达相位测距法 ……… （015）

【微课】 激光雷达传感器功能测试

……………………………… （017）

【微课】 车载毫米波雷达认知 ……… （028）

【动画】 车载毫米波雷达的结构 …… （029）

【动画】 车载毫米波雷达工作原理 … （034）

【微课】 毫米波雷达传感器功能测试

……………………………… （039）

【微课】 超声波传感器认知 ………… （050）

【动画】 超声波传感器的数学模型

……………………………… （052）

【动画】 超声波脉冲回波检测原理 … （055）

【微课】 超声波传感器功能测试 …… （059）

【动画】 单目摄像头测距原理 ……… （073）

【动画】 双目摄像头测距原理 ……… （074）

【微课】 车载普通摄像头传感器的应用

……………………………… （076）

【微课】 视觉传感器功能测试 ……… （077）

【微课】 智能网联汽车的发展 ……… （084）

【微课】 高精度地图技术 …………… （090）

【微课】 高精度地图的创建、制作和共享

……………………………… （094）

【微课】 北斗卫星导航系统 ………… （109）

【微课】 车载卫星导航定位系统整车联调

测试 …………………… （115）

【微课】 车载惯性导航系统功能测试

……………………………… （139）

【微课】 车载惯性导航系统整车联调

测试 …………………… （147）

【微课】 蜂窝移动通信技术 ………… （159）

【微课】 短距离无线通信技术 ……… （167）

【微课】 交通信息发布及诱导系统

……………………………… （190）

【微课】 智能网联汽车技术等级 …… （193）

【微课】 多传感器融合系统调试 …… （201）

【微课】 自动紧急制动系统 ………… （223）

【微课】 车道保持辅助系统 ………… （242）

【微课】 智能网联汽车技术的应用

……………………………… （255）

项目1 智能网联汽车关键传感器技术与装调

车辆环境感知技术是智能网联汽车关键技术之一,其主要是通过安装在智能网联汽车上的传感器或自组织网络,对道路、车辆位置、行人、交通标志、交通信号灯、驾驶员状态等进行检测和识别,并将这些信息进行融合处理,从而实现对车辆行驶环境的整体感知,最终保证车辆良好的通过性、安全性、平顺性和经济性。

车辆环境感知技术包括车载雷达技术、视觉传感器技术以及高精度地图及定位导航技术。车载雷达技术,主要通过激光雷达、毫米波雷达和超声波雷达来确定车辆在环境中的位置、速度和方向;视觉传感器技术,主要通过摄像头来识别车道线、行驶中的车辆、停车位等;高精度地图及定位导航技术,利用多种数据在高精度地图中对车辆进行精确的定位。

本项目主要介绍车载雷达技术和视觉传感器技术,而高精度地图及车辆定位与导航技术将在项目二中介绍。

任务 1　智能汽车传感器认知

一、认识智能汽车传感器

(一)智能汽车传感器的组成

在传感技术领域,智能汽车传感器主要由敏感元件和转换元件组成。此外,根据实际需要,信号调节与转换电路以及辅助电源也可能作为智能汽车传感器的组成部分。智能汽车传感器的组成如图 1-1-1 所示。

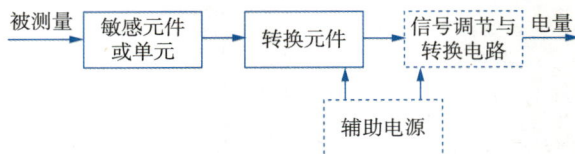

【微课】
智能汽车传感器认知

图 1-1-1　智能汽车传感器的组成

1. 敏感元件

敏感元件是指直接感受被测量(一般为非电量),并按一定规律转换成与被测量有确定关系的某一物理量的元件。例如,应变式压力传感器的弹性膜片就是敏感元件,其作用是将压力转换为弹性膜片的变形。

2. 转换元件

转换元件是指在智能汽车传感器中,将敏感元件感知或响应的被测量转换为适合传输和测量的电信号部分。当输出信号符合规定的标准时,通常将之称为变送器或转换器。它通常不直接接收被测量,而是将敏感元件的输出量转换为电信号输出。举个例子,应变式压力传感器中的应变片,作用是将弹性膜片的变形转换为电阻值的变化。

3. 信号调节与转换电路

信号调节与转换电路是一种电路,用于将转换元件输出的电信号转换为便于显示、记录、处理和控制的有用电信号。不同类型的传感元件需要使用不同的信号调节与转换电路。常用的电路包括电桥、放大器、振荡器和阻抗变换器。

(二)智能汽车传感器的分类

智能汽车传感器有很多种分类方法,例如有按测量对象划分的,有按工作原理划分的,有按功能划分的,有按使用区域划分的;但目前还没有统一的分类方法。智能汽车传感器的分类如图 1-1-2所示。

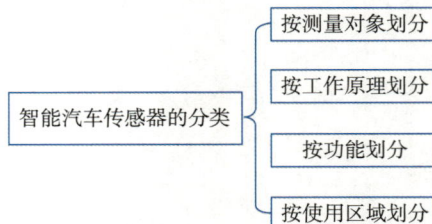

图 1-1-2　智能汽车传感器的分类

1. 按测量对象划分

智能汽车传感器按测量对象可以分为温度传感器、压力传感器、流量传感器、气体浓度传感器、位置传感器、转速传感器、加速度传感器、距离传感器等。智能汽车传感器按测量对象划分情况见表 1-1-1 所列。

表 1-1-1　智能汽车传感器按测量对象划分情况

类别	说明
温度传感器	主要用于检测发动机温度、吸入气体温度、冷却液温度、燃油温度、环境温度等
压力传感器	主要用于检测气缸负压、大气压、涡轮发动机升压比、气缸内压、油压等
流量传感器	主要用于检测发动机空气流量和燃料流量等
气体浓度传感器	主要用于检测车辆内气体和废气排放的浓度等
位置传感器	主要用于检测曲轴转角、节气门开度、制动踏板位置、车辆位置等
转速传感器	主要用于检测发动机转速、车轮转速和行驶车速等
加速度传感器	主要用于测量纵向加速度、横向加速度和垂直加速度等
距离传感器	主要用于测量汽车行驶的距离及汽车至障碍物的距离等

2. 按工作原理划分

智能汽车传感器按工作原理可以分为电阻式传感器、电容式传感器、电感式传感器、压电式传感器、电磁式传感器、热电式传感器、光电式传感器、电化学式传感器等。智能汽车传感器按工作原理划分情况见表 1-1-2 所列。

表 1-1-2　智能汽车传感器按工作原理划分情况

类别	说明
电阻式传感器	是指将被测量变化转换成电阻变化的传感器,如空气流量传感器、压力传感器、节气门位置传感器等
电容式传感器	是指将被测量变化转换成电容量变化的传感器,如机油传感器、碰撞传感器、燃油液位传感器等
电感式传感器	是指将被测量变化转换成电感量变化的传感器,如位置传感器、爆震传感器、加速度传感器等
压电式传感器	是指将被测量变化转换成由于材料受机械力作用而产生的静电电荷或电压变化的传感器,如进气压力传感器、减振器传感器等
电磁式传感器	是指利用磁通量的变化,将被测量在导体中转换成电信号变化的传感器。它利用导体和磁场发生的相对运动而在导体两端输出感应电势,如发动机转速传感器、车轮转速传感器、转向盘转角传感器等
热电式传感器	是指将被测量变化转换成热生电动势变化的传感器,如水温传感器、空气流量传感器、进气温度传感器等
光电式传感器	是指将光通量转换成电量的传感器,如曲轴位置传感器、红外传感器等
电化学式传感器	是指利用被测量的电化学反应,将其变化转换成电位或者电导率变化的传感器,如氧传感器、湿度传感器等

3. 按功能划分

智能汽车传感器按功能可以分为汽车控制用传感器和汽车性能检测用传感器。智能汽车传感器按功能划分情况见表1-1-3所列。

表1-1-3　智能汽车传感器按功能划分情况

类别	子类别	说明
汽车控制用传感器	发动机控制系统传感器	如流量传感器、压力传感器、气体浓度传感器、温度传感器、爆燃传感器等
	底盘控制系统用传感器	如悬架控制用传感器、制动防抱死系统(ABS)传感器、驱动防滑系统(ASR)传感器、稳定性控制系统(ESP)传感器、自适应巡航控制系统传感器、车道偏离报警系统传感器、车道保持辅助系统传感器、汽车并线辅助系统传感器、汽车自动刹车辅助系统传感器、自动泊车辅助系统传感器等
	车身控制传感器	如汽车姿态控制传感器、智能空调传感器、安全气囊传感器、汽车自适应前照明系统传感器、汽车夜视辅助系统传感器、汽车平视显示系统传感器等
	导航控制用传感器	如微机械陀螺仪、电子罗盘等
汽车性能检测用传感器	汽车动力性能检测传感器	
	汽车燃料经济性检测传感器	
	汽车制动性能检测传感器	
	汽车操纵稳定性检测传感器	
	汽车行驶平顺性检测传感器	
	汽车灯光检测传感器	
	轮胎压力检测传感器	

4. 按使用区域划分

智能汽车传感器按使用区域可以分为发动机传感器、底盘传感器、车身传感器、电器传感器、导航传感器等。

(三)智能汽车传感器的特点

1. 适应性强,耐恶劣环境

汽车行驶环境复杂多变,包括低于-40 ℃的极寒地区、超过40 ℃的酷热地区以及海拔5000 m以上的高原地区。因此,智能汽车传感器必须具备极强的适应性,以确保在这些特殊环境中正常运行。此外,智能汽车传感器还需要具备良好的密封性能,能够抵御潮湿和腐蚀。

2. 抗干扰能力强

智能汽车传感器除了具备抵御恶劣外部环境的能力,也要能够抵抗来自汽车内部的各种干扰。这些干扰包括发动机工作时的高温、振动及由汽车电源产生的高压电脉冲等。这些因素都会对传感器信号产生干扰,因此智能汽车传感器必须具备抵御来自汽车本身的各种干扰的能力。

3. 稳定性和可靠性高

由于汽车工作环境的特殊性，智能汽车电子控制系统中的传感器经常在恶劣的环境下工作，如高温、强振动和油污等。因此，智能汽车传感器除了需要适应这些恶劣环境，还必须具备高稳定性和高可靠性，需要能够长时间稳定可靠地工作。

4. 性价比高，适应大批量生产

汽车正在变得越来越数字化、智能化、联网化和自动化。作为这一趋势的一部分，智能汽车需要使用大量的传感器，数量甚至达到数百个。然而，这也意味着智能汽车传感器的性价比必须足够高，否则难以在大规模范围内推广使用。

（四）智能汽车传感器技术的发展趋势

智能汽车传感器技术的发展趋势是微型化、多功能化、集成化、智能化和网络化。

1. 微型化

微型传感器具有体积小、成本低和可靠性高等优势。此外，通过应用微机械加工技术和微米/纳米技术，可以将微传感器、微执行器以及信号和数据处理装置集成在一个微系统中，从而提高系统测试精度，实现更精确的测量。

2. 多功能化

多功能化指的是一个传感器可用于检测多种不同类型的参数。它能够同时实现多种传感器的功能，从而减少所需传感器的数量，提高系统的可靠性。

3. 集成化

集成化是指将敏感元件和处理器结合到一个芯片上，形成集成式传感器，利用微电子机械系统（MEMS）技术实现。这种集成化技术能够有效降低汽车中使用的传感器的数量。因此，集成化是未来智能汽车传感器技术发展的主要方向。

4. 智能化

智能化是指能够实现信息存储、信息处理、逻辑思考和结论判断的能力，相当于传感器与微型电脑的结合。这种技术将信息处理和控制电路集成在一个芯片中，具备自动诊断、多参数综合测量和误差补偿等功能。

5. 网络化

随着汽车智能化和网联化的发展，各种控制系统间的数据通信变得更加频繁，以分布式控制系统为基础构造汽车车载传感器网络是十分必要的。大量数据的快速交换、高可靠性、抗电磁干扰及低成本是车载传感器网络系统的要求。

智能网联汽车是指装备了先进的车载传感器、控制器、执行器等设备，将现代通信和网络技术充分应用于其中的汽车。它能够感知复杂的环境情况，做出智能化的决策，并进行自动化的控制。通过与外部节点的信息共享和协同控制，智能网联汽车能够综合实现安全、节能、环保和舒适行驶。通过安装在车辆上的多种外部环境感知传感器，智能网联汽车能够感知周围环境的情况。根据分析结果，它可以判断车辆的安全和危险状态，并控制车辆按照人类的意愿前往目的地。最终的目标是取代人类进行自动驾驶操作。

二、智能汽车环境感知传感器类型

智能汽车目前使用的环境感知传感器主要包括超声波传感器、毫米波雷达传感器、激光雷达传感器、视觉传感器、车载卫星导航定位系统和车载惯性导航系统。这些传感器的主要作用是感知汽车周围的环境。超声波传感器、毫米波雷达传感器、激光雷达传感器和视觉传感器用于感知外部环境，可以识别静止物体和移动物体。车载卫星导航定位系统和车载惯性导航系统用于感知车辆自身的运动状态，位置、朝向和速度等因素都涵盖其中。主要环境感知传感器类型如图1-1-3所示。

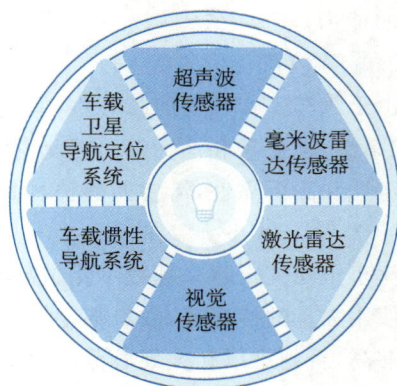

图1-1-3　主要环境感知传感器类型

🔔 知识拓展

一、智能汽车

智能汽车是在传统汽车上加装了先进的传感器（雷达、摄像头等）、控制器（发动机控制单元、整车控制单元等）、执行器等，使汽车能够感知周围环境并做出智能决策的车辆。它能够与人、其他车辆、道路和云端进行信息交流，从而实现自动驾驶和导航功能，让车辆能够按照人类的意愿到达目的地。智能汽车利用车载环境感知系统和信息终端，能够自动分析车辆的行驶状态，并做出相应的决策，最终目的是实现代替人类驾驶的目标。这种创新技术的引入，提高了行车的舒适性、安全性和效率，将为交通行业带来革命性的变革。智能汽车如图1-1-4所示。

智能汽车的初级阶段是具有先进驾驶辅助系统（advanced driver assistance system, ADAS）的汽车，终极目标是无人驾驶汽车。

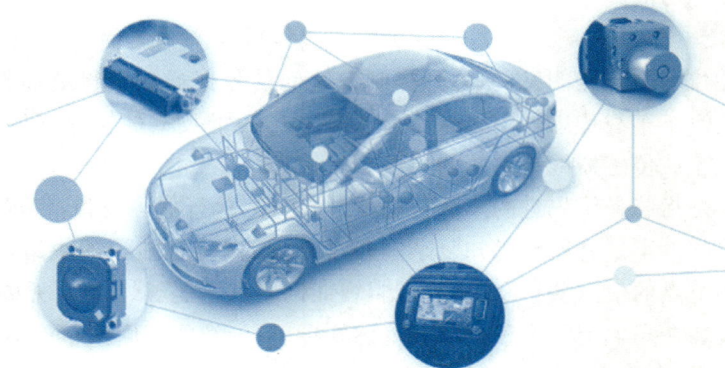

图1-1-4　智能汽车

二、无人驾驶汽车

无人驾驶汽车是一种具备自主感知、决策和控制能力的智能汽车。通过搭载环境感知系统，无人驾驶汽车可以感知道路和周围的环境，并自动规划和辨识行车路径，从而安全地将车辆驾驶至目的地。无人驾驶汽车的核心是将传感器、计算机、人工智能、无线通信、导航定位、模式识别、机器视觉和智能控制等先进技术综合应用。无人驾驶汽车的技术融合如图 1-1-5 所示。相较于传统智能汽车，无人驾驶汽车具备更强大的环境感知系统、中央决策系统和底层控制系统，它能够全程监测交通状况，实现完全自动的控制，并有效地实现驾驶目标。无人驾驶汽车的发展将为人们的出行提供便利，提升驾驶安全性，并对交通流量和能源消耗等方面产生积极影响。

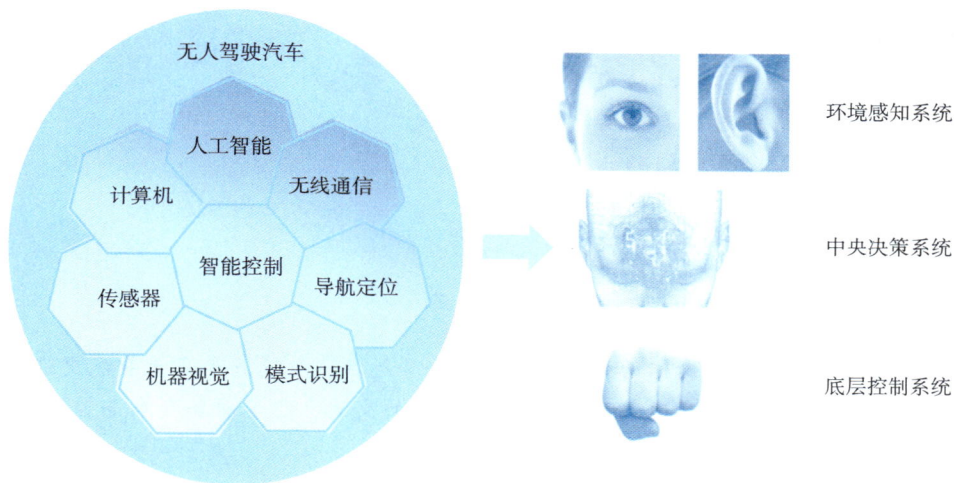

图 1-1-5　无人驾驶汽车的技术融合

实现无人驾驶有两种方法：一种是基于人工智能的专家系统算法，让汽车依据行驶规则进行智能化行驶；另一种是基于自学习系统，让车辆在行驶过程中不断评估和优化自动驾驶能力。

无人驾驶的技术思路也有两种：一种是基于车辆自身感知和决策能力的自动驾驶；另一种是基于网络协同感知技术实现的无人驾驶。

无人驾驶汽车是汽车智能化和网联化发展的最终目标。全球范围内，人们在研究不同类型的无人驾驶技术，并取得了一定成果。

三、智能网联汽车

智能网联汽车（intelligent connected vehicle，ICV）是一种跨技术、跨产业领域的新兴汽车体系。作为一种新兴事物，其定义不尽相同，但智能网联汽车的终极目标都是可以上路安全行驶的无人驾驶汽车。

从狭义上讲，智能网联汽车是指搭载先进的传感器、控制器和执行器等设备的新一代汽车。它利用现代通信和网络技术，能够与周围的车辆、道路和基础设施进行智能信息交流和共享。智能网联汽车具备复杂环境感知、智能决策、协同控制和执行等功能,能够安全、舒适、节能、高效地行驶。最终,它的目标是能够实现无人驾驶,即在没有人操作的情况下,能够安全地上路行驶。智能网联汽车是未来汽车发展的一种新兴趋势,它将为人们的出行带来更多便利和提高安全性。

从广义上讲,智能网联汽车是一种新一代的多车辆系统,通过将现代通信和网络技术应用于车辆,实现车辆与外部节点的信息共享和协同控制。这样的系统可以使车辆在行驶过程中更加安全、有序、高效和节能。它以车辆为中心,将车辆与外界连接起来,使车辆可以相互交流和协同运行。智能网联汽车的出现将给我们的出行带来革命性的变化。智能网联汽车如图1-1-6所示。

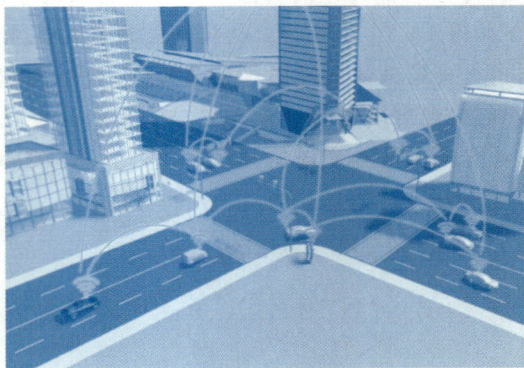

图1-1-6　智能网联汽车

四、智能网联汽车相关概念间的关系

智能网联汽车相关概念间的关系如图1-1-7所示。智能汽车属于智能交通范畴,而智能网联汽车则是智能交通、智能汽车和车联网的交叉。智能网联汽车是智能交通系统的重要组成部分,也是车联网体系中的一个重要节点。

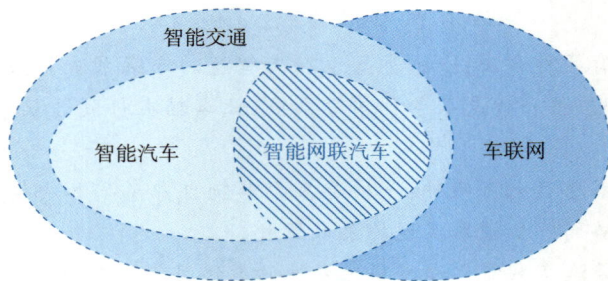

图1-1-7　智能网联汽车相关概念间的关系

智能网联汽车主要关注车辆本身,并解决影响行业发展的核心问题,如安全性、能源效率和环保性问题。智能网联汽车的最终目标是实现无人驾驶。而车联网则专注于建立庞大的交通系统,以提供全面且准确的信息服务。

任务 2　激光雷达技术应用及装调

激光雷达（LiDAR）是一种主动传感器，利用激光测距技术来探测环境信息。它能够准确地获取物体的三维位置信息，并确定其位置、大小、外观和材质。其工作原理是向物体发射激光，并根据接收到的反射激光的时间间隔来计算物体与雷达的实际距离。同时，结合激光发射的角度和三角函数原理，它可以推导出物体的位置信息。在无人驾驶系统中，激光雷达通常安装在车辆的顶部，是导航、定位和避障的关键组件，如图 1-2-1 所示。

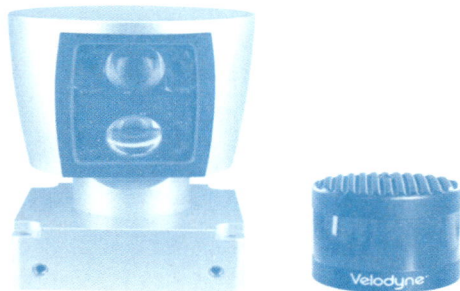

图 1-2-1　激光雷达

一、激光雷达传感器分类

激光雷达传感器按有无机械旋转部件，可分为机械旋转式激光雷达、固态激光雷达和多线混合固态激光雷达。

【动画】

机械旋转式激光雷达

（一）机械旋转式激光雷达

机械旋转式激光雷达，通过不断旋转发射头，将速度更快、发射更准的激光从"线"变成"面"，并在竖直方向上排布多束激光，形成多个面，达到动态扫描并动态接收信息的目的。

因为带有机械旋转机构，所以机械旋转式激光雷达结构上最大的特点就是自己会转，设备的体积较大。

机械旋转式激光雷达如今技术相对成熟，但价格昂贵。机械旋转式激光雷达同时存在光路调试、装配复杂，机械旋转部件在行车环境下的可靠性不高等弊端。机械旋转式激光雷达如图 1-2-2 所示。

（二）固态激光雷达

相比于机械旋转式激光雷达，固态激光雷达结构上最大的特点就是没有旋转部件，体积相对较小。

固态激光雷达具有快速的数据采集能力和高分辨率，能够适应各种温度和振动环境，并通过波束控制实现灵活的点位探测。举例

图 1-2-2　机械旋转式激光雷达

来说,在高速公路上行驶时,固态激光雷达主要对前方远处进行扫描,同时对车辆侧面也进行一定程度的扫描,不会完全忽略侧面。当进入十字路口区域时,固态激光雷达会增强对侧面的扫描。相反,传统的机械旋转式激光雷达只能以匀速旋转的方式工作,无法实现如此精细的操作。

从使用的技术上来说,固态激光雷达分为 OPA 固态激光雷达和 Flash 固态激光雷达。

1. OPA 固态激光雷达

光学相控阵(OPA)技术是一种利用由多个光源组成的阵列来产生具有特定方向的主光束的技术。它通过控制光源间的发光时间差来合成主光束,并通过调节每个发射单元的相位差来改变激光的出射角度。相较于传统激光雷达,OPA 固态激光雷达内部完全取消了机械结构,实现了对不同方向的扫描控制。OPA 固态激光雷达如图 1-2-3 所示。

图 1-2-3　OPA 固态激光雷达

OPA 固态激光雷达的设计基于传统的机械旋转式激光雷达。不同的是,OPA 固态激光雷达将原本体积较大的机械结构通过微电子工艺集成在硅基芯片上,从而可以进行大规模生产。OPA 固态激光雷达在硅基芯片上集成了微振镜,利用这些微振镜来反射激光器的光线,实现扫描功能。与传统的机械旋转式激光雷达相比,OPA 固态激光雷达具有扫描速度快、精度高、可控性好、体积小等优点。

2. Flash 固态激光雷达

Flash 原本的意思是“快闪”,而 Flash 激光雷达的原理也是“快闪”。与 OPA 固态激光雷达不同,Flash 激光雷达不需要进行扫描,而是在短时间内直接发射一大片覆盖探测区域的激光;然后,通过高度灵敏的接收器,对环境周围的图像进行绘制。因此,Flash 固态激光雷达属于非扫描式激光雷达,它以二维或三维图像为重点输出内容。

Flash 固态激光雷达具有快速记录整个场景的能力,并避免了目标移动或激光雷达本身移动所带来的问题。然而,它也存在一些缺点,例如探测距离较短。这意味着 Flash 固态激光雷达在远程探测方面没有很好的表现,无法像“远视眼”一样。因此,对于需要远程探测的实际应用来说,Flash 固态激光雷达并不适合。Flash 固态激光雷达如图 1-2-4 所示。

(三)多线混合固态激光雷达

机械旋转式激光雷达在工作时,发射系统和接收系统会一直 360°地旋转。而多线混合固态激光雷达工作时,单从外观上是看不到旋转部件的,其巧妙之处是将机械旋转部件隐藏在外壳之中。

多线混合固态激光雷达外壳内,安装有 16 对、32 对或 64 对等不同的固定在轴承上的激光发射与激光接收装置。这些装置通过内部电机以 5Hz、10Hz 或 20Hz 的速度旋转,实现对周围环境的 360°全景扫描。激光器发射出的脉冲激光照射到

图 1-2-4　Flash 固态激光雷达

周围物体(如树木、道路、桥梁和房屋)上会引起散射,其中一部
分光波会经过反射回到雷达的接收器中。接收器通常采用光电
倍增管或光电二极管,将光信号转换为电信号并记录下来。

多线混合固态激光雷达将旋转体置于外壳内部,融合了机
械旋转式激光雷达和固态激光雷达的优点。该雷达具有高精度
测距能力,能准确获取物体的三维信息;它的探测距离远,并具
有高稳定性和可信度,能快速响应;同时,它适用于在高速移动
环境中应用,并且不受光线影响,在全天候条件下可实现监测。
多线混合固态激光雷达如图 1-2-5 所示。

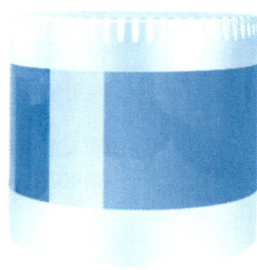

图 1-2-5　多线混合
固态激光雷达

(四)其他类型激光雷达

与此同时,激光雷达传感器还可以按激光波段、激光介质、激光发射波和线束数量等进行分
类。激光雷达传感器的分类如图 1-2-6 所示。

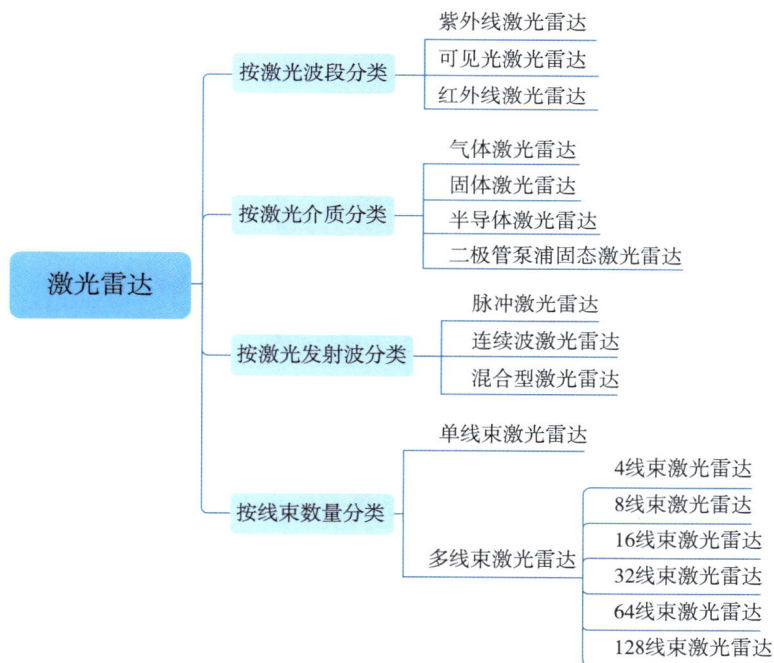

图 1-2-6　激光雷达传感器的分类

二、激光雷达传感器结构

(一)机械旋转式激光雷达结构

机械旋转式激光雷达主要采用机械旋转部件作为光束扫描的实现方式。其结构主要包括
激光源、伺服电机、光学旋转编码器、反射镜、接收器、发射镜片和接收镜片等部件。机械旋转式
激光雷达结构示意如图 1-2-7 所示。

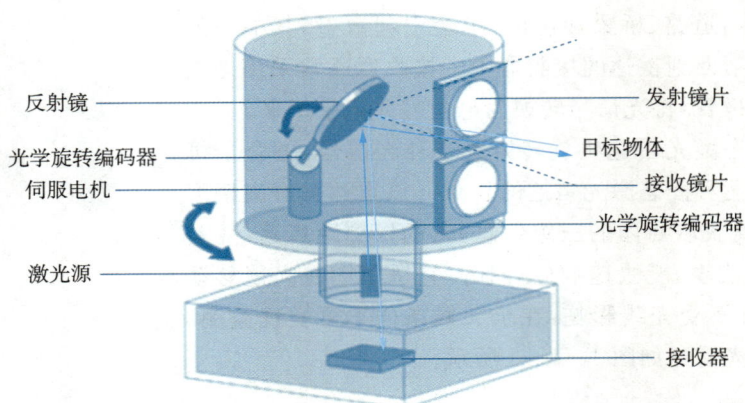

反射镜
光学旋转编码器
伺服电机
激光源

发射镜片
目标物体
接收镜片
光学旋转编码器
接收器

图 1-2-7　机械旋转式激光雷达结构示意

(二)固态激光雷达结构

固态激光雷达是内部完全没有运动部件的雷达,其结构主要包括激光二极管、MEMS 扫描微镜、微处理器、光电二极管、接收透镜和扩散透镜等部件。OPA 固态激光雷达结构示意如图 1-2-8 所示。

MEMS扫描微镜
激光二极管
扩散透镜

光电二极管
微处理器
接收透镜

图 1-2-8　OPA 固态激光雷达结构示意

(三)多线混合固态激光雷达

多线混合固态激光雷达采用了内部可移动的微型镜片代替了传统的机械旋转扫描器,其构成包括了顶盖、信息处理单元、面罩、发射镜片、接收镜片、激光发射器、光电探测器、旋转体、旋转电机、驱动控制及信号预处理单元、航空插头和基座。多线混合固态激光雷达结构示意如图 1-2-9 所示。

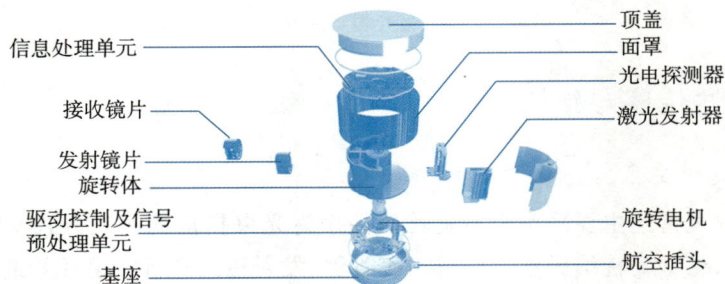

信息处理单元
接收镜片
发射镜片
旋转体
驱动控制及信号预处理单元
基座

顶盖
面罩
光电探测器
激光发射器
旋转电机
航空插头

图 1-2-9　多线混合固态激光雷达结构示意

三、激光雷达传感器测距的基本原理

激光雷达传感器测距的基本原理是通过测算激光发射信号与激光回波信号的往返时间,计算出目标物的距离,如图 1-2-10 所示。激光雷达首先向目标障碍物发射一束激光,并在目标障碍物上发生反射;激光接收系统接收到反射信号后,计算出激光从发射到被反射回来的时间,即激光的飞行时间。根据飞行时间,可以得知目标障碍物的距离。

激光测距根据发射的激光信号形式可以分为脉冲激光测距和连续波相位激光测距。根据这两种激光测距方式,常用的测量方法包括脉冲测距法、干涉测距法和相位测距法。

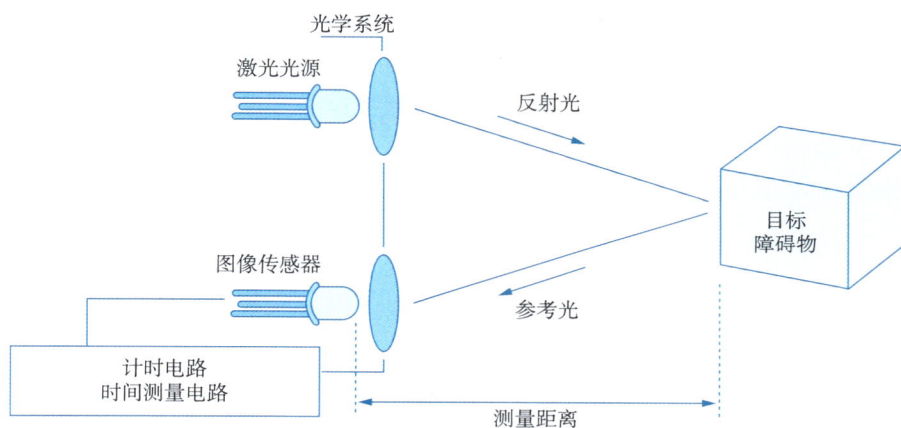

图 1-2-10　激光雷达传感器测距的基本原理

(一)脉冲测距法原理

使用脉冲测距法来测量距离,首先激光器发射一个光脉冲,并开始计数。当接收系统接收到目标障碍物反射回来的光脉冲时停止计数。计数器记录的时间就是光脉冲从发射到接收所用的时间。由于光速是恒定的,只需获得激光从发射到接收所用时间,即可计算出激光源到目标障碍物的距离。脉冲测距法原理如图 1-2-11 所示。

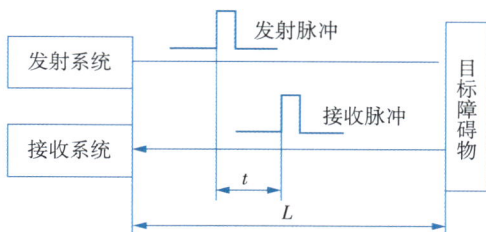

图 1-2-11　脉冲测距法原理

设 c 为光在空气中传播的速度,$c = 3 \times 10^8$ m/s,光脉冲从发射到接收所用的时间为 t,则待测距离为 $L = ct/2$。

脉冲测距法所测得距离比较远,通常发射功率从几瓦到几十瓦不等,最远的测量距离可达几十千米。精确测量激光飞行时间是脉冲测距法的关键之一。测量精度和分辨率取决于发射信号的带宽或处理后的脉冲宽度,脉冲越窄,性能越好。

(二)干涉测距法原理

干涉测距法是利用光波的干涉特性实现距离测量的方法。根据光的干涉原理,两列具有固定相位差,而且有相同频率、相同的振动方向或振动方向之间夹角很小的光相互交叠,将会产生干涉现象。

【动画】
激光雷达干涉测距法

干涉测距法原理(图1-2-12)是激光器发射出一束激光,通过分光镜分为两束相干光波,即反射光 S1 和透射光 S2,两束光波分别由固定反射镜 M1 和可动反射镜 M2 反射回来,两者在分光镜处又汇合成相干光束。则合成的光束强度 I 为

$$I = I_1 + I_2 + 2\sqrt{I_1 I_2} \cos\left(2\pi \frac{D}{\lambda}\right) \tag{1-2-1}$$

式中,D 为被测距离;λ 为激光的波长。

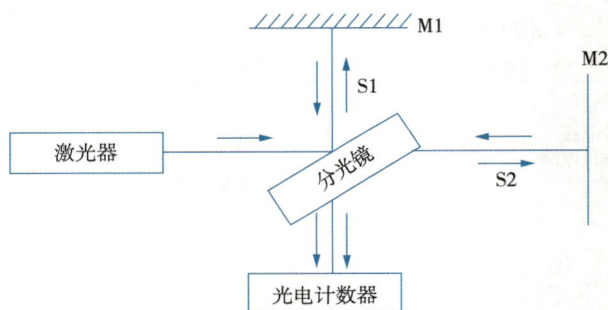

图 1-2-12 干涉测距法原理

当激光源与目标障碍物之间的被测距离为 $D = m\lambda$(m 为整数)时,合成的光束振幅最大,光强最大,形成亮条纹;当 $D = (2m+1)\lambda/2$ 时,两束光的相位相反,二者振幅相抵消,光强最小,形成暗条纹。干涉测距法就是根据这一原理,把明暗相间的干涉条纹通过光电探测器转化成电信号,经过光电计数器计数,从而实现对距离和位移的测量。

干涉测距法技术虽然已经很成熟,并且测量精度也很高,但是它一般用在测量距离的变化中,不能直接用它测量距离。

(三)相位测距法原理

相位测距法原理(图1-2-13)是利用发射波和返回波之间所形成的相位差来测量距离。首先,经过调制的频率通过发射系统发出一个正弦波的光束,然后通过接收系统接收经过目标障碍物之后反射回来的激光。只要求出这两束光波之间的相位差,便可通过此相位差计算出待测距离。

激光从发射到接收的时间为

$$t = \Delta\varphi/\omega = \Delta\varphi/(2\pi f) \tag{1-2-2}$$

式中，t 为激光从发射到接收的时间；$\Delta\varphi$ 为发射波和返回波之间的相位差；ω 为正弦波角频率；f 为正弦波频率。

待测距离为

$$L = 1/2ct = c\Delta\varphi/(4\pi f) \qquad (1-2-3)$$

采用相位测距法的激光雷达传感器，由于其具有精度高、体积小、结构简单、昼夜可用的优点，被公认为是最有发展潜力的距离测量技术。相比于其他类型的测距方法，采用相位测距法的激光雷达传感器正朝着小型化、高稳定性、方便与其他仪器集成的方向发展。

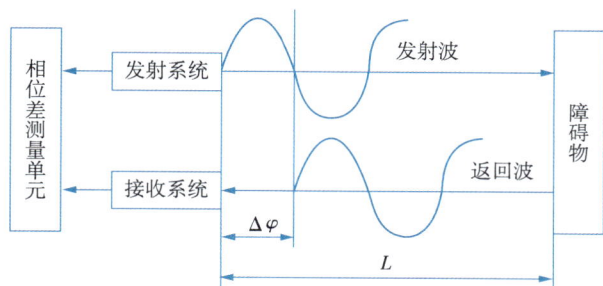

图 1-2-13　相位测距法原理

【动画】
激光雷达相位测距法

四、激光雷达传感器主要性能指标

激光雷达传感器是智能网联汽车技术中必不可少的传感器，可以实时监测并重建周围 360° 的环境。它的性能指标包括激光波长、安全等级、探测距离、视场角、角分辨率、出点数、线束、输出参数及使用寿命等。

(一)激光波长

目前市场上，三维成像激光雷达传感器最常使用的波长是 905 nm 和 1550 nm。使用 1550 nm 波长的激光雷达传感器可以以更高的功率运行，从而扩大探测范围，并且能更好地穿透雨雾。而 905 nm 的优点是硅材料在这个波长下吸收光，硅基光电探测器通常比探测 1550 nm 光所需的铟镓砷近红外探测器更便宜。

(二)安全等级

判断激光雷达传感器的安全等级是否满足 Class1(1 级：没有危害)，需要综合考虑特定波长的激光产品在完全工作时间内的激光输出功率。这意味着要评估激光辐射的安全性，需要考虑波长、输出功率和激光辐射时间的相互影响。

(三)探测距离

激光雷达传感器的测距与目标的反射率有关。当目标的反射率高时，激光雷达传感器能够测量到较远的距离；反之，当目标的反射率低时，测量的距离将较近。因此在查看激光雷达传感器的探测距离时，要知道该测量距离是目标反射率为多少时的探测距离。

(四)视场角

激光雷达传感器的视场角有水平视场角和垂直视场角。若是机械旋转式激光雷达,则其水平视场角为 360°。

(五)角分辨率

角分辨率分为水平分辨率和垂直分辨率。水平方向上做到高分辨率其实不难,因为水平方向是由电机带动的,所以水平分辨率可以做得很高,一般可以做到 0.01° 级别。垂直分辨率与发射器几何大小和排布有关,即相邻两个发射器间隔做得越小,垂直分辨率越小。垂直分辨率为 0.1°~1°。

(六)出点数

出点数即每秒激光雷达发射的激光点数。激光雷达传感器的点数一般从每秒几万点至几十万点左右。

(七)线束

多线激光雷达传感器是一种激光传感器,它在垂直方向上配置了多个激光发射器,并利用电机的旋转形成多条扫描线。选择多少条线的激光雷达传感器主要取决于算法对扫描物体的需求。一般来说,线束数量越多、越密集,对环境的描述就会越全面,同时也能降低算法的要求。常见的线束数量有 16 线、32 线、64 线等。

(八)输出参数

输出参数有障碍物的位置(三维)、速度(三维)、方向、时间戳(某些激光雷达有)、反射率等。

(九)使用寿命

机械旋转式激光雷达的使用寿命一般为几千小时,固态激光雷达的使用寿命可高达数十万小时。

五、激光雷达传感器的特点

激光雷达传感器以激光作为载波,激光是光波波段的电磁辐射。激光雷达传感器具有分辨率高、隐蔽性好、抗有源干扰能力强、获取信息量丰富的特点。这些特点形成了激光雷达传感器的优势。

(一)分辨率高

激光雷达传感器具有出色的角度、距离和速度分辨能力。通过高角度分辨率,它可以在 3 km 距离上区分出相距约 0.3 m 的两个目标,并能同时追踪多个目标。同时,它还能实现 0.1 m 的距离分辨率和小于 10 m/s 的速度分辨率。高度准确的距离和速度分辨率是激光雷达传感器的主要优势。

(二)隐蔽性好、抗有源干扰能力强

激光具有直线传播、方向性强、光束窄等特点。只有在激光传播的路径上才能接收到激光信号。因此,截获激光信息非常困难,激光雷达传感器具有极高的隐蔽性。此外,激光雷达传感器的发射系统口径较小,接收区域较窄,因此有意发射的激光干扰信号进入接收机的概率极低。与毫米波雷达传感器等容易受到自然界中广泛存在的电磁波干扰不同,自然界中对激光雷达传

感器起干扰作用的信号源并不多,激光雷达传感器具有较强的抗干扰能力。

(三)获取的信息量丰富

激光雷达传感器向周围目标发射激光束,然后根据接收的反射激光束,可直接获得目标的距离、角度、反射强度、速度等信息,生成目标的多维图像。

但是激光雷达传感器也有一些不足之处。

① 激光雷达传感器的工作容易受到天气和大气的影响。在晴朗的天气,激光衰减较小,传播距离较远。但在恶劣天气(如大雨、浓烟和浓雾)中,激光衰减急剧增加,传播距离受到较大影响。此外,大气环流会导致激光光束发生畸变和抖动,直接影响激光雷达传感器的测量精度。

② 激光雷达传感器难以分辨交通标志的含义和红绿灯的颜色。因此,在自动驾驶系统中,需要使用其他传感器(如可见光相机等)来辅助车辆与交通设施的交互过程。

③ 激光雷达传感器接收的是光信号,容易受到太阳光、其他车辆的激光雷达传感器等光线的影响。

④ 目前,激光雷达传感器的生产成本较高。目前市场上尚未形成大规模的量产,并且激光雷达传感器作为高精密仪器,其光学结构、机械结构和芯片等部分的成本占据了总生产成本的70%以上。这些因素导致激光雷达传感器的生产成本较高。

实践任务　激光雷达传感器功能测试

任务目标

1. 能完成 Wireshark 软件安装和激光雷达上位机运行环境配置;

2. 能完成激光雷达传感器安装和激光雷达传感器网络配置;

3. 能完成激光雷达传感器功能测试,并能够对激光雷达点云数据进行解析;

4. 能正确使用自动驾驶车辆维修手册、激光雷达技术手册和工作页等参考资料;

5. 能熟知 7S〔整理(Seiri)、整顿(Seiton)、清扫(Seiso)、清洁(Seiketsu)、素养(Shitsuke)、安全(Safety)和节约(Saving)〕管理规范,并按照规范完成实训任务,养成良好的职业习惯。

【微课】
激光雷达传感器
功能测试

实施计划

请在表格中写出本次任务的实施计划:

任务准备

请在表格中勾选出本次任务需要使用的物品：

设备	□自动驾驶低速车套件	□激光雷达传感器
	□雷达	□笔记本电脑一台
工具	□直流稳压电源	□汽车维修工具套件
	□内六角扳手	□插排
量具	□水平测量仪	□卷尺
	□直尺	□数字万用表
耗材	□静电手套	□毛线手套
软件	□Wireshark 软件	□CP210xUSB 驱动
	□激光雷达上位机 LSC16	□Xshell 远侧控制软件

任务实施

产品信息记录

查阅《激光雷达传感器使用手册》，记录产品信息

测距范围		测距精度	
视场角		角度分辨率	
扫描速度		供电范围	
激光等级		激光波段	
工作温度		冲击	
振动		防护等级	

一、实训操作前准备

1. Wireshark 软件安装

在计算机中找到 Wireshark 软件安装包，并进行安装

Wireshark 软件安装步骤	步骤 1	双击_____驱动安装软件
	步骤 2	点击"Next"进入_____界面
	步骤 3	点击_____进入下一步
	步骤 4	点击"Next"
	步骤 5	点击_____自定义安装目标文件夹
	步骤 6	点击"Next"
	步骤 7	点击_____，完成安装

（续表）

2. 激光雷达上位机运行环境配置		
在计算机中，对激光雷达上位机运行环境进行配置		
激光雷达上位机运行环境配置	步骤 1	进入系统"控制面板"
	步骤 2	点击_____
	步骤 3	点击"允许程序或功能通过 Windows 防火墙"
	步骤 4	点击_____
	步骤 5	通过"浏览"，根据软件安装路径找到软件的应用程序文件，点击"打开"
	步骤 6	点击"添加"
	步骤 7	勾选_____后，点击"确定"完成设置
若笔记本电脑配置为 NVIDIA 独立显卡，需进行的操作	步骤 1	进入 NVIDIA 控制面板，选择_____，然后选择_____，并点击"添加"
	步骤 2	随后在弹出的添加界面上点击_____，根据软件的安装路径找到软件的应用程序文件，点击"打开"
	步骤 3	在"为此程序选择首选图形处理器"下拉框中选择_____，并点击右下角_____

二、激光雷达传感器安装

1. 激光雷达传感器壳体及插件外观检查

检查激光雷达传感器壳体是否破损，插件接口是否完好。

2. 激光雷达传感器安装

① 将激光雷达传感器底座朝上置于海绵垫上，将支架放置于激光雷达传感器底座上，并对准螺丝孔位；

② 拧入螺杆，用内六角扳手以呈对角线为原则进行紧固，完成激光雷达传感器的预装；

③ 将激光雷达传感器安装于车辆最高处的支架上，保持插件接口朝向车辆前进方向，并用内六角扳手拧至半紧固状态；

④ 将水平测量仪放置于激光雷达传感器上表面上，根据水平测量仪的读数，使用内六角扳手调整激光雷达传感器的水平度。

注意事项：

激光雷达传感器需水平安装，扫描范围内不得有遮挡物，避免遮挡激光雷达传感器的激光束。

3. 激光雷达传感器线束连接

① 将激光雷达传感器适配器线束与雷达本体连接，连接时需注意插件限位点；

② 开启直流稳压电源，调节电压至 12 V，将激光雷达传感器适配器电源线 GND 接地端与直流稳压电源负极柱相连，将 VCC 端与直流稳压电源正极柱相连，将电源线 DC 端接口与适配器连接；

③ 用千兆以太网线连接适配器与电脑的网线端口；

④ 观察上位机中窗口变化。若窗口中显示实时点云数据，则说明激光雷达传感器的安装与线束连接正常

（续表）

根据激光雷达传感器安装要求填写	电源线束 VCC 端子与直流稳压电源＿＿＿＿＿＿＿＿＿连接
	电源线束 GND 端子与直流稳压电源＿＿＿＿＿＿＿＿＿连接
	激光雷达传感器正常工作电压：＿＿＿＿＿＿＿＿＿

三、激光雷达传感器网络配置

① 双击打开 Wireshark 软件，选择"本地连接"；
② 在"Source"列中读取激光雷达传感器的本地 IP 地址；
③ 在"Destination"列中读取激光雷达传感器的目标 IP 地址；
④ 打开控制面板中"网络和共享中心"；
⑤ 点击"本地连接"；
⑥ 在弹出的状态框中点击"属性"，双击"TCP/IP4 协议版本"；
⑦ 在"常规"窗口中选择"使用下面的 IP 地址"，然后输入相应的激光雷达传感器的目标 IP 地址、子网掩码、默认网关；
⑧ 点击"确定"完成激光雷达传感器的网络配置及目标 IP 地址的设置

| 激光雷达传感器网络配置 IP 地址读取 | "Source"列本地 IP 地址：＿＿＿＿＿＿＿＿＿ |
| | "Destination"列目标 IP 地址：＿＿＿＿＿＿＿＿＿ |

激光雷达传感器目标 IP 的设置	IP 地址：＿＿＿＿＿＿＿＿＿
	子网掩码：＿＿＿＿＿＿＿＿＿
	默认网关：＿＿＿＿＿＿＿＿＿

四、激光雷达传感器功能测试

1. 激光雷达上位机功能介绍

激光雷达上位机是进行激光雷达基本参数配置的软件，通过激光雷达上位机读取各激光雷达传感器通道不同点云的坐标、方位角、距离等参数，以实现激光雷达传感器点云数据的记录与回放功能。

依次打开激光雷达上位机 LSC16 内的 Lidar 菜单、Offline 菜单和 LSC16 菜单，了解各菜单功能区的含义。

表 1-2-1　激光雷达上位机 LSC16 各菜单功能区含义

序号	菜单功能区	上位机功能菜单	专业术语
1	Lidar	Lidar	开始监听数据
2	MeaGrid	MeaGrid	网络显示
3	Clear	Clear	清理网格
4	Front	Front	视角切换
5	Multicast IP:	Multicast IP	主播地址

（续表）

（续表）

序号	菜单功能区	上位机功能菜单	专业术语
6	Coordinate	Coordinate	坐标轴显示（在图像上）
7	Data Port:	Data Port	数据端口
8	Telemetry Port:	Telemetry Port	设备端口
9	PointID	Point ID	点云 ID
10	Points_m_XYZ	Points_m_XYZ	点云坐标
11	Azimuth	Azimuth	方向角
12	Distance_m	Distance_m	距离
13	Intensity	Intensity	强度
14	Laser_id	Laser_id	激光 ID
15	Timestamp	Timestamp	时间戳
16	Open	Open	打开数据
17	Record	Record	录制数据
18	Parameter	Parameter	设置按钮
19	Chanel	Chanel	通道选择
20	SaveData	SaveData	保存当前点云数据
21	Suspend Data	Suspend Data	暂停显示数据
22	DualEcho	DualEcho	回波切换
23	Intensity	Intensity	显示颜色调整

2. 启动激光雷达上位机

在计算机中，启动激光雷达上位机

激光雷达上位机运行操作步骤	双击启动激光雷达上位机 LSC16 运行程序
	点击_____
	选择_____或_____
	进入上位机主界面，若有_____或者点击"Coordinate"之后看到_____，则说明激光雷达传感器能正常工作

（续表）

3. 激光雷达传感器电性能测试

通过调整直流稳压电源输出电压,从9 V缓慢调整至16 V,观察激光雷达上位机实时数据及点云动态保持的情况,从而判断激光雷达传感器在工作电压测试范围内能否保持正常工作。

(1)激光雷达传感器工作电压范围测试

① 旋转直流稳压电源上的"VOLT"旋钮,调节输出电压,依次从9 V升至16 V,观察激光雷达上位机数据变化情况,判断激光雷达传感器是否正常工作;

② 若测得的实时数据及点云图像保持动态,则说明在9 V至16 V电压范围内激光雷达传感器均能正常工作。

注意事项:

① 熟悉激光雷达传感器线束端子定义,正确完成线束连接;

② 禁止带电插拔线束;

③ 正确使用直流稳压电源;

④ 正确使用万用表测量工作电流,适时调整电流量程。

数据记录	No.	输入电压/V	接收标准	激光雷达是否正常工作(√、×)
	1	9	电压输入范围: 9～16 V DC。 观察激光雷达 传感器实时数 据及点云图像 保持动态数据 情况	
	2	10		
	3	11		
	4	12		
	5	13		
	6	14		
	7	15		
	8	16		
测试结果	通过对9 V至16 V范围区间内直流稳压电源输出电压的测试,观察到_____及_____保持动态正常,则激光雷达传感器在9 V至16 V的电压范围内均能_____			

(2)激光雷达传感器工作电流范围测试

① 关闭直流稳压电源;

② 使用跨接线将数字万用表红表笔连接至直流稳压电源正极柱,使黑表笔连接激光雷达传感器适配器电源线VCC端;

③ 使电源线GND接地端接入直流稳压电源负极柱,电源线DC端接入电源适配器;

④ 使用千兆以太网网线连接激光雷达传感器适配器和笔记本电脑;

⑤ 调节数字万用表至直流挡20 A的量程;

⑥ 开启直流稳压电源,调节输出电压至12 V,电流稳定后读取电流表读数,并记录。

注意事项:

① 熟悉激光雷达传感器线束端子定义,正确完成线束连接;

② 禁止带电插拔线束;

③ 正确使用直流稳压电源;

④ 正确使用万用表测量工作电流,适时调整电流量程

（续表）

数据记录	输出电压/V	工作电流/A	功率/W
	＿＿＿＿＿＿＿＿＿	小于 0.69	小于 9
测试结果	经调节直流稳压电源输出电压至 12 V，测试激光雷达传感器工作电流小于＿＿＿＿＿＿＿＿＿＿，功率小于＿＿＿＿＿＿＿＿		

五、激光雷达点云数据分析

1. 激光雷达上位机实测数据存储

① 点击激光雷达上位机 LSC16 菜单项；

② 点击"Savedata"保存点云数据；

③ 选择数据存储路径，点击"Save"保存。

2. 激光雷达上位机实测数据分析

① 打开已保存的点云数据 excel 文件，并进行浏览；

② 点击 excel 的数据"筛选"，在"laser id"列的下拉菜单中可以看到"0—15"的数据；

③ 查看"laser id"为"0"的序列，读取总数据数为 4000 点；

④ 查看单个点云数据的 X、Y、Z 坐标，强度，方位角，距离和时间戳的相关数据。

根据实测数据填写分析结果	在"laser id"列的下拉菜单中可以看到"0—15"的数据，说明该激光雷达传感器共有＿＿＿＿＿＿＿＿＿＿激光收发器，此激光雷达传感器为＿＿＿＿＿＿＿＿＿＿激光雷达传感器
	查看"laser id"为"0"的序列，共读出 4000 组数据，说明该激光雷达传感器 ID 0 单线的点云数量为＿＿＿＿＿＿＿＿＿＿点，每步收到回波数据为＿＿＿＿＿＿＿＿＿＿点，结合本实训激光雷达传感器为 16 线束，扫描速度为 5 Hz，该激光雷达传感器回波数据的速率为＿＿＿＿＿＿＿＿＿＿

任务总结

请对本任务的完成情况及相关思考进行总结并填写：

评 价 与 反 馈

激光雷达传感器功能测试			实训日期：		
姓名：	班级：		学号：	指导老师签字：	
序号	评分项	得分条件	分值	评分要求	得分
1	安全/7S/态度	□① 能进行工位 7S 操作 □② 能确认设备工具正常 □③ 能进行高压安全防护操作 □④ 能进行工具清洁、校准、存放操作 □⑤ 能进行"三不落地"操作	10 分	未完成 1 项 扣 2 分	
2	设备选型及 硬件接口识别	□① 能正确识别相关设备的型号，并掌握设备的选型方法 □② 能正确识别相关硬件接口，并掌握接口连接方法 □③ 能完成相关元器件的测试与安装作业	5 分	未完成 1 项 扣 2 分	
3	专业技能	**实训操作前准备：** □① 能完成 Wireshark 软件安装 □② 能完成激光雷达上位机运行环境配置 **激光雷达传感器安装：** □① 能完成激光雷达传感器本体及插件外观检查 □② 能完成激光雷达传感器的安装 □③ 能完成激光雷达传感器线束连接 **激光雷达传感器网络配置：** □能完成激光雷达传感器网络配置 **激光雷达传感器功能测试：** □① 能启动激光雷达上位机 □② 能完成激光雷达传感器电性能测试 **激光雷达点云数据分析：** □① 能完成激光雷达上位机实测数据存储 □② 能完成激光雷达上位机实测数据分析	60 分	未完成 1 项 扣 8 分	
4	资料、信息 查询能力	□① 能正确使用自动驾驶车辆维修资料、工艺文件等资料 □② 能在规定时间内完成与实训相关的资料查询	10 分	未完成 1 项 扣 5 分	

（续表）

序号	评分项	得分条件	分值	评分要求	得分
5	数据判读和报告的撰写能力	□① 能根据激光雷达传感器点云数据进行解析 □② 能正确记录激光雷达传感器测试信息，并撰写实训报告	10分	未完成1项扣5分	
6	表单填写	□① 字迹清晰 □② 语意通顺 □③ 无错别字 □④ 无大面积涂改 □⑤ 填写内容完整	5分	未完成1项扣1分	
总分					

任务 3　毫米波雷达传感器技术应用及装调

毫米波雷达传感器（图 1-3-1）是一种在毫米波波段工作的雷达系统。它利用毫米波信号（波长为 1～10 mm，频率为 30～300 GHz）进行探测，并从目标物接收反射信号，对接收到的信号进行处理，进而探测物体之间的距离、方位和相对速度等信息。

车载毫米波雷达传感器是先进驾驶辅助系统（advanced driving assistance system，ADAS）核心传感器之一，主要用于自适应巡航、碰撞预警和盲区检测等。毫米波雷达传感器具有强大的穿透能力，可以轻松穿透汽车保险杠上的塑料材质，因此通常被安装在保险杠内部。

图 1-3-1　毫米波雷达传感器

一、毫米波雷达传感器的优势

毫米波雷达传感器具有波长短、频带宽（频率范围广）、穿透能力强的特点。这些特点形成了毫米波雷达传感器的优势，其优势如下。

（一）全天候环境适应性强

因毫米波具有很强的穿透能力，故毫米波雷达传感器测距精度受雨、雪、雾、阳光等天气因素和杂声、污染等环境影响较小，可以保证车辆在任何环境下正常运行，具有全天候环境适应性强的特点。

(二)探测距离较长

车载毫米波雷达传感器一般的探测距离为 150～200 m,有些毫米波雷达传感器探测距离能达到 300 m,能够满足高速行驶环境下对较大距离范围的环境监测需要。

(三)探测性能优异

毫米波波长较短,并且汽车在行驶中的前方目标一般都由金属构成,会形成很强的电磁反射,其探测不受颜色与温度的影响。

(四)响应速度快

毫米波的传播速度与光速一样,并且其调制简单,配合高速信号处理系统,可以快速地测量出目标的角度、距离、速度等信息。

(五)抗干扰能力强

毫米波雷达一般在高频段工作,而周围的噪声和干扰处于中低频区,基本上不会影响毫米波雷达的正常运行。因此,毫米波雷达传感器抗干扰能力强。

🔔 知识拓展

一、电磁波

电磁波是由同向且互相垂直的电场与磁场在空间中衍生发射的振荡粒子波,是以波动的形式传播的电磁场,其传播方向垂直于电场与磁场构成的平面。电磁波在真空中是以光速直线传播的。

依照波长的长短、频率及波源的不同,电磁波谱可大致分为无线电波、微波、红外线、可见光、紫外线、X 射线和伽马射线。电磁波频谱如图 1-3-2 所示。

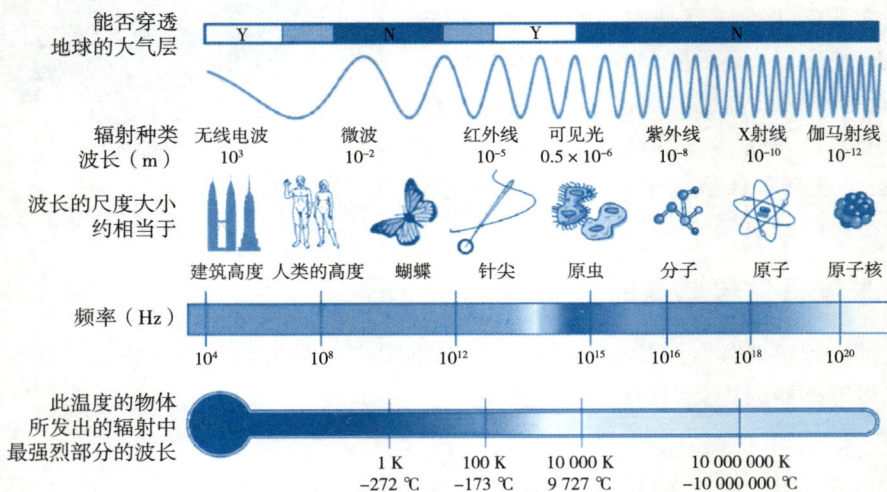

图 1-3-2　电磁波频谱

二、毫米波

毫米波是无线电波中的一段,我们通常将波长为 $1\sim10\ mm$ 的电磁波(对应的频率范围为 $30\sim300\ GHz$)称为毫米波。无线电波波段划分见表 $1-3-1$ 所列。

表 $1-3-1$　无线电波波段划分

波段名称		波长范围	频率范围
无线电波波段	超长波	$100000\sim10000\ m$	$3\sim30\ kHz$
	长波	$10000\sim1000\ m$	$30\sim300\ kHz$
	中波	$1000\sim100\ m$	$0.3\sim3\ MHz$
	短波	$100\sim10\ m$	$3\sim30\ MHz$
	超短波	$10\sim1\ m$	$30\sim300\ MHz$
微波	分米波	$1\sim0.1\ m$	$300\sim3000\ MHz$
	厘米波	$10\sim1\ cm$	$3\sim30\ GHz$
	毫米波	$10\sim1\ mm$	$30\sim300\ GHz$

三、毫米波的频段特性

1. 频带宽

通常认为毫米波频率范围为 $26.5\sim300\ GHz$,带宽高达 $273.5\ GHz$,超过从直流到微波带宽之和的 10 倍。即使考虑大气吸收,毫米波在大气中传播时也仅使用 4 个主要窗口。这 4 个主要窗口的总带宽也可达 $135\ GHz$,是微波以下各频段带宽之和的 5 倍,可以容纳大量系统信号,使之在该频段工作而不会产生相互干扰。5G 通信技术也使用了毫米波频段。毫米波的平均大气吸收曲线如图 $1-3-3$ 所示。

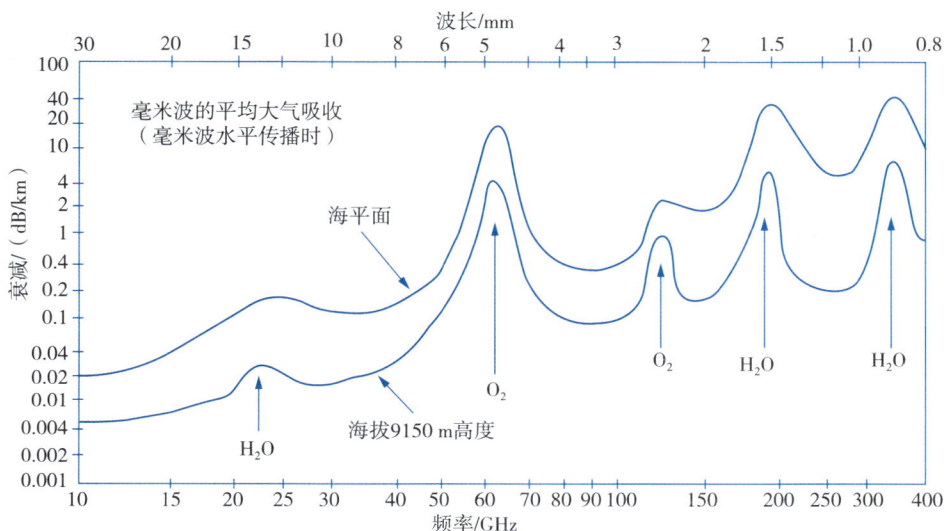

图 $1-3-3$　毫米波的平均大气吸收曲线

"大气窗口"是指电磁波通过大气层较少被反射、吸收和散射的那些投射率较高的波段。从图1-3-3中可以发现毫米波传播受到衰减较小的"大气窗口"主要集中在35 GHz、45 GHz、94 GHz、140 GHz和220 GHz频段附近。在这些频段附近,毫米波传播时的衰减较小,其主要被应用于低空空地导弹、地基雷达和点对点通信中。

2. 波长短

毫米波位于厘米波与远红外波相交叠的波长范围内,因而兼有两种波谱的特点:

➤ 能像厘米波一样在全天候环境下使用,抗干扰能力强,不受物体表面形状、颜色的干扰;

➤ 具有像红外波一样的高分辨率,可以分辨相距更近的小目标并能更为清晰地观察目标的细节;

➤ 易于利用多普勒效应对动态目标进行识别;

➤ 具有波束窄、天线口径小、更容易小型化的优点。

3. 大气传播衰减大

当毫米波在非"大气窗口"频率传播时,大气对毫米波具有较强的衰减作用,尤其在60 GHz、120 GHz、180 GHz这3个频段附近,其衰减出现极大值,即出现"衰减峰"。但是即使如此,毫米波相较于激光和红外线,对水滴、尘埃和烟雾的穿透能力更强,在目前智能汽车上使用的环境感知雷达中,毫米波雷达传感器几乎是唯一可以全天候工作的。

二、车载毫米波雷达传感器

车载毫米波雷达传感器的结构主要包括前盖、前端单片微波集成电路(又称MMIC)、天线高频PCB板、连接器、散热底板等部件。车载毫米波雷达传感器的结构示意图如图1-3-4所示。其中前端单片微波集成电路和天线高频PCB板是车载毫米波雷达传感器的核心硬件。

【微课】

车载毫米波
雷达认知

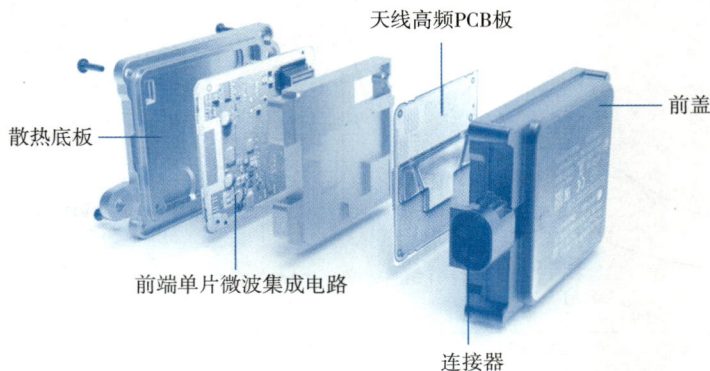

(一)前端单片微波集成电路

前端单片微波集成电路(MMIC)是由发射机、接收机和信号处理器组成的。它具有很多优点,如电路损耗小、噪声低、频带宽、动态范围广、功率大、附加效率高以及抗

图1-3-4 车载毫米波雷达传感器的结构示意图

电磁辐射能力强。发射机的作用是产生高频射频信号,接收机的作用是将高频射频信号转换为低频信号,而信号处理器则用于从信号中提取距离、速度、角度等信息。

(二)天线高频 PCB 板

天线高频 PCB 板的作用是将电能与电磁波进行转换,包括发射天线和接收天线,其分别用于发射和接收毫米波。目前,主流的毫米波雷达天线方案是采用微带阵列技术,将天线高频 PCB 板集成在普通的 PCB 基板上,以实现天线的功能。这种方案可以在较小的空间内使天线高频 PCB 板保持足够的信号强度。

【动画】
车载毫米波雷达的结构

🌐 知识拓展

● 德国大陆 ARS 408 - 21 毫米波雷达传感器连接器型号及引脚定义

不同型号的毫米波雷达传感器连接器形式和引脚定义可能不同,测试线也不通用,与本教材配套实训用的毫米波雷达传感器是德国大陆 ARS 408 - 21 毫米波雷达,其使用 8 针标准连接器。图 1 - 3 - 5 为德国大陆 ARS 408 - 21 毫米波雷达传感器车用连接器正视图。

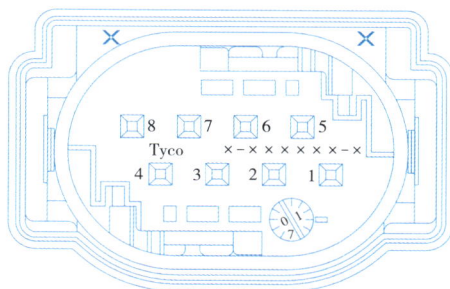

图 1 - 3 - 5　德国大陆 ARS 408 - 21 毫米波雷达传感器车用连接器正视图

德国大陆 ARS 408 - 21 毫米波雷达传感器连接器引脚定义见表 1 - 3 - 2 所列。

表 1 - 3 - 2　德国大陆 ARS 408 - 21 毫米波雷达传感器连接器引脚定义

类型		C - C
连接器型号		8 Pin Tyco/AMP
连接器引脚定义	1	KL. 15(UBATT)
	2	NC
	3	CAN_GND1
	4	CAN_L
	5	NC
	6	CAN_GND2
	7	CAN_H
	8	KL. 31(GND)

三、车载毫米波雷达传感器的分类

车载毫米波雷达传感器可以根据工作原理的不同、探测距离的远近和所采用毫米波频段的不同进行分类,其分类如下。

(一)按工作原理划分

根据辐射电磁波方式的不同,毫米波雷达传感器一般分为脉冲波式(脉冲多普勒雷达)和调频连续波式(FMCW)两种。

脉冲波式毫米波雷达传感器使用发射和接收脉冲信号之间的时间差来测量目标距离,测量原理简单,测量精度较高。但在测量近距离目标时,脉冲收发时间极短(一般都是微秒的数量级),需要在短时间内发射大功率脉冲信号,通过脉冲信号控制雷达的压控振荡器,使之从低频瞬时跳变到高频;此外,在放大处理回波信号之前,必须严格隔离发射信号。由于硬件结构复杂且成本高昂,因此车用领域中很少使用这种雷达技术。

调频连续波式毫米波雷达传感器,利用多普勒效应测量目标的距离和速度,结构简单,体积小,并且能够同时获取目标的相对距离和相对速度。因此,现在大多数车载毫米波雷达传感器都采用调频连续波式。两种体制毫米波雷达传感器电磁波辐射能量简图如图1-3-6所示。

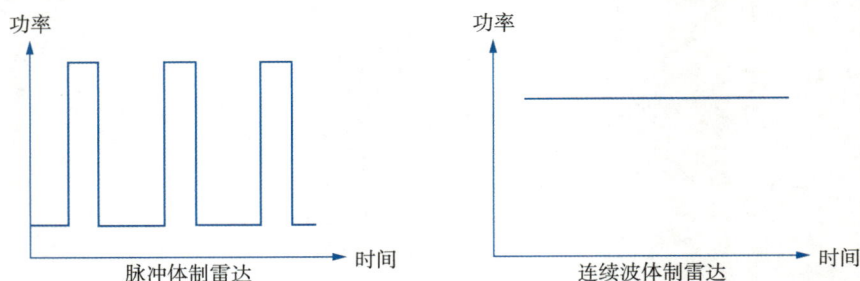

图1-3-6 两种体制毫米波雷达传感器电磁波辐射能量简图

(二)按探测距离划分

根据毫米波雷达传感器的有效射程,可以将车载毫米波雷达传感器分为长距雷达(LRR)传感器和中距雷达(MRR)传感器以及短距雷达(SRR)传感器。长距、中距、短距雷达传感器主要参数对比见表1-3-3所列。

表1-3-3 长距、中距、短距雷达传感器主要参数对比

分类	LRR 传感器	MRR 传感器	SRR 传感器
探测幅度	窄带雷达,探测幅度窄	宽带雷达,探测幅度较宽	
探测距离	>200 m	100 m 左右	<60 m
车速上限/(km/h)	250	150	
精度	0.5 m	厘米级	
主要应用范围	ACC 自适应巡航	ACC 自适应巡航/车辆环境监测	车辆环境监测

（续表）

分类	LRR 传感器	MRR 传感器	SRR 传感器
特点	探测距离较远,可适配行驶速度更快的车辆,但探测精度下降	在绝大部分限速的国家,使用成本相对更低且适用速度在 160 km/h 内的中距雷达传感器来实现自适应巡航(ACC)功能更划算	探测距离相对较短,但优势在于探测角度较大,成本相对较低,可以配置多颗 SRR 传感器以实现车身近距离全方位覆盖
典型应用	Bosch(德国博世激光测距仪,商品名称)长距离 77 GHz,探测前向距离 1～250 m	大陆短距离 24 GHz,前向 60 m,后向 20 m	

（三）按所采用毫米波频段划分

根据所采用毫米波频段的不同,毫米波雷达传感器可以划分为 24 GHz、60 GHz、77 GHz、79 GHz 几个频段。目前,在自动驾驶汽车上的主流应用频段为 24 GHz 和 77 GHz 两种。

24 GHz 频段毫米波雷达传感器:主要用于近距离探测,一般用于感知车辆周围的障碍物,以提供换道决策所需的感知信息。它可以实现一些 ADAS(高级驾驶辅助系统)功能,如盲点监测和后碰撞预警。

77 GHz 频段毫米波雷达传感器:主要用于中长距离探测。其中,中距雷达传感器可应用于侧向交通辅助系统和变道辅助系统等功能;而长距雷达传感器则可用于实现紧急制动、自适应巡航、前碰撞预警等 ADAS 功能。毫米波雷达传感器测距示意如图 1-3-7 所示。

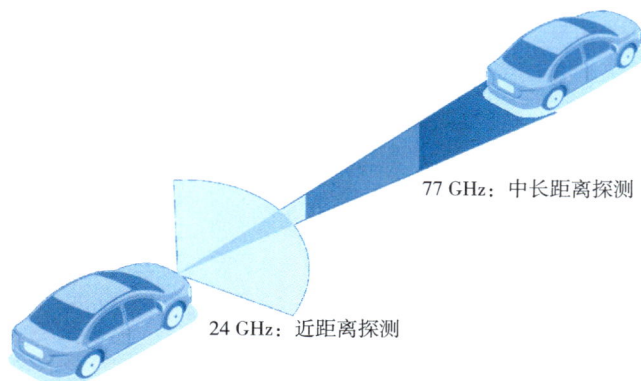

图 1-3-7　毫米波雷达传感器测距示意

根据公式(光速＝波长×频率),我们可以得知:频率越高的毫米波雷达传感器,其波长越短。波长越短,意味着分辨率越高。相比于 24 GHz 的毫米波雷达传感器,77 GHz 的毫米波雷达传感器频段带宽更大,功率水平更高,探测距离更远,物体分辨准确度提高 2～4 倍,测速和测距精度提高 3～5 倍,具备检测行人和自行车的能力;并且设备体积更小,更便于在车辆上安装和部署。因此,频段发展趋势是逐渐由 24 GHz 向 77 GHz 过渡,车载毫米波雷达传感器几种频段特性见表 1-3-4 所列。

表 1-3-4　车载毫米波雷达传感器几种频段特性

	24 GHz	77 GHz	79 GHz
带宽	100 MHz	500 MHz	2 GHz
距离	中近距	中长距	中长距
距离分辨率	1.5 m	0.3 m	0.075 m
角度分辨率	较差	7°~14°	7°~14°
电云	不适用	较差	较好
国内频段	已批准	已批准	未开放

知识拓展

● 多普勒效应

当声音、光和无线电波等振动源与观测者以相对速度 v 运动时,观测者所收到的振动频率与振动源所发出的频率有所不同。因为这一现象是由奥地利科学家多普勒最早发现的,所以称之为多普勒效应,如图 1-3-8 所示。

由多普勒效应所形成的频率变化叫作多普勒频移,它与相对速度 v 成正比,与振动频率成反比。

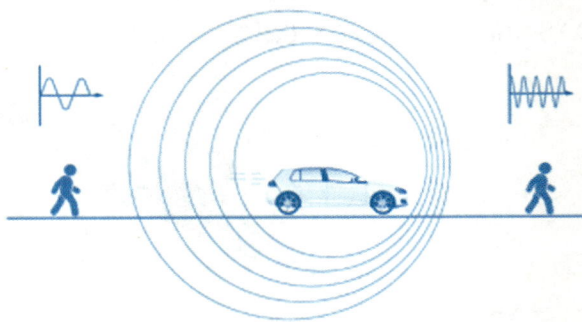

图 1-3-8　多普勒效应

● 各国车载毫米波雷达传感器频段分配情况

1997 年,欧洲电信标准学会确认 76~77 GHz 作为防撞雷达传感器专用频道。2005—2013 年,欧盟将 24 GHz、79 GHz 作为车载毫米波雷达传感器的频谱;而美国使用 24 GHz、77 GHz 频带;日本选用了 60~61 GHz 的频段。各国的车载雷达传感器频段主要集中在 23~24 GHz、60~61 GHz 和 76~77 GHz(79 GHz)3 个频段。

从我国的情况看,无线电主管部门对车载雷达传感器的频率划分一直在积极推进之中:2005 年,原信息产业部发布《微功率(短距离)无线电设备的技术要求》,将 76~77 GHz 频段规划给了车辆测距雷达使用;2012 年,工业和信息化部发布了《工业和信息化部关于发布 24GHz 频段短距离车载雷达设备使用频率的通知》(工信部无〔2012〕548 号),将 24.25~26.65 GHz 频段规划用于短距离车载雷达业务的频率。

2015 年,世界无线电通信大会将 77.5~78.0 GHz 频段划分给无线电定位业务,以支持短距高分辨率车载雷达传感器的发展,车载雷达传感器正式获得了全球统一频率划分。

四、车载毫米波雷达传感器的主要参数

车载毫米波雷达传感器的主要参数有探测距离、距离分辨率、距离精确度、方位角、俯仰角、翻滚角、方位角分辨率、方位角精确度、测速范围、速度分辨率、速度精确度。

(一)探测距离

探测距离指车载毫米波雷达传感器能够探测的距离,需兼顾远距离长度与近距离角度(十字交叉运动目标)。

(二)距离分辨率

在雷达图像中,当两个目标位于同一方位角,但与雷达的距离不同时,二者被雷达区分出来的最小距离就是距离分辨率。

(三)距离精确度

距离精确度指用于描述雷达对单个目标距离参数估计的准确度。

(四)方位角

车载毫米波雷达传感器的方位角是指雷达的水平视场角,即雷达波束在水平方向上最大探测角与 $X—Z$ 坐标平面之间的夹角。雷达传感器标定角度的命名约定如图 1-3-9 所示。

(五)俯仰角

车载毫米波雷达传感器的俯仰角是指雷达传感器的垂直视场角,即雷达传感器波束在垂直方向上最大探测角与水平面之间的夹角。

(六)翻滚角

物体绕前后轴线转动的角度为翻滚角。

(七)方位角分辨率

方位角分辨率一般指水平角分辨率(azimuth resolution),是指雷达在角度上区分邻近目标的能力,通常以最小可分辨的角度来度量。

例如,方位角分辨率为 1.6°的意思就是,两个物体在空间上至少需要相距 1.6°,才能被雷达在水平角度上区分开来。若两

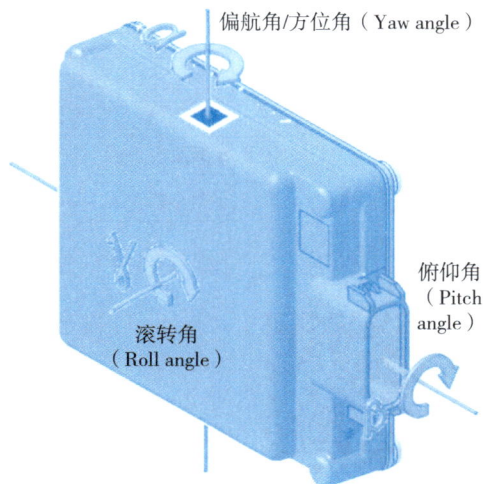

图 1-3-9　雷达传感器标定角度的命名约定

个物体相距小于 1.6°,则在角度方向上,两个物体会重合在一起,雷达无法区分。

(八)方位角精确度

方位角精确度指车载毫米波雷达传感器对单个目标方位角估计的准确度。

(九)测速范围

在规定的速度范围内,车载毫米波雷达传感器能够有效测量与目标物之间的相对速度。

(十)速度分辨率

速度分辨率是指在速度上区分相邻目标的能力,通常以最小可分辨的速度来度量。

(十一)速度精确度

速度精确度指车载毫米波雷达传感器对单点目标的测速准确能力。

五、车载毫米波雷达传感器的工作过程及原理

(一)车载毫米波雷达传感器的工作过程

车载毫米波雷达传感器利用天线发射毫米波,并接收目标反射信号;通过后方处理,以快速准确的方式获取汽车周围的物理环境信息,包括汽车与其他物体之间的相对距离、相对速度、角度和运动方向等;然后,根据探测到的物体信息进行目标追踪和识别分类,同时结合车身动态信息进行数据融合;最终,通过中央处理单元(ECU)进行智能处理和合理决策,根据情况,通过声音、光线和触觉等方式通知或警告驾驶员,或及时主动干预汽车。这样可以确保驾驶过程的安全性和舒适性,减少事故发生概率。车载毫米波雷达传感器工作过程如图 1-3-10 所示。

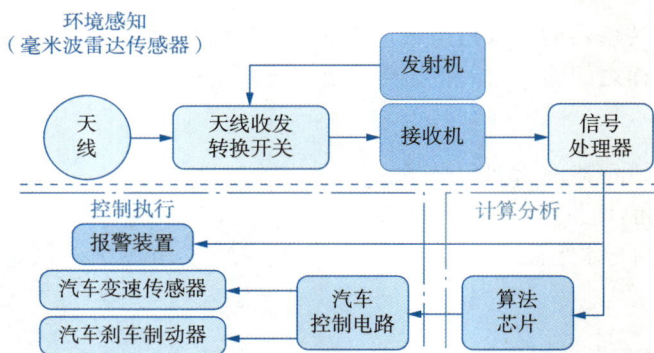

图 1-3-10 车载毫米波雷达传感器工作过程

(二)车载毫米波雷达传感器测距原理

车载毫米波雷达传感器通过发射天线发出毫米波段的有指向性的电磁波,这些电磁波遇到目标障碍物后,会被反射回来,并且由雷达接收天线接收到。通过测量发射电磁波和接收电磁波之间的时间差 Δt,我们可以计算出目标的位置数据和相对距离。

【动画】
车载毫米波雷达工作原理

根据电磁波的传播速度,可以确定目标的距离公式:

$$S = (\Delta t \times c)/2 \tag{1-3-1}$$

式中,S 表示相对距离,单位为 m;Δt 表示电磁波从雷达发射出去到接收到目标回波的时间间隔,单位为 s;c 是电磁波传播速度(在真空中传播时等于光速),单位为 m/s。车载毫米波雷达传感器测距原理如图 1-3-11 所示。

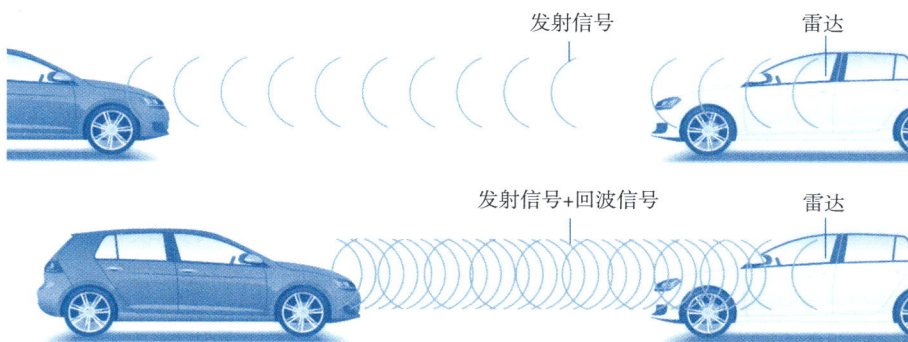

图 1-3-11　车载毫米波雷达传感器测距原理

(三)车载毫米波雷达传感器测速原理

根据多普勒效应,发射的电磁波和被探测目标相对移动时,回波的频率会与发射波的频率不同。当目标向雷达天线靠近时,反射信号的频率会高于发射信号的频率;反之,当目标远离天线时,反射信号的频率会低于发射信号的频率。

由多普勒效应所形成的频率变化叫作多普勒频移,它与相对速度 v 成正比,与振动的频率成反比。通过检测这个频率差,可以测得目标相对于雷达的移动速度,也就是目标与车载毫米波雷达传感器的相对速度。多普勒测速原理如图 1-3-12 所示。

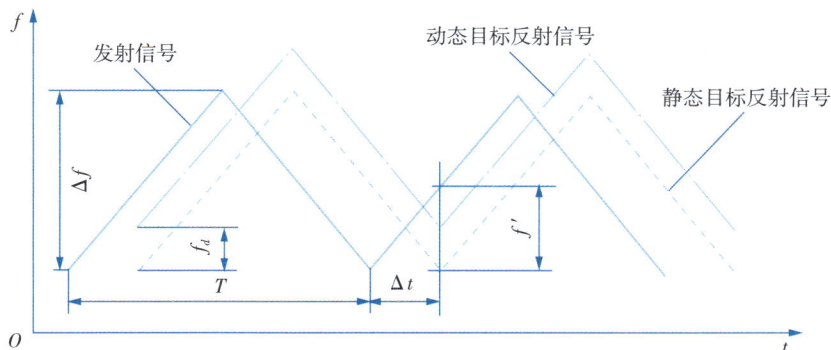

图 1-3-12　多普勒测速原理

根据 FMCW(调频连续波)雷达的三角波上升沿和下降沿分别可得到一个差额。

上差额:
$$f_+ = \Delta f - f_d \tag{1-3-2}$$

下差额:
$$f_- = \Delta f + f_d \tag{1-3-3}$$

式中，Δf 为相对静止目标的中频频率；f_d 为相对运动目标的多普勒频移。

根据多普勒效应得

$$f_d = 2f_0 v/c \tag{1-3-4}$$

式中，f_0 为发射波的中心频率；c 为电磁波的传播速度，即光速；v 为目标和雷达的径向相对速度。

解得

$$v = f_d \times \frac{c}{2 \times f_0} \tag{1-3-5}$$

（四）车载毫米波雷达传感器测角（方位角）原理

车载毫米波雷达传感器通过处理多个接收天线收到的信号时延来实现障碍物角度的测量。当车载毫米波雷达传感器的发射天线发射出毫米波，碰到被监测物体后，毫米波会被反射回来。通过与车载毫米波雷达传感器并列的接收天线收集到反射回来的毫米波，同时测量毫米波的相位差，可以计算出被监测目标的方位角。车载毫米波雷达传感器测角原理如图 1-3-13 所示。

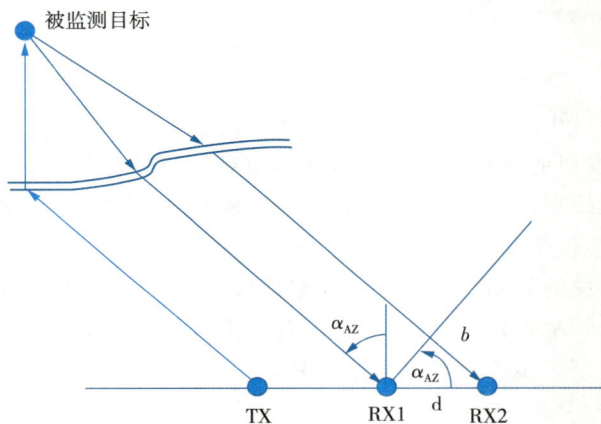

图 1-3-13　车载毫米波雷达传感器测角原理

通过车载毫米波雷达传感器接收天线 RX1 和接收天线 RX2 之间的几何距离 d，以及两根车载毫米波雷达传感器天线所收到反射回波的相位差 b，然后通过三角函数计算得到方位角 α_{AZ} 的值，这样就可以知道被监测目标的方位角。

$$\sin \alpha_{AZ} = \frac{b}{d} \tag{1-3-6}$$

六、毫米波雷达传感器的典型应用

（一）毫米波雷达传感器在 ADAS 中的应用

毫米波雷达传感器凭借出色的测距和测速能力，被广泛地应用在自适应巡航控制（ACC）、前向防撞报警（FCW）、盲点检测（BSD）、辅助停车（PA）、辅助变道（LCA）、自动紧急刹车

（AEB）等汽车先进驾驶辅助系统（ADAS）中。

智能网联汽车通常会安装多种毫米波雷达传感器，满足不同距离范围的探测需求。这些毫米波雷达传感器分为近距雷达（SRR）、中距雷达（MRR）和远距雷达（LRR），它们在车辆上的安装位置也有所不同。长距雷达一般安装在车辆前方，而中矩、短距雷达可以安装在车辆前方、两侧或后方。不同的毫米波雷达传感器在智能网联汽车中发挥着不同的作用。表 1-3-5 为毫米波雷达传感器在智能网联汽车上的应用。

以自适应巡航控制（ACC）功能为例，智能网联汽车一般需要 3 个毫米波雷达传感器。在智能网联汽车正中间安装一个 77 GHz 的长距雷达，探测距离为 150~250 m，角度为 10°左右；在智能网联汽车两侧各安装一个 24 GHz 的中距雷达，角度都为 30°，探测距离为 50~70 m。例如，2018 款奔驰 GLC 采用的就是"1 长＋4 中"的 5 个毫米波雷达传感器配置。2018 款奔驰 GLC 毫米波雷达传感器配置示意如图 1-3-14 所示。

表 1-3-5 毫米波雷达传感器在智能网联汽车上的应用

毫米波雷达类型		近距雷达（SRR）	中距雷达（MRR）	远距雷达（LRR）
工作频段/GHz		24	77	77
探测距离		<60 m	100 m 左右	>200 m
功能	自适应巡航控制系统		★（前方）	★（前方）
	前向防撞报警系统		★（前方）	★（前方）
	自动紧急刹车辅助系统		★（前方）	★（前方）
	盲点检测系统	★（侧方）	★（侧方）	
	辅助停车系统	★（前方）（后方）	★（侧方）	
	辅助变道系统	★（后方）	★（后方）	
	后碰撞预警系统	★（后方）	★（后方）	
	行人检测系统	★（前方）	★（前方）	
	驻车开门辅助系统	★（侧方）		

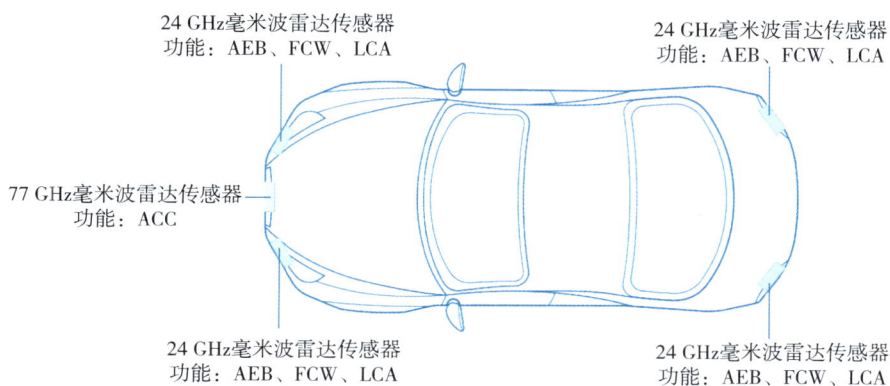

图 1-3-14 2018 款奔驰 GLC 毫米波雷达传感器配置示意

(二)车载毫米波雷达传感器典型产品

目前,德国、美国和日本等国外厂商在车载毫米波雷达传感器市场上占据主导地位。其中大陆、博世、电装、奥托立夫和安波福(原德尔福)是最知名的厂商品牌。特别是在 77 GHz 毫米波雷达传感器领域,博世、大陆、安波福(原德尔福)、电装、天合、富士通天和日立等厂商品牌具有较大的市场份额。国内厂商也在积极力求在毫米波雷达传感器领域取得突破,例如北京行易道科技有限公司研发的 77 GHz 防撞雷达已经被装配在北汽(北京汽车集团有限公司)的无人车上。此外,沈阳承泰科技有限公司、深圳卓泰达电子科技有限公司等公司也取得了一定的成就。表 1-3-6 为目前市场上主要的毫米波雷达传感器产品。

表 1-3-6　目前市场上主要的毫米波雷达传感器产品

主要品牌	主要产品	雷达频率/GHz	探测距离
瑞典奥托立夫(Autoliv)	短距雷达	24～25	—
美国安波福(Aptiv) (原德尔福 Delphi)	中距雷达 ESR2.5, MRR2/3	76～77	前向:不大于 174 m
	短距雷达 SRR3/4		—
德国博世(Bosch)	中距雷达 MRR	76～77	前向:不大于 160 m 后向:不大于 80 m
	长距雷达 LRR4	76～77	前向:不大于 250 m
德国大陆 (Continental)	短距雷达 SRR320	24～25	—
	长距雷达 ARS410	76～77	前向:不大于 170 m
	长距雷达 ARS430	76～77	前向:不大于 250 m
日本富士通天(Fujitsu Ten)		76～77	
德国天合(ZF-TRW)	中距雷达 AC100	24～25	前向:不大于 150 m
日本电装	长距雷达	76～77	—

(三)毫米波雷达传感器的其他应用

毫米波雷达传感器在多个领域内发挥了重要作用,不仅限于汽车 ADAS 应用。它在无人机、安全防护、智能交通、工业和军用等领域有广泛应用。

·无人机:主要用于定高和避障。

·安全防护:用于重要区域的安全警戒任务。

·智能交通:用于车辆检测、交通量统计、交通事件检测、交通引导、超速监测、电子卡口、电子警察和红绿灯控制等。

·工业:用于工业液位计、挖掘机、重型推土机、高压电线塔周围的安全施工和生产安全监测等。

·军用:用于雷达探测、导弹制导、卫星遥感和电子对抗等任务。

实践任务　毫米波雷达传感器功能测试

任 务 目 标

1. 能合理完成毫米波雷达传感器的检测方案、工具设备、所需物料等的准备工作；

2. 能掌握 CAN 总线分析仪驱动安装的操作要点，完成准备工作；

3. 能掌握毫米波雷达传感器安装与标定的方法，选用合适的工具及设备，规范地完成安装及标定作业；

4. 能理解 ARS_408 软件参数的含义，正确完成毫米波雷达传感器的参数配置；

5. 能掌握毫米波雷达传感器的电性能测试方法，正确测量毫米波雷达传感器的工作电压和工作电流；

【微课】
毫米波雷达传感器
功能测试

6. 能正确使用自动驾驶车辆维修手册、毫米波雷达传感器设备手册和工作页等参考资料，独立规范地完成功能测试；

7. 能掌握 7S 管理规范，并按照规范完成实训任务，养成良好的职业习惯。

实 施 计 划

请在表格中写出本次任务的实施计划：

任 务 准 备

请在表格中勾选出本次任务需要使用的物品：

设备	□毫米波雷达传感器	□自动驾驶低速车
工具	□笔记本电脑 □CAN 总线分析仪 □数字万用表	□三角反射器 □汽车维修工具 □直流稳压电源
量具	□激光测距仪 □卷尺	□水平测量仪 □游标卡尺
耗材	□记号笔	□静电手套
软件	□CANtest □ARS_408 □Apollo 平台	□Xshell 软件 □Smarteye

任 务 实 施

产品信息记录			
查阅《毫米波雷达传感器使用手册》，记录产品信息			
品牌		型号	
探测距离			
距离分辨率			
距离精确度			
方位角			
俯仰角			
方位角分辨率			
方位角精确度			
频段		测速范围	
连接器端口	本实训用毫米波雷达传感器连接器端口共有_____ Pin。		
配套线束	ARS 408-21 毫米波雷达传感器专用测试线束共有 4 根导线，分别如下： ① _____线束； ② _____线束； ③ _____线束； ④ _____线束		

（续表）

一、实训操作准备

CAN 总线分析仪的驱动安装

毫米波雷达传感器 CANtest 上位机软件主要用于 CAN 报文的收发与监测,同时支持显示帧及滤波的自定义设置、支持加载车载 DBC 协议与通信协议解析、支持总线利用率实时显示以及通信报文的实时记录等功能。其安装步骤如下:
① 用 USB 线连接 CAN 总线分析仪和笔记本电脑;
② 右击"此电脑",点击"属性",打开"设备管理器";
③ 在"Custom USB Devices"栏下,右击"WinUSB Device",选择"更新驱动程序";
④ 点击"浏览我的计算机以查找驱动程序软件"后,点击"让我从计算机上的可用驱动程序列表中选取";
⑤ 点击"从磁盘安装";
⑥ 点击"浏览",从提供的软件安装包中选择"USBCAN"驱动文件,点击"打开",并点击"确定";
⑦ 点击"下一步"开始加载安装驱动文件;
⑧ 完成驱动的安装,点击"关闭"

二、毫米波雷达传感器的安装与标定

1. 毫米波雷达传感器外观检查

检查毫米波雷达传感器外观有无破损;
检查毫米波雷达传感器测试专用线束是否完好

外观检查情况记录	毫米波雷达外观(□有　□无)破损
	专用线束(□是　□否)完好

2. 毫米波雷达传感器的安装与标定

① 使用卷尺测量确认车辆前端毫米波雷达传感器调节支架的高度,检查其是否符合安装高度要求;
② 将毫米波雷达传感器本体安装到车辆前端调节支架上;
③ 以车辆本体为参照,将水平测量仪进行水平校零;
④ 通过顺时针或逆时针旋转毫米波雷达传感器安装支架,调整毫米波雷达传感器翻滚角,使用水平测量仪检查毫米波雷达传感器水平度,直至调整至水平状态;
⑤ 使用扳手工具紧固毫米波雷达传感器安装支架后端螺丝;
⑥ 以车辆本体为参照,将水平测量仪垂直放置在车辆底盘前端,进行垂直校零;
⑦ 使水平测量仪紧贴并平行于毫米波雷达传感器的边沿,上下旋转毫米波雷达传感器支架,调整毫米波雷达传感器俯仰角,直至水平测量仪垂直度为 0°;
⑧ 使用十字螺丝刀紧固毫米波雷达传感器安装支架左右端螺丝

实操记录	记录内容	实操结果	标准值	是否合格
	安装高度		295～800 mm	□是　□否
	俯仰角		0°	□是　□否
	翻滚角		0°	□是　□否

（续表）

三、毫米波雷达传感器参数配置

1.CAN总线分析仪终端电阻配置

本实训使用的毫米波雷达传感器模块 ARS 408 未配置 120 Ω 终端电阻，但配套的测试线束中已配置 120 Ω 电阻。根据 ISO11898-2CAN 总线规范，在 CAN 网络两端的 ECU 需要配置 120 Ω 终端电阻。因此，本实训中的 CAN 总线分析仪也需要配置 120 Ω 终端电阻。

CAN 总线分析仪共有 2 路通道，分别为 CAN1 高速通道、CAN2 容错通道，可以通过底部拨码开关配置 CAN_H 与 CAN_L 间的电阻值

终端电阻配置步骤记录	步骤 1	将 CAN1 通道拨码＿＿＿＿＿＿＿＿调节
	步骤 2	测量 CAN1 通道 CAN_H、CAN_L 间的电阻，其值为＿＿＿＿＿＿＿＿

2.毫米波雷达传感器上电测试

① 将毫米波雷达传感器上电，将数字万用表调整到电压 20 V DC 挡位，检查 CAN_H、CAN_L 线束标识是否正确。

a. 将数字万用表红表笔与雷达线束 CAN_H 端对接，黑表笔与电源负极对接，观察电压表读数，若电压值为 2.5～3.5 V，则说明此端为 CAN_H；

b. 将数字万用表红表笔与雷达线束 CAN_L 端对接，黑表笔与电源负极对接，观察电压表读数，若电压值为 1.5～2.5 V，则说明此端为 CAN_L。

② 使用 CAN 总线分析仪的配套 USB 线束将 CAN 总线分析仪和笔记本电脑相连。

③ 将毫米波雷达传感器线束插件与雷达本体相连。

④ 将毫米波雷达传感器 CAN_H 线束端与 CAN 总线分析仪 CAN_H 线束相连，毫米波雷达传感器 CAN_L 线束端与 CAN 总线分析仪 CAN_L 线束相连。

⑤ 开启直流稳压电源，将直流稳压电源输出电压调整到 12 V。

⑥ 毫米波雷达传感器正极端线束与直流稳压电源正极柱对接，毫米波雷达传感器负极端线束与直流稳压电源负极柱对接。图 1-3-15 为线束连接示意图。

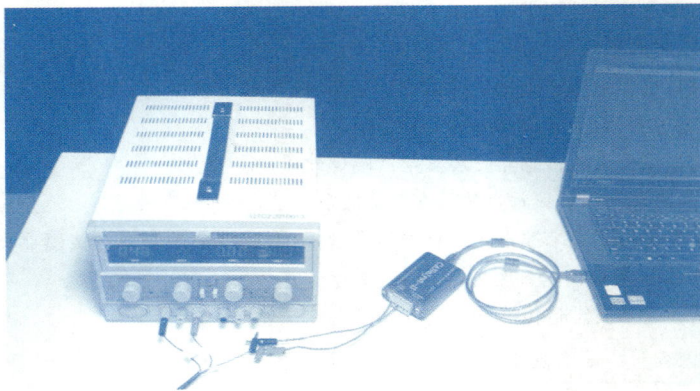

图 1-3-15　线束连接示意图

⑦ 打开毫米波雷达上位机软件 ARS_408，点击"操作"，点击"启动"，启动毫米波雷达上位机。若此时上位机界面未报错且能显示探测到的目标物信息，则说明毫米波雷达传感器工作正常。

（续表）

⑧ 退出上位机软件 ARS_408，打开 CANtest 软件，点击"确定并启动 CAN"，点击"DBC"，进入"FrameAnalyzer"界面，点击"加载协议"，选择文件名为"ARS408_can_database_ch0－new"的 dbc 文件并打开，此时可以看到解析后的 CAN 报文。

⑨ 点击名为"RadarState"的报文，查看毫米波雷达传感器的状态信息。如果没有错误状态显示，那么说明毫米波雷达传感器功能正常

CAN_H、CAN_L 线束标识 验证记录	测试项目	电压表读数	标准值/V	线束标识是否正确
	CAN_H 线束判别		2.5～3.5	□正确　□不正确
	CAN_L 线束判别		1.5～2.5	□正确　□不正确
上位机软件 ARS_408 操作记录	毫米波雷达上位机 ARS_408 软件（□有　□无）报错，（□能　□否）显示探测到的目标物信息			
CANtest 软件 操作记录	在"RadarState"的报文信息中，（□有　□无）报错，说明毫米波雷达传感器功能（□正常　□不正常）			

3. 毫米波雷达传感器参数配置

打开上位机 ARS_408 软件，点击"操作"菜单栏，在弹出的下拉菜单中，点击"启动"。成功启动后，上位机 ARS_408 软件坐标系将会有被探测到的物体信息显示。

★ 下述配置中各参数说明请参考《德国大陆毫米波雷达使用说明》。

（1）雷达配置

① 毫米波雷达传感器"雷达配置"参数要求如下。

● 永久存储：valid。

● 排序方式：no sorting。

● 跟踪目标扩展信息：valid。

● 目标质量信息：valid。

● 检测模式：objects。

● 雷达功率：standard。

● 雷达 ID：01。

● 最大检测距离：204。

● 继电器：invalid。

● 雷达灵敏度：invalid。

② 配置步骤如下：

● 点击"雷达配置"菜单，弹出"雷达配置"窗口，在弹出的窗口中根据"雷达参数配置要求"，在"配置项目"栏中，找到相应的配置参数；

● 点击对应的"是否配置"，使能滑块变为绿色，在"值"列下拉菜单中修改相应的值。全部修改成功后，点击"发送配置"；

● 在"雷达配置"窗口底部将会显示配置进度，当显示"设置成功!"时，雷达参数配置成功。图 1－3－16 为"雷达配置"设置示意图。

（续表）

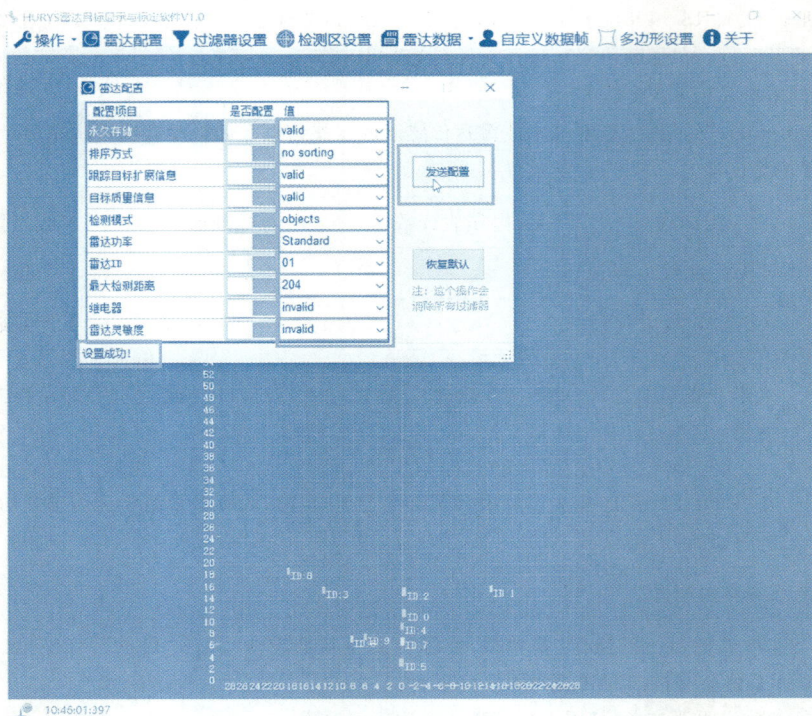

图 1 - 3 - 16 "雷达配置"设置示意图

（2）过滤器设置

① 过滤器设置是指配置毫米波雷达传感器检测项目的范围。

② 毫米波雷达传感器过滤器设置参数要求如下。

● 径向距离：最小值为 15.0，最大值为 25.0。

● 存在可能性：最小值与最大值都为 1。

● 其他过滤器项目的参数最小值和最大值都设置成 0。

③ 配置步骤如下：

● 点击"过滤器设置"菜单，弹出"过滤器设置"窗口；

● 在弹出的窗口中根据"过滤器参数设置要求"，在"过滤器项目"栏中，找到相应的项目名；

● 点击对应的"是否配置"，使能滑块变为绿色，修改相应的最小值与最大值，修改成功后，点击"发送"。图 1 - 3 - 17 为"过滤器设置"示意图。

（3）多边形设置

① 多边形设置是指设置毫米波雷达检测的感兴趣区域。

② 毫米波雷达传感器"多边形设置"参数要求如下。

● 使能 CAN TX 为 Active 与 Valid。

● P4x:50。P4y:6。P3x:50。P3y:−6。P1x:0。P1y:6。P2x:0。P2y:−6。

③ 配置步骤如下：

点击"多边形设置"菜单，弹出"Polygon"窗口，在弹出的窗口中根据"多边形参数设置要求"，找到相应的参数名进行参数修改，配置成功后，点击"发送配置"。图 1 - 3 - 18 为"多边形设置"示意图。

（续表）

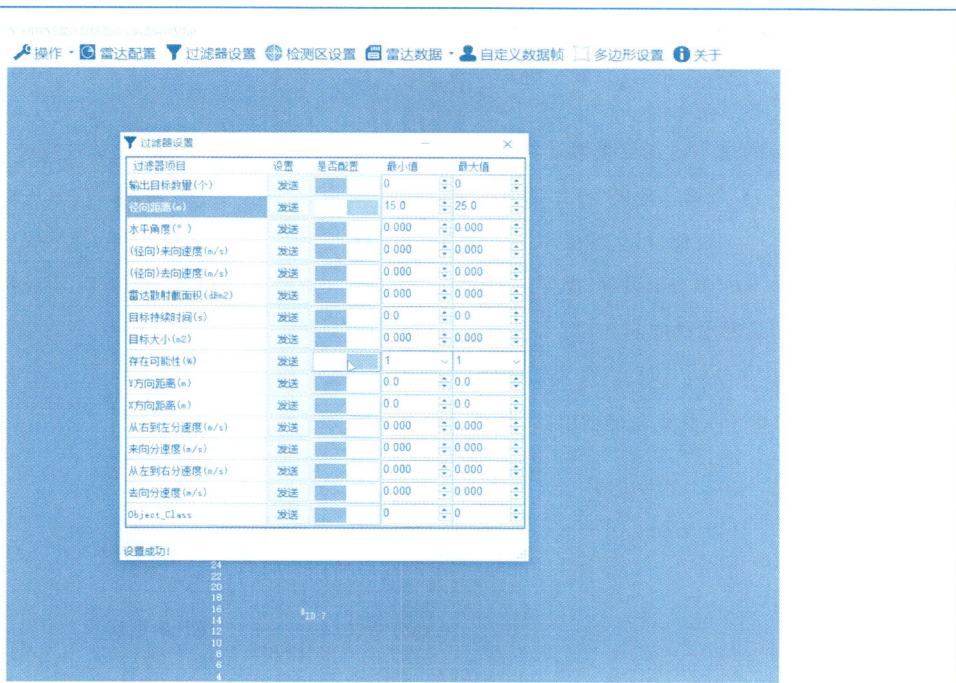

图 1 - 3 - 17　"过滤器设置"示意图

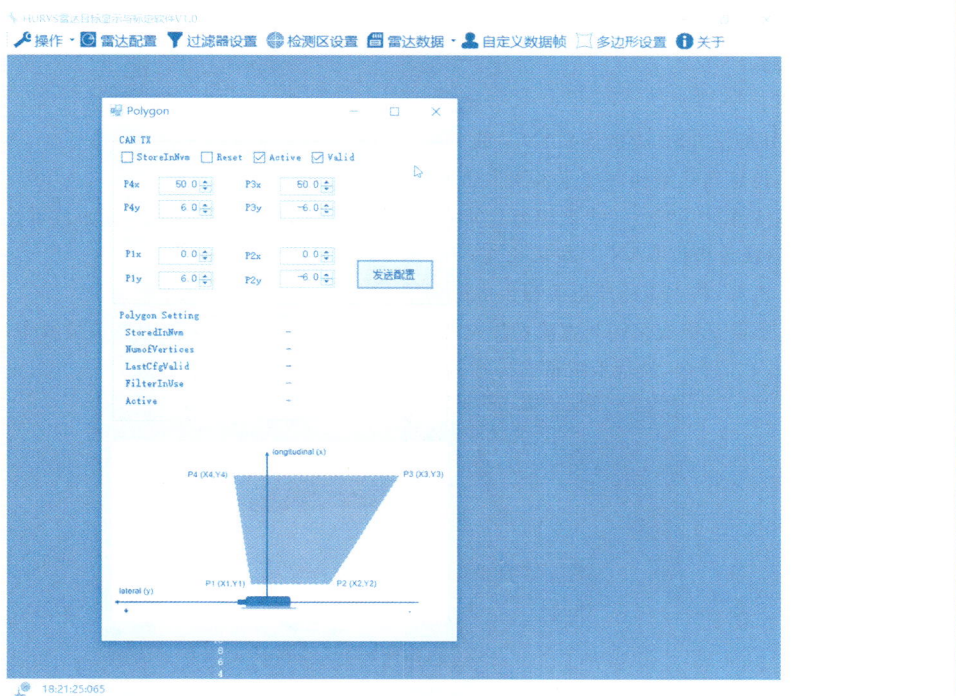

图 1 - 3 - 18　"多边形设置"示意图

（续表）

（4）配置验证

① 将毫米波雷达传感器下电，再重新上电；

② 启动上位机 ARS_408 软件；

③ 分别点击"雷达配置""过滤器设置""多边形设置"菜单栏，查看相应的参数信息是否与设置要求一致

实操记录	"雷达配置"操作是否成功	☐成功 ☐不成功
	"过滤器设置"操作是否成功	☐成功 ☐不成功
	"多边形设置"操作是否成功	☐成功 ☐不成功

四、毫米波雷达传感器电性能测试

1. 工作电压测试

① 毫米波雷达传感器工作电压测试电路，如图 1-3-19 所示。

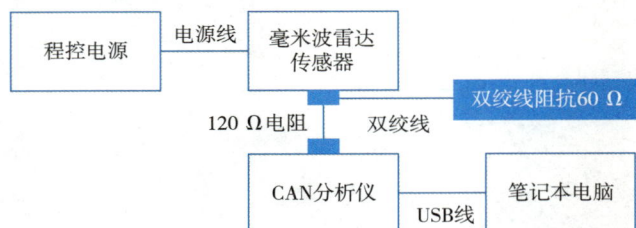

图 1-3-19 毫米波雷达传感器工作电压测试电路

注意事项：

a. 熟悉毫米波雷达传感器线束端子定义，正确完成线束连接；

b. 禁止带电插拔。

② 测试步骤如下：

a. 用 CAN 总线分析仪 USB 线束将 CAN 总线分析仪与笔记本电脑进行连接；

b. 将毫米波雷达传感器线束插件与毫米波雷达传感器本体相连；

c. 将毫米波雷达传感器 CAN_H 线束端与 CAN 总线分析仪 CAN_H 线束相连，毫米波雷达传感器 CAN_L 线束端与 CAN 总线分析仪 CAN_L 线束相连；

d. 开启直流稳压电源，将直流稳压电源输出电压调整至 9 V；

e. 毫米波雷达传感器正极线束端与直流稳压电源正极柱对接，毫米波雷达传感器负极线束端与直流稳压电源负极柱对接（图 1-3-20 为毫米波雷达传感器工作电压测试连接示意图）；

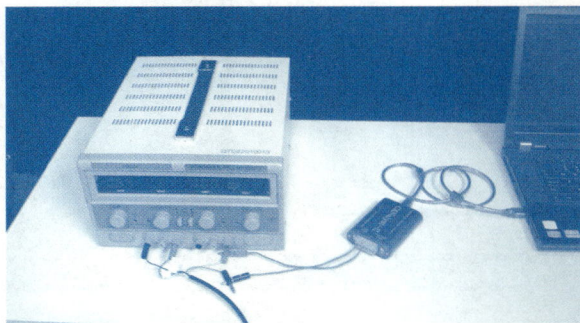

图 1-3-20 毫米波雷达传感器工作电压测试连接示意图

（续表）

f. 打开雷达上位机 ARS_408 软件，将直流稳压电源输出电压从 9 V 调整至 16 V，观察雷达上位机数据显示，检查其是否报错，若正常且未报错，则说明在 9 V 至 16 V 工作电压范围内毫米波雷达传感器均能正常工作；

g. 关闭电源，整理线束

实操记录	数据记录	序号	输入电压/V	上位机数据是否报错
		1	9	□是　□否
		2	10	□是　□否
		3	11	□是　□否
		4	12	□是　□否
		5	13	□是　□否
		6	14	□是　□否
		7	15	□是　□否
		8	16	□是　□否
	问题分析			

2. 工作电流测试

① 毫米波雷达传感器工作电流测试电路，如图 1-3-21 所示；

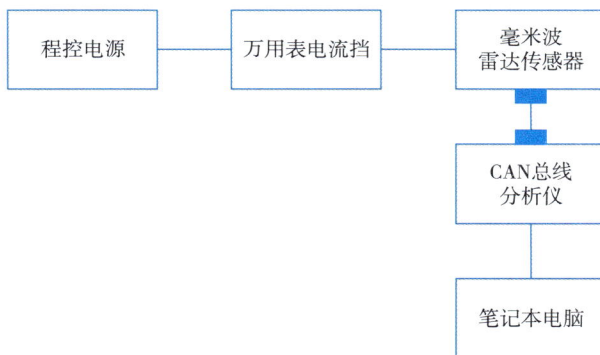

图 1-3-21　毫米波雷达传感器工作电流测试电路

注意事项：

a. 熟悉毫米波雷达传感器线束端子定义，正确完成线束连接；

b. 禁止带电插拔；

c. 正确使用数字万用表测量工作电流，适时调整电流量程。

② 测试步骤如下：

a. 用 CAN 总线分析仪 USB 线束将 CAN 总线分析仪与笔记本电脑相连；

b. 将毫米波雷达传感器线束插件与毫米波雷达传感器本体相连；

c. 将毫米波雷达传感器 CAN_H 线束端与 CAN 总线分析仪 CAN_H 线束相连，毫米波雷达传感器 CAN_L 线束端与 CAN 总线分析仪 CAN_L 线束相连；

d. 开启直流稳压电源，将直流稳压电源输出电压调整为毫米波雷达传感器标准工作电压（12 V）；

（续表）

e. 将数字万用表调至 20 A 直流挡，借助跨接线束将数字万用表红表笔与直流稳压电源正极柱相连，使黑表笔连接毫米波雷达传感器线束正极端，将毫米波雷达传感器线束负极端接入直流稳压电源负极柱，请记录此时数字万用表上的工作电流。图 1 - 3 - 22 为毫米波雷达传感器工作电流测试连接示意图。

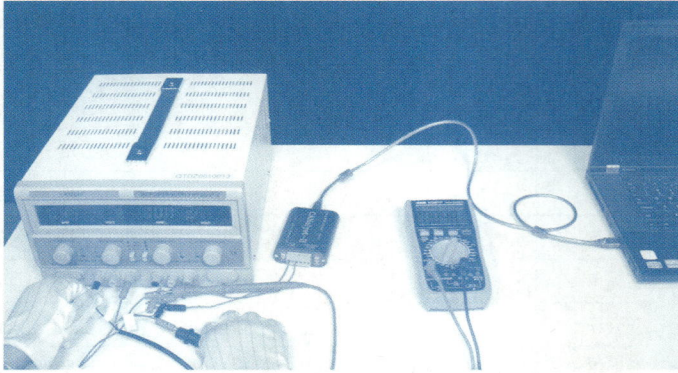

图 1 - 3 - 22　毫米波雷达传感器工作电流测试连接示意图

f. 毫米波雷达传感器工作电流典型值（功率为 6.6 W）小于 550 mA，最大功率（12 W）时电流小于 1.0 A，说明毫米波雷达传感器功耗符合要求；

g. 关闭电源，整理线束

实操记录	数字万用表测量的工作电流为＿＿＿＿＿＿＿＿＿＿

任务总结

请在表格中写出对本次任务的总结和反思：

评 价 与 反 馈

毫米波雷达传感器功能测试			实训日期：		
姓名：		班级：	学号：		指导老师签字：
序号	评分项	得分条件	分值	评分要求	得分
1	安全/7S/态度	□① 能进行工位 7S 操作 □② 能确认设备工具正常 □③ 能进行安全防护操作 □④ 能进行工具清洁、校准、存放操作 □⑤ 能进行"三不落地"操作	10 分	未完成 1 项扣 2 分	
2	设备选型及 硬件接口识别	□① 能正确识别相关设备的型号，并掌握设备的选型方法 □② 能正确识别相关硬件接口，并掌握接口连接方法 □③ 能完成相关元器件的测试与安装作业	6 分	未完成 1 项扣 2 分	
3	专业技能	毫米波雷达传感器测试准备： □能完成 CAN 总线分析仪的驱动安装 毫米波雷达传感器安装： □① 能完成毫米波雷达传感器的安装 □② 能掌握毫米波雷达传感器翻滚角、俯仰角标定的方法 毫米波雷达传感器参数配置： □① 能完成 CAN 总线分析仪终端电阻配置 □② 能完成毫米波雷达传感器上电测试 □③ 能正确使用上位机软件并完成毫米波雷达传感器参数配置 毫米波雷达传感器电性能测试： □① 能完成毫米波雷达传感器工作电压测试 □② 能完成毫米波雷达传感器工作电流测试	54 分	未完成 1 项扣 6 分	
4	工具及设备的 使用能力	□① 能正确使用常用工具 □② 能正确使用直流稳压电源 □③ 能正确使用 CAN 总线分析仪	7 分	未完成 1 项扣 2 分	
5	资料、信息 查询能力	□① 能正确使用自动驾驶车辆维修资料、工艺文件和技术文件等资料 □② 能在规定时间内完成与实训相关的资料查询	8 分	未完成 1 项扣 4 分	

（续表）

序号	评分项	得分条件	分值	评分要求	得分
6	数据判读和报告的撰写能力	□① 能根据上位机报文信息进行分析 □② 能正确记录所需调试信息，并撰写实训报告	10 分	未完成 1 项扣 5 分	
7	表单填写	□① 字迹清晰 □② 语意通顺 □③ 无错别字 □④ 无大面积涂改 □⑤ 填写内容完整	5 分	未完成 1 项扣 1 分	
总分					

任务 4　超声波传感器技术应用及装调

超声波是指频率高于人类听觉上限频率 20 kHz 的机械波。超声波传感器以超声波作为检测手段，发射并接收 40 kHz 的超声波，根据时间差计算出障碍物距离，其测量精度是 1～3 cm。

【微课】
超声波传感器认知

一、超声波传感器的安装位置

超声波传感器是一种能够将电信号转换为声信号或将外界声音转换为电信号的装置。根据使用环境的不同，超声波传感器的安装位置也有所差异。

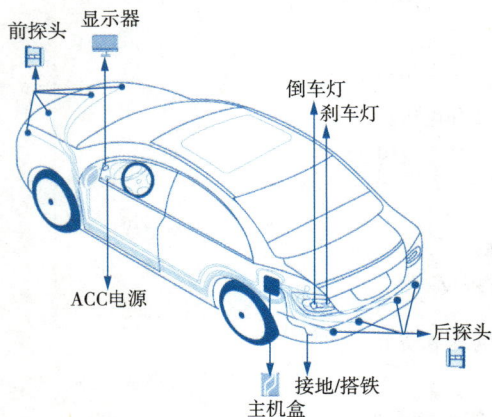

第一种超声波传感器是超声波驻车辅助（ultrasonic parking assistant，UPA）传感器，它安装在汽车前、后保险杠上，其位置示意如图 1-4-1 所示，用于测量汽车前后方的障碍物，探测距离一般为 15～250 cm。

第二种超声波传感器是自动泊车辅助（automatic parking assistant，APA）传感器，它安装在汽车侧面，其位置示意如图 1-4-2 所示，用于测量侧方障碍物的距离，探测距离一般为 30～500 cm。

图 1-4-3、1-4-4 所示为单个 UPA 和单个 APA 的探测范围。比较两图可发

图 1-4-1　超声波驻车辅助传感器位置示意

自动泊车辅助传感器　　　　　自动泊车辅助传感器

自动泊车辅助传感器　　控制器　　自动泊车辅助传感器

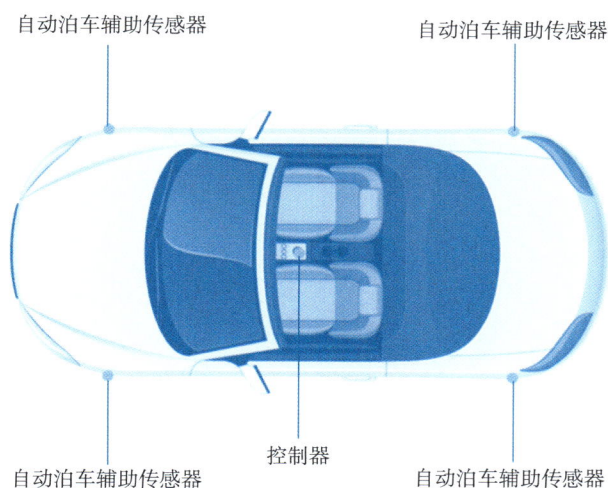

图 1-4-2　自动泊车辅助传感器位置示意

现,APA 与 UPA 相比,探测范围更远,但成本更高且功率更大。APA 不仅可以检测左右两侧的障碍物,还可以根据超声波传感器返回的数据判断停车场内是否有可用的停车位。

图 1-4-3　单个 UPA 的探测范围

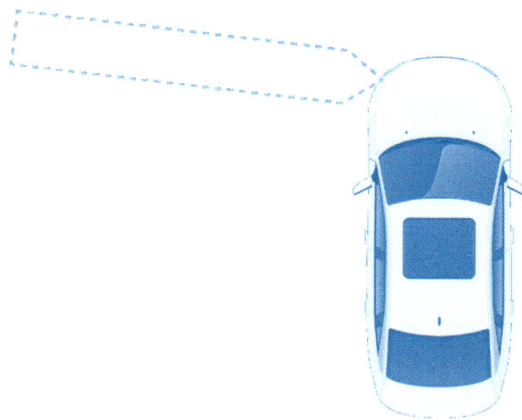

图 1-4-4　单个 APA 的探测范围

　　虽然 UPA 和 APA 的探测距离和探测形状都不相同,但是它们依然可以用同样的数学模型(图 1-4-5)来描述。

　　α、β、R 和 D 为超声波传感器数学模型中的 4 个参数。α 为超声波传感器的探测角,一般 UPA 的探测角为 120°左右,APA 的探测角较小,为 80°左右。

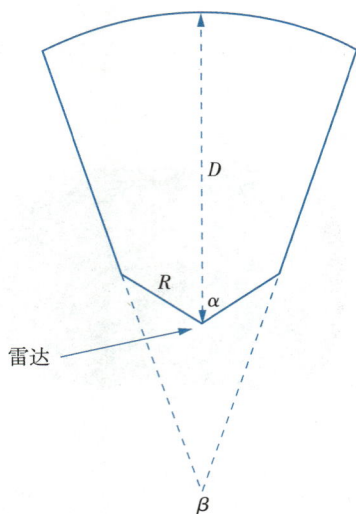

图 1-4-5　超声波传感器的数学模型

β 为超声波传感器监测宽度范围的影响元素之一,该角度一般较小。UPA 的 β 角为 20°左右,APA 的 β 角比较特殊,为 0°。

R 也是超声波传感器检测宽度范围的影响因素之一,UPA 和 APA 的 R 值差别不大,都在 0.6 m 左右。

D 是超声波传感器的最大量程。UPA 的最大量程为 2~2.5 m,APA 的量程至少是 5 m。目前已有超过 7 m 的 APA 在业内使用。

【动画】
超声波传感器的数学模型

知识拓展

● 数学模型

数学模型是参照某种事物系统的特征或数量依存关系,采用数学语言,概括地或近似地表述出的一种数学结构。这种数学结构是借助于数学符号刻画出来的某种系统的纯关系结构。

从广义角度理解,数学模型包括数学中的各种概念、公式和理论。从狭义角度理解,数学模型只指那些反映了特定问题或特定的具体事物的数学关系结构。

二、超声波传感器的特点

超声波传感器在实际应用中具有许多优点,尤其是在需要进行短距离测量时能表现出明显的优势。然而,由于它是一种机械波,因此它也存在一些局限性。

(一)优点

1. 能量损耗慢

超声波的传播速度仅为光波的百万分之一,因此能量消耗缓慢。

2. 指向性强

超声波具有高频率和短波长的特点,因此不容易发生衍射,可以集中传播并具有良好的指向性。因此,它非常适合用于测量距离较近的目标。

3. 抗干扰性强

① 超声波对色彩、光照度不敏感,可用于识别透明、半透明及漫反射差的物体。

② 超声波对外界光线和电磁场不敏感。因此其可以在光线较暗、有灰尘或烟雾、电磁干扰较强的恶劣环境中进行可靠的检测。

4. 结构简单、体积小

超声波传感器结构简单,体积小,成本低,信息处理简单可靠,易于小型化和集成化,并且可以进行实时控制。

(二)局限性

1. 对温度敏感

超声波传感器的波速受温度影响,近似关系为

$$C = C_0 + 0.607 \times T \tag{1-4-1}$$

式中,C_0 为零度时的波速,为 332 m/s;T 为温度。

当超声波测距精度要求达到 1mm 时,就必须把超声波传播的环境温度考虑进去。例如当环境温度是 0 ℃时,波速为 332 m/s;30 ℃时,波速为 350 m/s。温度引起的超声波速度变化为18 m/s。

2. 无法精确描述障碍物位置

当超声波与障碍物距离较远时,声波的角度变大,回波信号弱,方向性差,因此无法精确描述障碍物位置。

知识拓展

一、声波的波形

由于声源在介质中施力方向与波在介质中传播方向不同,因此声波的波形也不同。声波通常有纵波、横波和表面波三种。

1. 纵波

纵波是指介质内质点振动方向与超声波的传播方向一致的波形。它能在固体、液体和气体中传播。

2. 横波

横波是指介质中质点的振动方向与超声波的传播方向垂直的波形。它只能在固体中传播。

3. 表面波

表面波是指沿着固体表面传播的具有纵波和横波双重性质的波形。

二、声波的反射与折射

声波从一种介质传播到另一种介质中时,在两个介质分界面上一部分声波被反射;另一部分声波穿过分界面,在另一种介质内部继续传播。这两种情况被称为声波的反射与折射。

三、声波的衰减

声波在介质中传播时,随着传播距离的增加,能量逐渐衰减,其衰减程度与声波的扩散、散射及吸收衰减等因素有关。

1. 声波的扩散

在理想介质中,声波的衰减仅来自声波的扩散,即随声波传播距离增加而引起声能的减弱。

2. 声波的散射

声波的散射是指声波在介质中传播时,固体介质中的颗粒界面或流体介质中的悬浮粒子使声波散射,使其中一部分声能不再沿着原来传播方向运动而形成散射。散射与散射粒子的形状、尺寸、数量、介质的性质和散射粒子的性质有关。

3. 吸收衰减

吸收衰减是指声波在介质中传播时介质黏滞性造成质点间产生内摩擦,从而使一部分声能转化为热能,通过热传导进行热交换,导致声能损耗。

三、超声波传感器的类型

按照安装方式分,超声波传感器可以分为直射式和反射式,反射式又可分为发射头与接收头分体和接收一体两种形式。

按照传感器探头结构分,超声波传感器可分为直探头、斜探头、表面波探头、双探头、聚焦探头、水浸探头及其他专用探头。

按照工作原理分,超声波传感器可分为压电式、磁致伸缩式、电磁式。较为常用的是压电式超声波传感器。

按照工作频率分,超声波传感器有 40 kHz、48 kHz 和 58 kHz 三种。一般情况下,频率越高,灵敏度越高,但水平与垂直方向的探测角也越小。汽车测距中使用的主要是 40 kHz 的超声波传感器。

四、超声波传感器的典型结构

本任务以较为常用的压电式超声波传感器为例介绍其结构。压电式超声波传感器是根据电致伸缩现象制成的,施加交变电压时,材料会产生振动并产生超声波。压电式超声波传感器通常有金属或塑料外壳,并且顶部有屏蔽栅,其外观如图 1-4-6 所示。

图 1-4-6　压电式超声波
传感器外观

该设备的构成包括压电晶片、吸收块、保护膜和接线片等部分(图 1-4-7)。压电晶片的两面都有银镀层,用作导电的极板,底面接地,上面连接引出线。为了防止直接接触损坏压电晶片,压电晶片下面粘贴有一层保护膜。吸收块的作用是降低晶片的机械特性,吸收声能。如果没有吸收块,当激励的电脉冲信号停止时,压电晶片会继续振荡,导致超声波的脉冲宽度变长,使其分辨率降低。

当施加 40 kHz 的高频电压到压电晶片时,压电晶片会根据电压的极性伸长或缩短,从而产生 40 kHz 的超声波振动。这个超声波被发送出去,当它遇到障碍物后会返回。接着,超声波传感器利用压电材料的压电效应,将超声波转换成电荷。

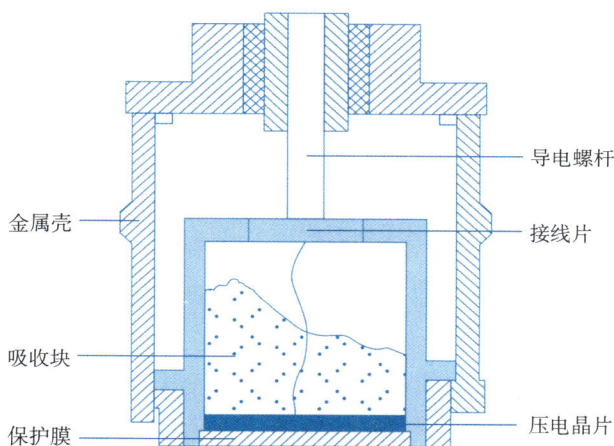

图 1-4-7　压电式超声波传感器结构

五、超声波传感器的测距原理

根据算法的不同,超声波测距有相位检测法、幅值检测法和脉冲回波检测法三种测距方法。

(一)相位检测法

相位检测法是一种测量距离的方法。它通过检测超声波和机械回波之间的相位差来计算障碍物与超声波传感器之间的距离。相位检测法的测距精度较高,但需要复杂的相位鉴别电路来处理回波信号,所以成本较高。此方法适用于测量较小的距离范围(通常为 15~70 cm)。

(二)幅值检测法

幅值检测法是一种处理机械回波信号的方法。它将信号转化为包络曲线,并通过分析该曲线的峰值来确定机械回波能达到的最远距离。幅值检测法只通过回波的幅值来判断距离,因此容易受到反射波的影响。

(三)脉冲回波检测法

脉冲回波检测法测距原理如图 1-4-8 所示。超声波发射头发出

【动画】
超声波脉冲回波
检测原理

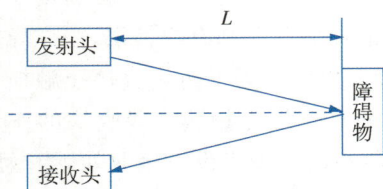

图 1-4-8　脉冲回波检测法测距原理

具有一定频率的、短促的超声波信号,同时启动时钟计数器,直到接收头收到障碍物反射的机械回波信号,并转换为相应的电信号。此时放大接收电路会将电信号放大,控制器会识别该信号,同时时钟计数器停止计数,读出计数器数值即可得到回波时间,从而计算出障碍物到超声波传感器的距离。

接收时间与发射时间之差即超声波在空气中的回波时间,因此障碍物与超声波传感器之间的距离为

$$L = \frac{CT}{2} \qquad (1-4-2)$$

式中,C 为超声波在空气中的传播速度,常温下约为 340 m/s;T 为发射端与接收端之间的回波时间差。脉冲回波检测法较简单,在非高精度的测距场景中使用较多。

六、超声波传感器的主要参数

(一)测量范围

超声波传感器的测量范围与所使用的波长和频率有关。当波长较长、频率较小时,超声波传感器可以检测的距离较远。例如,紧凑型超声波传感器使用毫米级波长时,其测量范围为 300～500 mm;而波长大于 5 mm 的超声波传感器测量范围则可以达到 10 m。

(二)测量精度

测量精度是指超声波传感器测量结果与实际值之间的差异。高精度的测量结果意味着感知到的信息更可靠。超声波传感器的测量精度受到被测物体的体积、表面形状和材料等因素的影响。被测物体很小,表面不平整或材料对声波有吸收作用,都会降低超声波传感器的测量精度。

(三)波束角

超声波传感器产生声波并以一定角度向外发射,声波在超声波传感器中心轴线方向上的能量最大,而向其他方向逐渐减弱。以超声波传感器中轴线的延长线为轴线,到一侧能量强度减小一半处的角度为波束角。较小的波束角表示超声波传感器具有更好的指向性,一些超声波传感器具有较窄的 6°波束角,更适合精确测量较小的物体。相比之下,具有 12°～15°波束角的超声波传感器能够检测到具有较大倾角的物体。

(四)工作频率

工作频率对超声波的传播和吸收损失、障碍物反射损失、背景噪声及传感器尺寸有直接影响。我们通常选择约 40 kHz 的工作频率,这样可以使超声波传感器具有尖锐的方向性,同时避开噪声,提高信噪比。虽然相对低频会增加传播损失,但不会给发射和接收带来困难。

(五)抗干扰性能

超声波为机械波,使用环境中的噪声会干扰超声波传感器接收物体反射回来的超声波,因此要求超声波传感器具有一定的抗干扰性能。

七、超声波传感器的应用

（一）典型应用

依据超声波传感器的测距原理，其在自动驾驶汽车上主要应用于倒车报警、自动泊车和辅助刹车。

图1-4-9 倒车报警

1. 倒车报警

倒车报警（图1-4-9）是超声波传感器最基础的应用。一般在车身后方安装2～4个超声波传感器，满足后方探测角度要求。在这个过程中，超声波传感器通常需要和控制器及显示器结合使用。

倒车时，驾驶员可以启动倒车超声波传感器，倒车超声波传感器通过车尾保险杠上的探头发送超声波，当超声波遇到障碍物时会产生回波信号。倒车超声波传感器接收到回波信号后，会经过控制器进行数据处理，从而判断出障碍物的位置。距离数据会在显示器上显示，并发出警示信号提醒驾驶员周围障碍物的情况。倒车超声波传感器可以帮助驾驶员消除视野的盲点，避免因视线模糊而导致的问题，提高驾驶安全性。

2. 自动泊车

在辅助驾驶阶段，超声波传感器可用于自动泊车。自动泊车如图1-4-10所示。一般在车身前后安装8～12个超声波传感器，以探测车辆周围环境中的近距离目标，实现自动泊车。

自动泊车需要经历识别库位和倒车入库两个阶段。泊车库位检测主要依赖于安装在车辆侧方的APA。汽车缓缓驶过车库时，利用汽车侧方的APA会得到探测距离与时间的关系（图1-4-11）。

利用从t_1时刻到t_2时刻的车速和一定的计算公式即可得到库位的近似长度。若检测的库位长度大于汽车泊入所需的最短长度，且与旁边车辆的横向距离保持为0.5～1.5 m，则认为当前空间有车位，选择好车位就可以泊车。

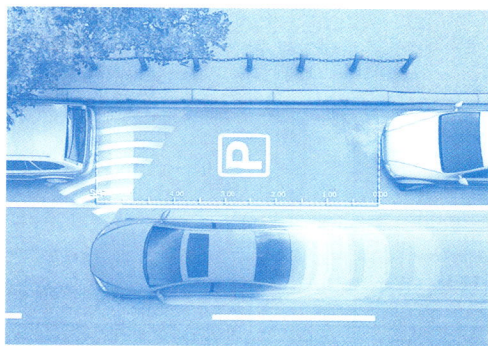

图1-4-10 自动泊车

车辆挂入倒挡后，倒车影像屏幕将自动显示车辆位置及周围环境。同时，驾驶员可使用触摸屏式导航仪，在屏幕上移动光标设定泊车目标位置，并启动智能泊车系统。一旦智能泊车系统启动，方向盘将自动旋转规划倒车路径，车辆将缓慢倒车，最终停在泊车位置附近。驾驶员除了注意周围是否有障碍物外，还可以通过控制油门或刹车来调整泊车过程。自动泊车过程如图1-4-12所示。

目前，智能泊车系统仍有一些局限。然而，随着技术的进步，这些限制将逐渐减少。例如，对停车起始点的要求将变得更加宽松,检测车位的速度和准确度将得到提高,从而使停车过程更加平稳和快捷。

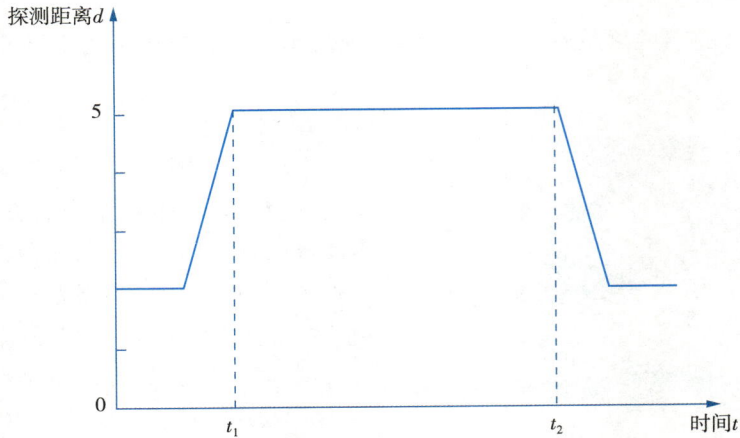

图 1 - 4 - 11   探测距离与时间的关系

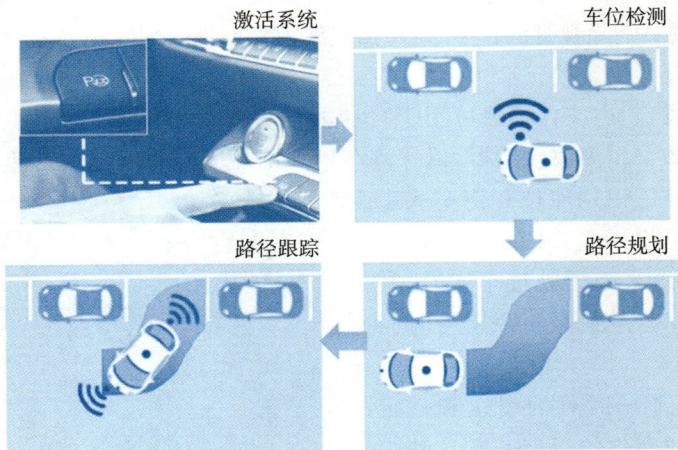

图 1 - 4 - 12   自动泊车过程

3. 辅助刹车

辅助刹车常配合自动车距控制系统使用。使用超声波传感器检测前方车辆或障碍物的距离,一旦发现碰撞风险,自动车距控制系统会发出警报。通过车辆的自动车距控制系统,车辆会自动减速或停止,从而避免交通事故的发生。

(二)典型产品

从产业角度而言,博世、法雷奥是产业巨头,日本村田、尼塞拉、三菱、松下等国际品牌也很有影响力;国内品牌则有同致电子、航盛电子等。

博世的产品主要包括超声波雷达、倒车雷达、半自动泊车和全自动泊车。超声波雷达能够扩大探测范围和刷新时间,并且每个超声波雷达都有一个独特的代码,以避免噪声干扰。车用超声波传感器的检测范围为 20~450 cm。

法雷奥超声波雷达已有十年的量产经验。短距离超声波雷达覆盖范围为 2~4 m,最新一代的自动泊车系统 Park4U 采用了这种超声波雷达技术。该系统具备平行泊车和转角泊车两种模式。只需在车身前后留出 40 cm 的空间,该系统就能自动完成泊车过程。

同致电子科技(厦门)有限公司生产的主要产品有倒车雷达、遥控中控、后视摄像头、智能车内后视镜等,是国内各大汽车厂商〔如上汽通用汽车有限公司、大众汽车集团中国公司、东风日产乘用车公司、吉利汽车集团有限公司、福特汽车(中国)有限公司等〕的供应商。

实践任务 1.4　超声波传感器功能测试

任务目标

1. 能合理完成超声波传感器功能测试所需的检测方案、工具设备、所需物料等的准备工作。

2. 能规范地完成超声波传感器外观检查及安装作业。

3. 能规范、准确地完成超声波传感器控制器及 CAN 总线分析仪的终端电阻配置。

4. 能规范地完成超声波传感器功能测试,通过测试结果判断超声波传感器工作是否正常、精度是否符合要求。

5. 能正确使用自动驾驶车辆维修手册、激光雷达使用手册和工作页等参考资料,独立规范地完成功能验证。

6. 能掌握 7S 管理规范,并按照规范完成实训任务,养成良好的职业习惯。

【微课】
超声波传感器功能测试

实施计划

请在表格中写出本次任务的实施计划:

任 务 准 备

请在表格中勾选出本次任务需要使用的物品：

设备	□超声波传感器 □超声波传感器控制器	□自动驾驶低速车
工具	□笔记本电脑 □CAN 总线分析仪 □数字万用表	□数字兆欧表 □汽车维修工具 □直流稳压电源
量具	□激光测距仪 □卷尺	□水平测量仪 □直尺
耗材	□记号笔	□静电手套
软件	□CANtest □Fieldhelper □Apollo 平台	□Xshell 软件 □Smarteye

任 务 实 施

产品信息记录

超声波传感器控制器共有 3 个插接件端口。其中 2 个端口线束共有 8 根支线，分别与 8 个超声波传感器探头连接；剩余 1 个端口为数据/电源线束，分别为电源正极、电源负极、CAN_H、CAN_L

一、实操前准备——CAN 总线分析仪驱动安装

① 用 USB 线连接 USBCAN - II 卡和笔记本电脑；

② 右击"计算机"，点击"属性"，打开"设备管理器"；

③ 在"其他设备"栏下，右击"Chuangxin tech USBCAN/CANalyst - II"，选择"更新驱动程序软件"；

④ 点击"浏览我的计算机以查找驱动程序软件"；

⑤ 点击"让我从计算机上的可用驱动程序列表中选取"；

⑥ 点击"下一步"后，再点击"从磁盘安装"；

⑦ 点击"浏览"，从提供的软件安装包中选择"USBCAN"驱动文件，并点击"打开"；

⑧ 点击"确定"后，点击"下一步"开始加载安装驱动文件；

⑨ 完成驱动的安装，点击"关闭"

实训记录	打开"设备管理器"后，是否弹出"Chuangxin tech USBCAN/CANalyst - II"？ □是　　□否 若未弹出，需检查：_____ _____

（续表）

二、超声波传感器安装	
1. 超声波传感器外观检查	
① 检查控制器插接件端子； ② 检查控制器外观； ③ 检查 8 个超声波传感器探头； ④ 检查 8 个超声波传感器安装支架	
检查 情况 记录	控制器插接件端子(□是　　□否)完好
	控制器外观(□是　　□否)损坏
	超声波传感器探头上表面(□是　　□否)破损；插接件(□是　　□否)破损； 防水胶(□是　　□否)完好；外表面(□是　　□否)破损
	安装支架(□是　　□否)完好；(□是　　□否)牢靠
2. 超声波传感器安装	
① 拆卸自动驾驶套件电气盒盖板上 4 颗螺丝； ② 预连接超声波传感器探头与超声波传感器线束； ③ 安装超声波传感器探头； ④ 安装超声波传感器控制器； ⑤ 连接超声波传感器控制器线束	
安装记录	拆卸自动驾驶套件电气盒盖板上 4 颗螺丝时使用的工具是_____
	超声波传感器控制器线束左侧接口应连接_____，右侧接口应连接_____，中间接口应连接_____
三、CAN 总线分析仪终端电阻配置	
1. 超声波传感器终端电阻测试	
① 将数字万用表调至 200 Ω 电阻挡； ② 校表； ③ 将红表笔与 CAN_H 端相连，黑表笔与 CAN_L 端相连，测量防撞雷达 CAN_H 与 CAN_L 之间的电阻值； ④ 记录数字万用表读数	
测得电阻	CAN_H 与 CAN_L 之间的电阻值为_____
2. 超声波传感器电源线束连接	
将整车 12 V 电源线插件与防撞雷达电源线插件对接，确保电源极性一致	
连接情况记录	防撞雷达主线束电源线正极应连接_____ 防撞雷达主线束电源线负极应连接_____

（续表）

3. 配置 CAN 总线分析仪终端电阻		
本实训使用的总线分析仪有 2 路通道,分别为 CAN1 高速通道和 CAN2 容错通道。可以通过底部拨码开关配置 CAN_H 与 CAN_L 间的电阻值。 将 CAN1 高速通道拨码上下错开调节,测量 CAN1 高速通道 CAN_H 和 CAN_L 间的电阻值,测量结果为 120 Ω 左右,配置 CAN 总线分析仪终端电阻如图 1−4−13 所示。 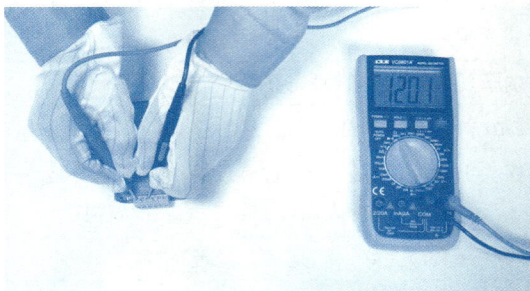 图 1−4−13　配置 CAN 总线分析仪终端电阻		
拨码开关不同 位置的电阻值	拨码开关上下错开	电阻值：_____
	拨码开关全部向下调节	电阻值：_____
	拨码开关全部向上调节	电阻值：_____
4. 测试线束连接		
① 连接 CAN 总线测试线与 CAN 总线分析仪 CAN1 高速通道; ② 连接 CAN 总线测试线与防撞雷达; ③ 用 CAN 总线分析仪的配套 USB 线束连接 CAN 总线分析仪和笔记本电脑		
四、超声波传感器功能测试		
1. 检查超声波传感器是否正常工作		
① 双击 CANtest 上位机; ② 选择通道号"0",波特率"500 kbps"; ③ 点击"确定并启动 CAN"; ④ 进入 CANtest 上位机		
工作状况判定	（□是　□否)有实时数据流输出,超声波传感器工作(□正常　□异常)	
2. 超声波传感器测距精度测试		
① 点击 ID 为"301""302""303""304"的报文序号前"+"号; ② 查看含有"PASDistance"字段的信号名; ③ 查看测距值; ④ 一位同学站在超声波传感器探头前方,记录 CANtest 显示的雷达与同学间的距离; ⑤ 使用激光测距仪直接测量超声波传感器探头与同学间的实际距离; ⑥ 比较两个距离值; ⑦ 测试参与者移动距离,分别记录 CANtest 显示的雷达与同学间的距离值及激光测距仪直接测量的实际距离; ⑧ 统计多次测量的距离差值的平均值,满足测距精度要求		

（续表）

测距值 记录		
测距值 记录	第 1 次测距	CANtest 显示的距离： 激光测距仪直接测量的实际距离：
	第 2 次测距	CANtest 显示的距离： 激光测距仪直接测量的实际距离：
	第 3 次测距	CANtest 显示的距离： 激光测距仪直接测量的实际距离：
	距离差值的 平均值	
	（□是　　□否）满足精度要求	

五、故障排查

1. CAN 网络物理层排查

① 使用数字万用表测量超声波传感器一端的电压；
② 使用数字万用表测量超声波传感器另一端的电压

实操记录	超声波传感器一端电压值：
	超声波传感器另一端电压值：
	根据测得数值判断，_____为 CAN_H 端；_____为 CAN_L 端。判断理由是_____

2. 基于 CAN 总线的故障排查

① 打开"CANtest"，进入"FrameAnalyzer"界面，点击"加载协议"；
② 选择名为"PAB.dbc"的文件；
③ 分别点击展开 ID 为"301""302""303""304"的报文，查看名为"PASstatus"的超声波传感器探头状态的信息

实操记录	301H 对应的探头情况	
	302H 对应的探头情况	
	303H 对应的探头情况	
	304H 对应的探头情况	

任务总结

请在表格中写出对本次任务的总结和反思：

评价与反馈

超声波传感器功能测试			实训日期：		
姓名：		班级：	学号：		指导老师签字：

序号	评分项	得分条件	分值	评分要求	得分
1	安全/7S/态度	□① 能进行工位 7S 操作 □② 能确认设备工具是否正常 □③ 能进行高压安全防护操作 □④ 能进行工具清洁、校准、存放操作 □⑤ 能进行"三不落地"操作	10 分	未完成 1 项 扣 2 分	
2	设备选型及 硬件接口识别	□① 能正确识别相关设备的型号，并掌握设备的选型方法 □② 能正确识别相关硬件接口，并掌握接口连接方法 □③ 能完成相关元器件的测试与安装作业	5 分	未完成 1 项 扣 2 分	

（续表）

序号	评分项	得分条件	分值	评分要求	得分
3	专业技能	超声波传感器测试准备： □CAN 总线分析仪 超声波传感器安装： □① 能完成超声波传感器外观检查 □② 能完成超声波传感器安装 CAN 总线分析仪终端电阻配置： □① 能完成超声波传感器终端电阻测试 □② 能完成超声波传感器电源线束连接 □③ 能完成 CAN 总线分析仪终端电阻配置 □④ 能完成测试线束连接 超声波传感器功能测试： □① 能完成超声波传感器工作状态的验证 □② 能完成超声波传感器测距精度测试	50 分	未完成 1 项扣 6 分	
4	工具及设备的使用能力	□① 能正确使用常用工具 □② 能正确使用 CAN 总线分析仪 □③ 能正确使用激光测距仪	10 分	未完成 1 项扣 4 分	
5	资料、信息查询能力	□① 能正确使用自动驾驶车辆维修资料、工艺文件等资料 □② 能在规定时间内完成与实训相关的资料查询	10 分	未完成 1 项扣 5 分	
6	数据判读和报告的撰写能力	□① 能根据 CANtest 的数据流判断超声波传感器工作状态 □② 能根据测试的距离数值判断超声波传感器的测量精度 □③ 能正确记录所需调试信息，并撰写实训报告	10 分	未完成 1 项扣 3 分	
7	表单填写	□① 字迹清晰 □② 语意通顺 □③ 无错别字 □④ 无大面积涂改	5 分	未完成 1 项扣 1 分	
总分					

任务 5　视觉传感器技术及装调

视觉器官是人和动物用来感知外界事物的感受器官。据统计,80%以上的外界信息是通过视觉获得的。视觉传感器以图像的形式捕捉汽车周围的环境信息,通过对这些图像进行处理,可以获取最接近人眼所见的周围环境信息。当前摄像头技术非常成熟且成本较低,因此视觉传感器在自动驾驶汽车领域被广泛应用。然而,基于视觉的感知技术容易受到环境光线和天气影响,很难在全天候情况下正常工作。在黑夜、雨雪和大雾等能见度较低的情况下,视觉传感器的识别率也会显著下降。

一、视觉传感器的组成

视觉传感器是一种将光学图像转换成电子信号的设备,它是将外界物体在物镜成像面上形成的二维光强分布的光学图像转变为一维时序电信号的传感器。

广义的视觉传感器主要由光源、镜头、图像传感器、模数转换器、图像处理器、图像存储器组成。视觉传感器的组成如图 1-5-1 所示。

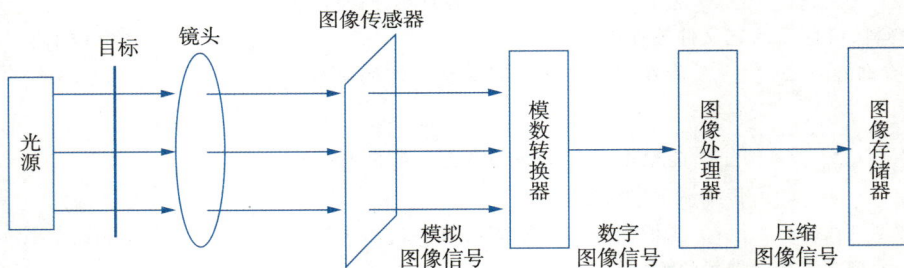

图 1-5-1　视觉传感器的组成

镜头的作用是将光源引导到感光元件,使光能被聚焦形成清晰的影像。感光元件是图像传感器,它可以将光能转换为电信号,且电信号与光能成正比关系;模数转换器对电信号进行图像数字化处理;图像处理器通过取样和量化后,将一个以自然形式存在的图像变换为适合计算机处理的数字形式;图像存储器是用以记录和保存原始数据、运算步骤及中间结果等多种信息的装置。

狭义的视觉传感器就是指图像传感器。根据使用芯片的不同,图像传感器可分为 CCD(charge-coupled device,电耦合元件,一种特殊的半导体器件)图像传感器和 CMOS(complementary metal oxide semiconductor,互补性氧化金属半导体)图像传感器。

CCD 图像传感器是用 CCD 制成的图像传感器,它利用 CCD 来将光学影像转化为数字信号。CCD 上植入了许多微小的光敏物质(即像素),这些像素数越多,图像传感器提供的画面分辨率就越高。CCD 图像传感器因为体积小、成本低廉,被广泛应用于扫描仪、数码相机和数码摄像机等设备中。

　　CMOS 图像传感器是一种利用 CMOS 工艺制造的器件,它利用半导体材料的光电效应来实现图像的获取和传输。与 CCD 图像传感器相比,CMOS 图像传感器将图像采集单元和信号处理单元集成在同一个芯片上。由于 CMOS 具有制造工艺的特点,非常适合大规模的批量生产,因此 CMOS 图像传感器适用于一些小尺寸、低价格,并且对摄像质量要求不是特别高的应用领域。

🔔 知识拓展

● CCD 图像传感器与 CMOS 图像传感器的差异

　　CCD 图像传感器与 CMOS 图像传感器是当前被普遍采用的两种影像感测组件。然而,这两者在制造工艺、工作原理、视觉扫描方法和感光度等多方面都有所不同。CCD 图像传感器与 CMOS 图像传感器性能差异见表 1-5-1 所列。

表 1-5-1　CCD 图像传感器与 CMOS 图像传感器性能差异

差异方面	CCD	CMOS
制造工艺	集成在半导体单晶材料上	集成在金属氧化物的半导体材料上
工作原理	从阵列的一个角落开始读取数据	对每一个像素采用有源像素传感器及晶体管,以实现视觉数据读取
视觉扫描方法	采用连续扫描的方法,并在最后一个数据扫描完成之后才能将信号放大	每个像素都有一个将电荷转化为电子信号的放大器
感光度	全部扫描完成后电子信号经由一个信号放大器放大	每个像素包含了放大器与 A/D 转换电路,过多的额外设备压缩单一像素的感光区域的表面积
分辨率	感光开口较大,相同尺寸的相框下分辨率较高	每个像素的结构都较复杂,分辨率较低
噪声	只有一个放大器,放大效果更为同步	每个感光二极管旁都搭配一个放大器与 A/D 转换电路,即使是统一制造的产品仍存在微小差异,因此很难达到放大同步的效果
成本	采用电荷传递的方式传送数据,只要其中有一个像素不能运行,就会导致一整排的数据不能传送	采用一般半导体电路最常用的 CMOS 工艺,可以轻易地将周边电路集成到传感器芯片中,因此可以节省外围芯片的成本
耗电量	电荷驱动方式为被动式,必须外加 12 V 以上电压让每个像素中的电荷移动至传输通道。因此,CCD 还必要要有更精密的电源线路设计和耐压强度	电荷驱动方式为主动式,感光二极管所产生的电荷会直接由旁边的晶体管放大输出

　　综上所述,CCD 传感器感光度、分辨、噪声等方面都优于 CMOS 传感器,而 CMOS 传感器则具有低成本、低功耗及高整合度的特点。不过,随着 CCD 与 CMOS 传感器技术的进步,两者的差异将呈逐渐缩小的态势。

二、视觉传感器的主要参数

视觉传感器的主要参数有镜头焦距、测距范围、测距误差、基线距离、动态范围、分辨率、视场角、俯仰角度、功耗和图像帧率等。

(一)镜头焦距

镜头焦距,也叫作焦长,是指从透镜中心到光线聚焦点的距离。镜头焦距决定了被摄物体在成像平面上所呈现的大小。如果我们以相同的距离来拍摄同一个物体,那么焦距更长的镜头就会使得物体在感光元件上呈现的图像放大倍率更高。

(二)测距范围

目标物与摄像头之间的距离即测距范围。

(三)测距误差

距离测值与被测距离真值之差即测距误差。视觉传感器的测距误差与其制造工艺、环境光线、天气等因素的影响有关。

(四)基线距离

两个相机光心之间的距离,称作基线距离。

(五)动态范围

动态范围通常用来描述一张图片中最亮和最暗之间的差异范围。具有较大的动态范围意味着图片中包含更多的亮度信息,能使图片的明暗和色彩更加生动。在较暗的环境下,或者在明暗差异较大的情况下,仍能实现识别,这就要求摄像头具备高动态的特性。

(六)分辨率

静止的图像是一个矩阵,由一些排成行、列的点组成,这些点被称为像素点。像素是构成数字图像的最小单位。

图像的分辨率指的是图像中每单位长度上所包含的像素数量。通常用像素/英寸或像素/厘米来表示。当比较相同尺寸的两幅图像时,高分辨率的图像会包含更多的像素,而低分辨率的图像则包含较少的像素。不同像素的图像对比如图1-5-2所示。

72像素　　　　　　　　　　10像素

图1-5-2　不同像素的图像对比

（七）视场角

以镜头为起点,由被测目标的物像可通过镜头的最大范围的两条边缘构成的夹角,称为视场角。视场角示意如图 1-5-3 所示。视场角越大,视野就越大。

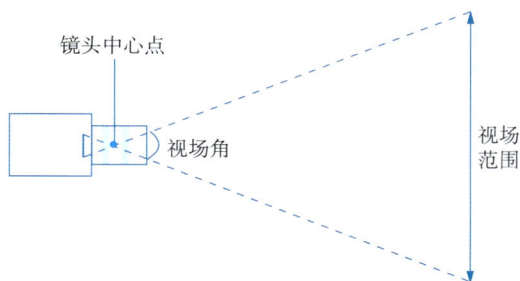

图 1-5-3 视场角示意

（八）俯仰角度

相机坐标系 x 轴与水平面之间的夹角。

（九）功耗

功耗是所有电器设备都有的一个指标,指的是在单位时间内所消耗的能源的数量,单位为 W。

（十）图像帧率

图像帧率是指单位时间内记录或播放的静止图像数量。通过连续播放这些图片,我们可以观察到动画效果。每秒帧数表示视觉传感器每秒更新图像的次数。每秒帧数越高,所显示的动作就越流畅。高帧率可以提供更流畅、更逼真的视觉体验。

三、视觉传感器的工作原理

视觉传感器的工作原理:目标物体通过镜头生成光学图像投射到图像传感器上,光信号通过图像传感器转变为电信号,再进入模数转换电路后变为数字图像信号,最后送到数字信号处理芯片(digital signal process,DSP)中进行加工处理,由 DSP 将信号处理成特定格式的图像再传输到显示屏上进行显示。视觉传感器的工作原理如图 1-5-4 所示。

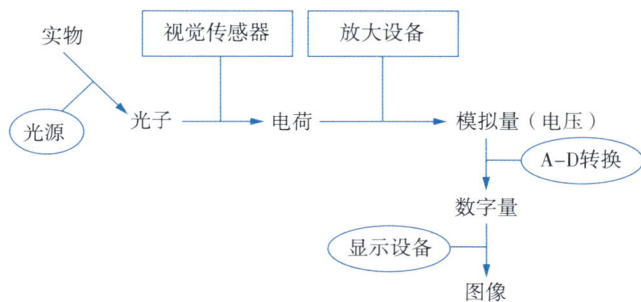

图 1-5-4 视觉传感器的工作原理

在视觉传感器工作过程中,光信号通过光纤进行传输,而进行光信号传输之前需把模拟信号转换为光信号。

在自然界中,我们把可以感知的、在时间和幅值上都是连续的物理量称为模拟信号,比如温度、湿度、压力、电流和电压等。模拟信号在一段时间内可以有无限多个不同的取值,因此也被称为连续信号。相反,数字信号是一种离散的、不连续的信号,在计算机中,其取值以有限位的二进制数表示。

图像数字化是将模拟图像转换成数字图像的过程,这是进行数字图像处理的基础。模拟图像与数字图像如图1-5-5所示。要完成图像数字化,首先需要将图像转换成电子信号,然后将电子信号转换成数字图像信号。图像数字化过程包括采样、量化和编码3个步骤。

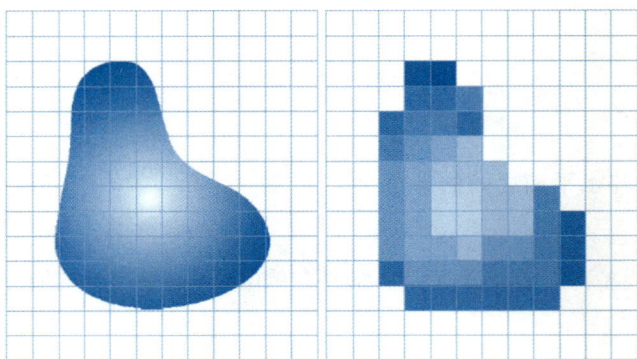

图1-5-5　模拟图像与数字图像

(一)采样

采样就是把图像分割成一系列小区域,用特定的数值来表示每一个小区域的亮度、色彩等特征,即将空间上连续的图像转换成离散的采样点(即像素)集的操作。采样示意图如图1-5-6所示。采样精度不同,获得的图像分辨率也不同。

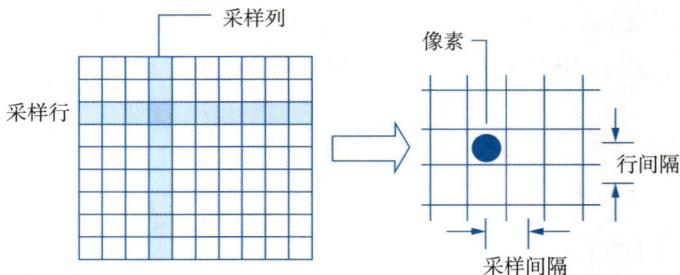

图1-5-6　采样示意图

(二)量化

量化就是将取样后图像的每个样点的取值范围分成若干区间,并仅用一个数值代表每个区间中的所有取值。不同量化位数所获得的图像色彩不同。不同量化位数效果如图1-5-7所示,量化位数与色彩数关系见表 1-5-2 所列。

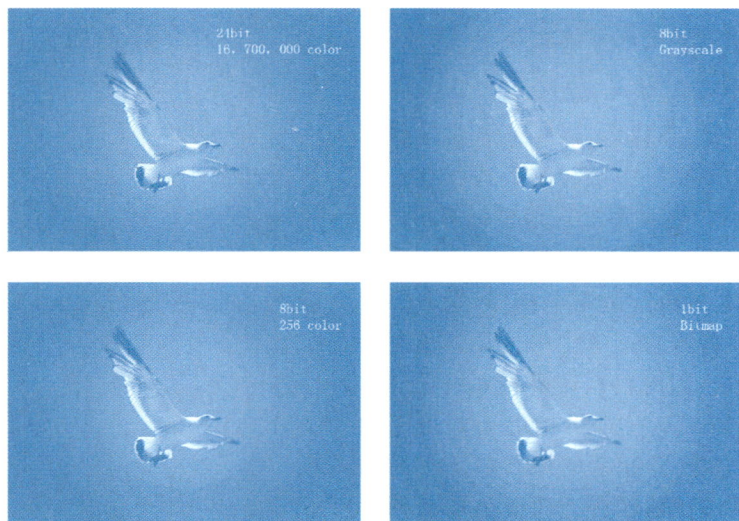

图 1-5-7   不同量化位数效果

表 1-5-2   量化位数与色彩数关系

量化位数	色彩数
1	2
2	4
4	16
8	256
16	65536
24	16777216

(三)编码

图像数字化后的数据量非常庞大,因此需要使用编码压缩技术来压缩数据。编码压缩技术是实现图像传输和存储的关键。目前有多种成熟的编码算法可用于图像压缩,包括预测编码、变换编码、分形编码和小波变换图像压缩编码等。

四、视觉传感器的标定

视觉传感器的标定可以分为内参标定和外参标定两种。内参标定主要是指在传感器生产过程中对像素、焦距、图像原点、畸变等参数进行的标定。而外参标定则是指对物距、角度等外部参数进行的标定。

标定视觉传感器参数对图像测量和机器视觉应用非常重要。标定结果的精度和算法的稳定性直接影响视觉传感器的准确性。在图像测量中,视觉传感器的作用主要是将三维物体转换为二维光学图像。为了确定三维坐标系和相机图像坐标系之间的映射关系,需要进行图像坐标系、相机坐标系和世界坐标系的转换。

(一)图像坐标系(x,y)

视觉传感器采集图像后,以标准电信号的形式输入计算机,在计算机中以矩阵形式保存。在图像上以O_0为原点,建立像素直角坐标系$u-v$。每一像素的横坐标u和纵坐标v分别是该像素在数组中的列数和行数。由于(u,v)只代表像素的列数与行数,而像素在图像中的位置并没有用物理单位表示出来,因此我们还要建立用物理单位表示的图像坐标系$x-y$,将相机光轴与图像平面的交点定义为该坐标系的原点O_1,且x轴与u轴平行,y轴与v轴平行。像素坐标系和图像坐标系的转换如图$1-5-8$所示。

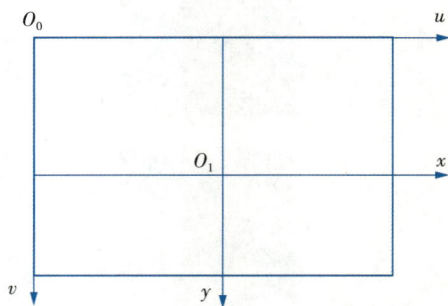

图 $1-5-8$ 像素坐标系和图像坐标系

(二)相机坐标系(X_C,Y_C,Z_C)

相机坐标系是由点O_C与X_C、Y_C、Z_C轴组成的直角坐标系。O_C是相机的聚焦中心,X_C、Y_C与x轴、y轴平行,Z_C轴为相机的光轴,它与图像平面垂直。图$1-5-9$中$O_1 O_C$为相机的焦距。

(三)世界坐标系(X_w,Y_w,Z_w)

世界坐标系是一个基准坐标系,用于描述视觉传感器被放置在拍摄环境中的位置和被拍摄物体的位置。相机坐标系向世界坐标系的变换,包括X_C、Y_C、Z_C轴的旋转及坐标的平移。

3个坐标系的关系如图$1-5-9$所示。

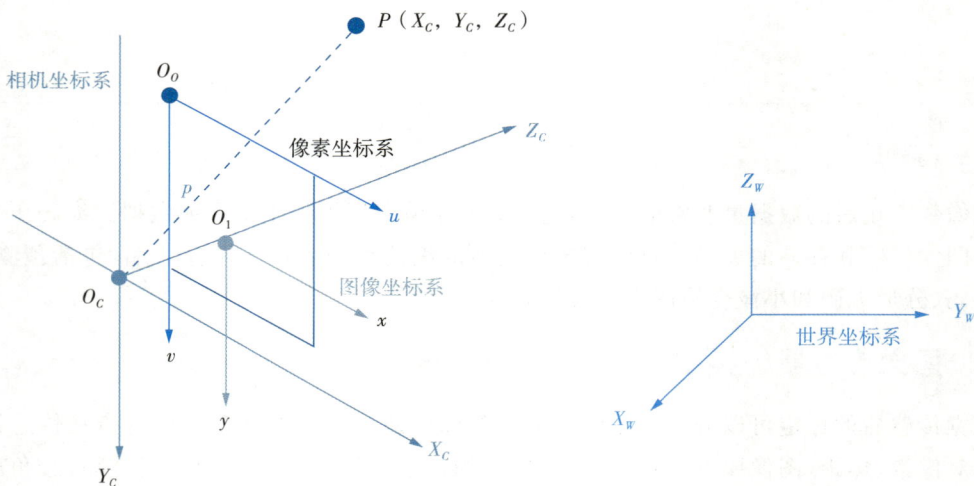

图 $1-5-9$ 3个坐标系的关系

五、视觉传感器测距原理

用视觉传感器测距时,必须确保被测目标在视觉传感器的视野范围内。目前,主要有两种被广泛应用的视觉传感器,分别是单目测距视觉传感器和双目测距视觉传感器。这两种视觉传感器的镜头和布置方式不同,因此它们的测距原理也不同。

(一)单目摄像头测距原理

单目摄像头测距依赖于检测算法。单目摄像头外观如图1-5-10所示。单目摄像头在采集前方道路的单帧图像后,先将图像转化为二维数据;然后对采集的图像进行模式识别,通过图像匹配算法进行目标识别;最后,根据目标在图像中的大小估算目标距离。

图1-5-10　单目摄像头外观

单纯的单目测距,必须已知一个确定的长度。单目测距示意如图1-5-11所示。f为摄像头的焦距,c为镜头光心。物体发出的光经过相机的光心,然后成像于图像传感器上。假设物体所在平面与相机平面的距离为D,物体实际高度为W,W必须是已知量,成像于图像传感器上的高度为v,那么我们根据相机的焦距公式可推导出物体所在平面与镜头所在平面的距离公式:

$$D = \frac{f \cdot W}{v} \tag{1-5-1}$$

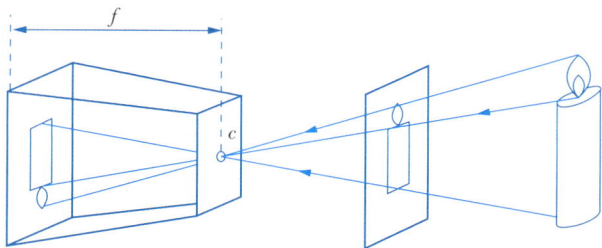

图1-5-11　单目测距示意

【动画】
单目摄像头测距原理

单目测距视觉传感器安装在前挡风玻璃上。车辆行驶时,单目测距视觉传感器的图像处理芯片会对车辆前方的车道线、各类车辆、行人、会车灯光和交通标志等目标进行识别和处理。目标图像识别示意如图1-5-12所示。同时,它还会计算目标参数信息,以实现多种主动安全技术,提升车辆驾驶的安全等级。

图1-5-12　目标图像识别示意

(二)双目摄像头测距原理

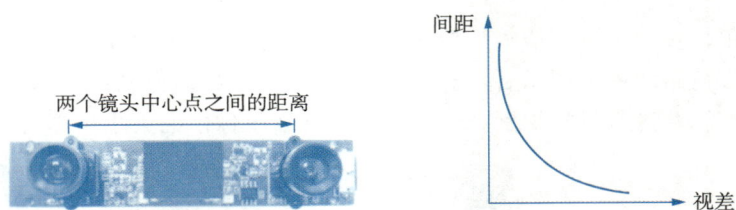

视差指的是左右眼观察同一个目标时产生的方向差异。例如,当我们把手指放在眼前,用双眼分别观察时,会发现左右眼所看到的手指位置是不同的,这是由两眼之间的视差造成的。另外,当我们把手指放在离眼睛不同距离的位置,依次用双眼观察时,也会发现视差的大小是不一样的。通常来说,手指离眼睛越近,视差就越大。镜头间距与视差间的关系如图 1-5-13 所示。

【动画】
双目摄像头测距原理

图 1-5-13 镜头间距与视差间的关系

双目摄像头(图 1-5-14)就是运用两个平行布置的摄像头所产生的视差,根据左相机、右相机对于同一点观察的视差结果进行计算,实现对前方景物(图像所涉及的范围)距离的测量。双目测距的精度依赖两个摄像头的安装距离,对安装精度和设备刚性也有较高的要求。

图 1-5-14 双目摄像头

在双目摄像头中,双目视差是同一个空间点在两个相机成像中对应的 x 坐标的差值。它可以通过编码成灰度图来反映出距离的远近,离镜头越近的灰度越亮。双目摄像头左、右相机成像视差如图 1-5-15 所示。

右眼图像　　　　　　　左眼图像　　　　　　　视差图

图 1-5-15 双目摄像头左、右相机成像视差

双目测距原理示意如图 1-5-16 所示。P 是待测物体上的某一点,O_L 是双目摄像头的左相机的光心,O_R 是右相机的光心,两相机中心的距离为基线 B,f 为相机焦距,Z 为目标点到成像平面的距离。

假设两个摄像机在同一个时刻观看空间物体上的同一个特征点,分别用"左眼"和"右眼"获取到了点 P 的图像,它们的图像坐标分别为 $P_L = (X_L, Y_L)$,$P_R = (X_R, Y_R)$。现两个摄像机的图像在同一个平面上,则点 P 的图像坐标 Y 坐标相同。则由三角几何关系和 $\dfrac{z}{f} = \dfrac{B}{X_L - X_R}$ 可以得到:

$$Z = \frac{fB}{X_L - X_R} \qquad (1-5-2)$$

根据计算结果,当知道相机的焦距 f、左右相机基线 B 和视差时,即可求得空间点 P 离相机的距离 Z。

双目摄像头测距需要对每个像素点进行立体匹配,这个算法虽然简单但是运算量巨大。因此,实现双目测距的关键技术难点在于进行双目标定和双目定位。

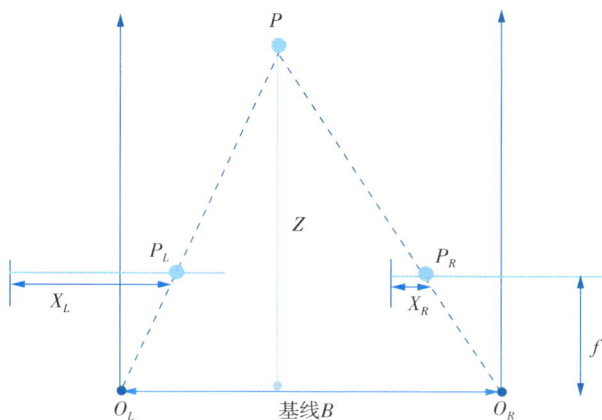

图 1-5-16　双目测距原理示意

六、视觉传感器的典型应用

视觉传感器主要有两个功能:感知和定位。感知功能在先进驾驶辅助系统(ADAS)中起到关键作用,包括识别障碍物、交通标志、可行驶区域和交通信号灯等。定位功能是利用视觉同步定位与地图构建(simultaneous localization and mapping,SLAM),将预先建立的地图和实时感知结果进行匹配,以确定汽车的当前位置。

(一)ADAS 功能实现

ADAS 作为保证汽车主动安全的一种手段,它承担着实现自动驾驶的第一步任务。为了实现这一目标,ADAS 需要使用多种传感器来获取车辆周围环境的信息,例如 GPS、车身传感器、摄像头和雷达等。其中,摄像头技术是 ADAS 领域发展极迅速的传感器技术之一。目前,常用的视觉传感器包括单目摄像头、双目摄像头和环视摄像头。

单目摄像头通常安装在汽车的前挡风玻璃上方,用于监测车辆前方的环境,以便识别道路、车辆和行人等。双目摄像头则需要安装在汽车的前后两个位置处。环视摄像头(图 1-5-17)一般由至少 4 个摄像头组成,分别安装在汽车的前、后、左、右 4 个侧面,以实现对车辆周围环境的全方位感知。然而,环视摄像头的难点在于处理图像畸变和实现与其他图像的对接。

图 1-5-17　环视摄像头

根据不同自动驾驶功能的需要,摄像头的安装位置也有所不同。根据摄像头安装位置的不同,摄像头主要分为前视、环视、后视、侧视及内置摄像头。

1. 前视摄像头

前视摄像头一般安装在后视镜之后,使用 $45°\sim55°$ 的镜头角度,可以获得较远的有效拍摄距离,有单目和双目两种解决方案,可以实现驾驶辅助的核心功能。

2. 环视摄像头

环视摄像头采用广角摄像头,视角为 $135°$,通常在车辆四周安装 4 个摄像头,通过图像拼接形成全景视图,辅以算法实现道路感知。目前环视摄像头主要应用于全景泊车功能。

3. 后视摄像头

后视摄像头采用广角或者鱼眼摄像头,安装在车辆后方,主要为倒车后视使用。

4. 侧视摄像头

侧视摄像头通常安装在左、右后视镜处,使用两个广角摄像头,能够有效地覆盖盲区,实现盲点检测,并且可以代替传统的后视镜。在某些自动驾驶方案中,超声波雷达也可以用来替代侧视功能。

【微课】
车载普通摄像头
传感器的应用

5. 内置摄像头

内置摄像头也使用广角摄像头,安装在汽车内后视镜处,在驾驶过程中对驾驶员进行监控,并及时对道路状况发出提醒。

不同的 ADAS 功能实现需要采用不同的摄像头,且安装位置也有差别。ADAS 摄像头功能描述见表 1-5-3 所列。

表 1-5-3　ADAS 摄像头功能描述

功能	安装位置	摄像头类型	功能描述
车道偏离预警(LDW)	前视	单目/双目	当前视摄像头检测到车辆即将偏离车道线时,会发出警报
前向碰撞预警(FCW)	前视	单目/双目	当前视摄像头检测到车辆与前车距离过近,可能发生追尾时,就会发出警报
交通标志识别(TSR)	前/侧视	单目/双目	识别前方道路两侧的交通标志
车道保持辅助(LKA)	前视	单目/双目	当前视摄像头检测到车辆即将偏离车道线时,就会向控制中心发出信息,然后由控制中心发出指令,及时纠正行驶方向
行人碰撞预警(PCW)	前视	单目/双目	前视摄像头会标记前方道路和行人,并在可能发生碰撞时及时发出警报
盲点检测(BSD)	侧视	广角	利用侧视摄像头,将后视镜盲区内的影像显示在驾驶舱内
全景泊车(SVP)	前/侧/后视	广角	利用车辆前后左右的摄像头获取的影像和图像拼接技术,输出车辆周边全景图
泊车辅助(PA)	后视	广角	泊车时将车尾的影响显示在驾驶舱内,预测并标记倒车轨迹,辅助驾驶员泊车
驾驶员注意力监测	内置	广角	安装在车内,用于检测驾驶员是否疲劳、闭眼等

（二）视觉 SLAM 功能实现

除了 ADAS 中的功能实现，视觉传感器在同步定位与地图构建（SLAM）中也发挥重要作用。

SLAM 的实现形式之一就是以摄像头为主的视觉 SLAM——通过摄像头采集来的数据进行同步定位与地图构建。其中视觉 SLAM 主要有两种实现途径：一种是基于 RGB-D 的深度摄像机，另一种是基于单目、双目或者鱼眼摄像头。

基于双目摄像头获取场景中的深度信息的视觉里程算法原理（图 1-5-18），具体的计算流程如下：

① 双目摄像头抓取左、右两图（即双目图像），双目图像经过三角剖分产生当前帧的视差图；

② 提取当前帧与之前帧的特征点，如果之前帧的特征点已经提取好了，可以直接使用；

③ 对比当前帧与之前帧的特征点，找出帧与帧之间的特征点对应关系，根据此对应关系，推算出两帧之间车辆的运动；

④ 根据推算出的两帧之间车辆的运动，以及之前的车辆位置，计算出最新的车辆位置。

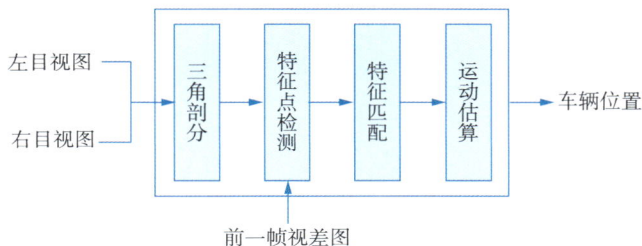

图 1-5-18　视觉里程算法原理

实践任务　视觉传感器功能测试

任务目标

1. 能完成双目摄像头传感器的检查方案、工具设备、所需物料等的准备工作。

2. 能根据双目摄像头外观检查与功能验证判断双目摄像头是否损坏、功能是否正常。

3. 能掌握双目摄像头的安装、校准操作要点，并通过专用软件测试判断、检验安装结果。

4. 能够根据双目摄像头的电性能测试结果判断摄像头在规定工作电压和工作电流下能否正常工作。

5. 能正确使用自动驾驶车辆维修手册、双目摄像头使用手册和工作页等参考资料独立规范地完成功能验证。

6. 能掌握 7S 管理规范，并按照规范完成实训任务，养成良好的职业习惯。

【微课】
视觉传感器功能测试

实 施 计 划

请在表格中写出本次任务的实施计划：

任 务 准 备

请在表格中勾选出本次任务需要使用的物品：

设备	□智能汽车传感器装配与调试工位 □双目摄像头传感器	□自动驾驶低速车
工具	□笔记本电脑 □网络检测仪 □数字万用表	□内六角扳手 □汽车维修工具 □直流稳压电源
量具	□激光测距仪 □卷尺	□水平测量仪 □棋盘格标定板
耗材	□电工胶带 □干净抹布	□静电手套 □记号笔
软件	□CANtest □Fieldhelper □Apollo 平台	□Xshell 软件 □Smarteye

任务实施

产品信息记录

查阅《双目摄像头使用手册》,记录产品信息

镜头焦距		测距范围	
测距误差		基线	
动态范围		分辨率	
视场角		俯仰角度	
工作电压		整机功率	
存储温度		图像帧率	

双目摄像头传感器有_____个网线端口,配套的电源线束分出_____根线芯端子,其中 2 个接 12 V 电源正极,分别是_____和_____,1 个接 12 V 电源负极,是_____

一、双目摄像头测试前准备

1. Fieldhelper 安装

① 查看并退出电脑上正在运行的各类杀毒软件;
② 双击"Fieldhelper"的安装文件,进入上位机安装向导;
③ 点击"下一步",进入许可证协议界面;
④ 点击"我接受",点击"浏览"自定义安装目标文件夹;
⑤ 点击"安装",安装完成

2. Smarteye 安装

① 双击"Smarteye"安装文件,进入安装向导;
② 点击"下一步",进入许可证协议界面;
③ 点击"我接受",点击"浏览"自定义安装目标文件夹;
④ 点击"安装",完成安装

二、双目摄像头的外观检查与功能验证

1. 双目摄像头外观检查

① 检查左、右摄像头外观。

> 注意事项:
> 检查过程中,避免用手触碰双目摄像头的镜头。

② 检查俯仰角调节螺丝(见图 1-5-19)。

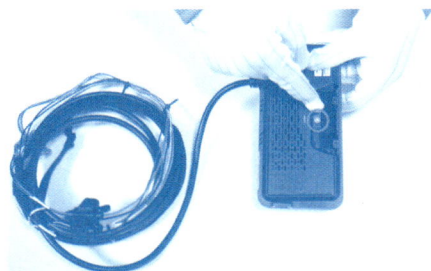

图 1-5-19　俯仰角调节螺丝

（续表）

		③ 检查双目摄像头电源线 VCC 端与 ACC 端保险丝	
外观检查 情况记录		左摄像头外观(□是　□否)完好；右摄像头外观(□是　□否)完好	
		检查过程中(□是　□否)碰触了镜头	
		俯仰角调节螺丝(□是　□否)完好	
		VCC 端保险丝(□是　□否)完好；ACC 端保险丝(□是　□否)完好	

2. 双目摄像头功能验证

① 开启直流稳压电源，将输出电压调整为 12 V；
② 将双目摄像头与直流稳压电源、笔记本电脑相连。
(1)使用双目摄像头上位机 Fieldhelper 进行验证
① 在双目摄像头上位机 Fieldhelper 中配置笔记本电脑的 IP 与双目摄像头；

> 注意事项：
> a. 双目摄像头固有 IP 除 192.168.1.251 外，其他同一网段内的 IP 均可使用；
> b. 使用 Fieldhelper 时请确保电脑处于联网状态。

② 打开 Fieldhelper 位机，使用账号、密码进行登录；
③ 查看双目摄像头的型号及固件版本号；
④ 在"相机图像"菜单中，点击"左相机"及"右相机"，查看实时图像。
(2)使用双目摄像头上位机 Smarteye 进行验证
① 打开 Smarteye 上位机；

> 注意事项：
> 首次连接需输入双目摄像头固有 IP(192.168.1.251)。

② 查看双目摄像头的型号及固件版本号；
③ 进入 Smarteye 上位机主界面；
④ 查看"左相机图像""视差图像""右相机图像"实时图像

使用双目 摄像头上位机 Fieldhelper 进行验证	IP 设置	摄像头使用 IP	
		PC 设备禁用 IP	
		PC 设备可用 IP	
	查看 "相机图像"	从左相机中(□是　□否)看到实时图片；从右相机中(□是　□否)看到实时图片	
		左、右相机(□是　□否)存在视差	
		左相机功能(□是　□否)正常；右相机功能(□是　□否)正常	
使用双目 摄像头上位机 Smarteye 进行验证	从左相机中(□是　□否)看到实时图片；从右相机中(□是　□否)看到实时图片		
	左、右相机(□是　□否)存在视差		
	左相机功能(□是　□否)正常；右相机功能(□是　□否)正常		

三、双目摄像头的安装与校准

① 使用卷尺测量车辆高度；

> 注意事项：
> 安装高度(图 1 - 5 - 20)为 0.8～1 m。

（续表）

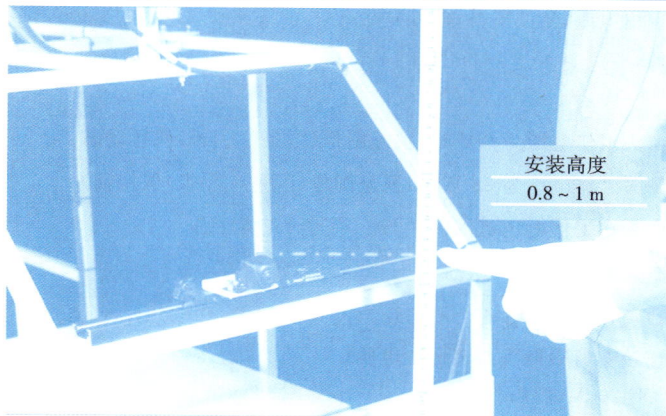

图 1 - 5 - 20　安装高度

② 安装并固定双目摄像头；

③ 使用水平测量仪调整双目摄像头姿态；

④ 再次使用水平测量仪检查双目摄像头是否呈水平状态（图 1 - 5 - 21）。

注意事项：

车辆外头结构件不可处于双目摄像头水平视角与垂直视角范围内，避免遮挡双目摄像头的视线。

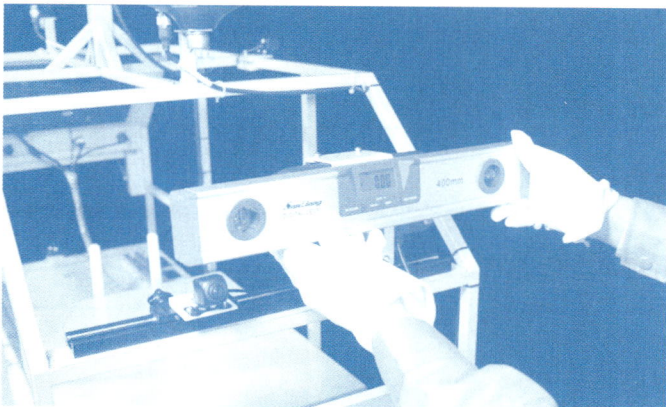

图 1 - 5 - 21　检查双目摄像头是否呈水平状态

实操记录	双目摄像头安装高度：＿＿＿＿＿＿＿
	双目摄像头（□是　□否）呈水平状态
	（□是　□否）有外围结构件遮挡双目摄像头视线

四、双目摄像头的电性能测试

1. 双目摄像头工作电压范围测试

① 开启直流稳压电源，调整直流稳压电源输出电压至摄像头的最低工作电压 9 V；

② 将双目摄像头与直流稳压电源相连；

③ 用千兆以太网线连接双目摄像头与笔记本电脑；

④ 开启双目摄像头上位机 Smarteye，观察视差图像；

（续表）

实操记录	⑤ 调节直流稳压电源输出电压,从 9 V 升至 16 V; ⑥ 观察上位机视差图像; ⑦ 关闭电源,整理线束

实操记录	双目摄像头工作电压为 9 V 时,视差图像(□是　□否)保持动态
	双目摄像头工作电压为 16 V 时,视差图像(□是　□否)保持动态
	双目摄像头在工作电压范围内(□是　□否)正常工作

2. 双目摄像头工作电流测试

① 将数字万用表与直流稳压电源相连;
② 用千兆以太网网线连接双目摄像头与笔记本电脑;
③ 调节数字万用表至 DC 20 A 量程;
④ 开启直流稳压电源,调节输出电压至 12 V;
⑤ 打开双目摄像头上位机 Smarteye;
⑥ 观察上位机视差图像;
⑦ 读取数字万用表电流读数;
⑧ 关闭电源,整理线束

实操记录	上位机(□是　□否)有实时图像
	数字万用表测得电流:_____
	双目摄像头标准工作电流:≤0.5 A _____
	双目摄像头(□是　□否)符合技术指标要求

任务总结

请在表格中写出对本次任务的总结和反思:

评 价 与 反 馈

双目摄像头传感器功能测试		实训日期：			
姓名：	班级：	学号：		指导老师签字：	
序号	评分项	得分条件	分值	评分要求	得分
1	安全/7S/态度	□① 能进行工位 7S 操作 □② 能确认设备工具是否正常 □③ 能进行高压安全防护操作 □④ 能进行工具清洁、校准、存放操作 □⑤ 能进行"三不落地"操作	10 分	未完成 1 项扣 2 分	
2	设备选型及硬件接口识别	□① 能正确识别相关设备的型号，并掌握设备的选型方法 □② 能正确识别相关硬件接口，并掌握接口连接方法 □③ 能完成相关元器件的测试与安装作业	5 分	未完成 1 项扣 2 分	
3	专业技能	双目摄像头功能测试准备： □① 能完成 Fieldhelper 软件安装 □② 能完成 Smarteye 软件安装 双目摄像头的外观检查与功能验证： □① 能完成双目摄像头外观检查 □② 能完成双目摄像头功能验证 双目摄像头的安装与校准： □① 能完成双目摄像头的安装 □② 能完成双目摄像头的校准 双目摄像头的电性能测试： □① 能完成双目摄像头工作电压范围测试 □② 能完成双目摄像头工作电流测试	50 分	未完成 1 项扣 7 分	
4	工具及设备的使用能力	□① 能正确使用常用工具 □② 能正确使用直流稳压电源 □③ 能正确使用水平测量仪	10 分	未完成 1 项扣 4 分	
5	资料、信息查询能力	□① 能正确使用自动驾驶车辆维修资料、工艺文件等资料 □② 能在规定时间内完成与实训相关的资料查询	10 分	未完成 1 项扣 5 分	

（续表）

序号	评分项	得分条件	分值	评分要求	得分
6	数据判读和报告的撰写能力	□① 能根据上位机 Fieldhelper 和 Smarteye 判断双目摄像头传感器工作状态 □② 能根据水平测量仪判断双目摄像头安装是否精确 □③ 能通过调整双目摄像头工作电压判断双目摄像头的性能和画质 □④ 能根据测得的电流读数判断双目摄像头是否符合技术指标	10分	未完成1项扣3分	
7	表单填写	□① 字迹清晰 □② 语意通顺 □③ 无错别字 □④ 无大面积涂改 □⑤ 表单填写完整	5分	未完成1项扣1分	
总分					

🔔 拓展阅读

一、我国智能网联汽车发展历程及现状

　　尽管我国智能网联汽车的研究开始较晚，但国家一直高度重视该领域的发展，逐渐将其提升为国家战略。2015年我国发布《中国制造2025》，提出汽车低碳化、信息化、智能化的发展方向。我国智能网联汽车发展历程见表1-5-4所列。

【微课】
智能网联汽车的发展

表1-5-4　我国智能网联汽车发展历程

时间	发展阶段	主要事件
1989—1999年	小范围研发阶段	1. 自动驾驶研发主要集中在少数高校； 2. 一些整车企业开始尝试与部分高校合作开展自动驾驶汽车的研发
2000—2009年	国家层面支持研发阶段	1. 国家开始进行智能交通技术攻关，在国家层面上推进对智能交通的研发，如国家高技术研究发展计划（863计划）设立了"智能交通系统关键技术开发和示范工程"项目。 2. 更多高校和企业参与到自动驾驶技术的研发中，并取得一定成果。例如，2003年国防科技大学在一汽集团赞助下，完成红旗CA7460无人驾驶平台试验；2005年上海交通大学研发出应用于城市交通的自动驾驶车辆等

（续表）

时间	发展阶段	主要事件
2010—2015 年	车联网概念阶段	1. 国家积极推动车联网技术的发展，先后投放了"基于移动中心技术的车辆通信网络的研究""车路协同系统设计信息交互和集成验证研究""车联网应用技术研究""车辆联网感知与智能驾驶服务关键技术及应用"等国家级课题。 2. 国内车联网技术创新力量开始大范围合作，如中国汽车工程学会牵头成立车联网产业技术创新联盟
2015 年后	智能网联概念阶段	国家明确我国智能网联汽车将从智能化和网联化两个方向发展的技术路线。智能网联汽车将成为智能交通系统的重要组成部分

二、国外智能网联汽车发展历程及现状

国外对智能网联汽车的研究相对较早，主要集中在美国、日本和欧盟等国家。它们对智能网联汽车的研究是建立在智能交通系统整体发展的基础上的。总体来说，这些国家高度重视智能网联汽车的发展，并相继制定了以车辆智能化和网联化为核心的发展战略。

1. 美国

(1)美国智能网联汽车发展历程

美国自 1991 年开始着手建设智能交通系统，此后便开启了美国 ITS（智能交通系统）的大规模研究，主要事件有以下几个（表 1-5-5）。2011 年 10 月，美国交通部开始领导研究和测试"网联汽车技术"。经过几个月的实践和研究，他们确认了该技术在安全性方面的潜力和优势。这标志着美国正式开启了网联汽车的研究和应用。

表 1-5-5　美国智能网联汽车发展历程

时间	事件
1991 年	美国交通部制定《陆上综合运输效率化法案》
1992 年	美国交通部发布《ITS 战略计划》
1995 年	美国交通部发布《美国国家 ITS 项目规划》
1998 年	美国交通部制定《面向 21 世纪的运输平衡法案》
1999 年	美国国会批准《国家 ITS 五年项目计划》
2002 年	美国交通部提出 2002—2011《国家 ITS 项目计划 10 年计划》
2005 年	美国交通部继 TEA-21 法案后，通过了 SAFETEA-LU 法案
2010 年	美国交通部发布《ITS 战略计划 2010—2014》
2011 年	美国交通部主持研究和测试网联汽车技术

(2)美国智能网联汽车发展现状

2013 年,NHTSA(美国国家公路交通安全管理局)发布了《关于自动驾驶车辆政策的初步声明》政策,这是第一个关于自动驾驶汽车的政策,该政策明确了 NHTSA 在自动驾驶领域支持的研究方向,主要包含人为因素的研究、系统性能需求开发、电控系统安全性三个方面。

2014 年,美国交通部与 ITS 联合项目办公室共同提出《ITS 战略计划 2015—2019》(ITS Strategic Plan,2015—2019),提出了美国 ITS 未来五年的发展目标和方向。这是《ITS 战略计划 2010—2014》的升级版,美国 ITS 战略从单纯的汽车网联化升级为汽车网联化与智能化(自动化)的双重发展战略。

美国 ITS 联合项目办公室目前在积极推进多个与网联化技术相关的项目。这些项目包括研究网联汽车的安全性应用、移动性应用和政策等方面,还涉及网联汽车技术和示范应用工程等多个领域。

2. 日本

(1)日本智能网联汽车发展历程

日本的交通设施基础较好,拥有比较领先的 ITS 系统,智能网联汽车技术水平稳步推进。日本智能网联汽车发展历程见表 1-5-6 所列。日本在汽车智能化和网联化领域都做了研究。

从 1991 年开始,日本一直在支持先进安全汽车(ASV)项目,该项目每五年进行一期。2010 年至 2015 年是 ASV 项目的第五期,该期的主要研究方向包括安全驾驶和驾驶人监控技术、基于 V2X 协同通信的车辆驾驶辅助系统应用、先进安全技术的商业化应用和提高用户接受程度,以及先进安全汽车与国际相关技术标准的协调和兼容性。

在网联化方面,日本于 2005 年启动了"协同式车辆道路系统(cooperative vehicle - highway systems,CVHS)"的车载信息系统和路侧系统的集成开发和试验。

表 1-5-6 日本智能网联汽车发展历程

时间	事件
1991 年	日本制定《第五个交通安全计划》
1994 年	建设省、运输省、警察厅、通产省、邮政省联合共同推进 ITS 研究
1996 年	日本政府提出《ITS(智能交通系统)总体构想》
2001 年	日本政府提出《E-JAPAN 战略》
2006 年	日本政府启动"智能道路计划(Smart Way)"
2010 年	日本政府提出《新信息通信技术战略》
2011 年	日本政府提出《第九次安全基本计划》
2013 年	日本提出《世界领先 IT 国家创造宣言》

(2)日本智能网联汽车发展现状

为了实现《世界领先 IT 国家创造宣言》中关于自动驾驶的目标,日本内阁府在 2014

年制定了《战略性创新创造项目自动驾驶系统研究开发计划》(SIP_adus)。该计划确定了 32 个研究课题,涵盖了 4 个方向,旨在推动政府和民间共同开发与实施基础技术以及协同式系统。此外,日本政府还制定了未来发展的战略目标和方向。日本智能网联汽车发展历程见表 1-5-7 所列。

表 1-5-7　日本智能网联汽车发展历程

时间	阶段	事件
2014—2016 年	短期战略	1. 完成市场总体部署; 2. 研发 V2X 系统及终端设备
2017—2020 年	中期战略	1.2017—2018 年,完成部分自动驾驶市场部署,死亡人数降到 2500 人/年; 2.2019—2020 年,完成驾驶安全支持系统、V2X 研发与市场化,建设全世界最安全的道路; 3. 完成交通信息开放数据共享架构及应用,减少交通拥堵,并为 2020 年东京奥运会提供运行方案
2021—2030 年	远期战略	1. 完成自动驾驶系统研发及市场应用; 2. 最终完成建设全世界最安全且最畅通的道路的目标

3. 欧盟

(1)欧盟智能网联汽车发展历程

为了促进欧洲智能网联汽车的研究和开发,欧盟委员会于 1984 年开始实施研发框架计划(framework program,FP),并开始制定一些战略发展智能网联汽车。欧盟智能网联汽车发展历程见表 1-5-8 所列。

表 1-5-8　欧盟智能网联汽车发展历程

时间	事件
1986 年	开始民间主导的 PROMETHEUS,以实现车辆智能化为主
1988 年	欧洲各国政府主导 DRIVE,以开发智能交通基础设施为目的
1996 年	欧盟正式通过《跨欧亚交通网络(TEN-T)开发指南》
1997 年	欧盟委员会制定《欧盟道路交通信息行动计划》
2001 年	欧盟委员会制定《2001—2006 各年指示性计划》《欧洲 2010 交通政策:决策的时刻》
2004 年	欧盟进行了 ITS 整体体系框架的研究(FRAME 计划)

为了解决欧洲道路交通系统的智能交通系统(ITS)部署受阻和分散的问题,欧盟委员会于 2010 年制定了《ITS 发展行动计划》。该计划旨在整合和标准化 ITS 的部署,以实现无缝的交通服务,使其成为欧洲道路交通系统的常态。这是在欧盟范围内首个协调 ITS 部署的法律文件。

2011 年，欧盟委员会发布白皮书《一体化欧盟交通发展路线——竞争能力强、资源高效的交通系统》，书中提出：①2050 年相比 1990 年，将减少排放 60％温室气体；②2020 年交通事故数量减少一半，2050 年实现"零死亡"，并从建设高效与集成化交通系统、推动未来交通技术创新、推动新型智能化交通设施建设三个方面推进具体的工作。

2012 年，欧盟委员会提出了《欧盟未来交通研究与创新计划》，在交通安全方面，着重探讨以下研究领域：①加强路网、车辆和车辆之间的通信，实现信息共享，以提高车辆的安全性；②综合考虑驾驶员、车辆和道路的一体化安全系统，并通过政策、标准和法规引导，加快相关技术的研究和产业应用；③加快推动主动安全、被动安全以及紧急道路救援相关的应用和服务；④加速推进交通信息化的研究和应用。

(2)欧盟智能网联汽车发展现状

从 2010 年开始，一系列政策陆续出台，旨在引导全球智能网联汽车行业的发展，并最终形成一套完善的战略体系，其中包括智能交通的发展。例如，2013 年，欧洲委员会推出了地平线 2020 计划，以推进智能网联汽车的研发。同年，欧盟启动了第八个框架计划"Horizon 2020"，该计划在交通领域重点支持九个方向，其中包括道路、物流和智能交通系统，涉及智能网联汽车产业的相关领域。2015 年，欧洲道路交通研究咨询委员会发布了一份自动驾驶技术路线图，规划到 2030 年，乘用车将从手动驾驶逐渐过渡到完全无人驾驶。这些政策和规划的出台，为智能网联汽车行业的发展提供了指导和支持。

项目 2　高精度地图及车辆定位与导航技术

　　无人驾驶汽车是汽车智能化、网联化发展的终极目标,无人驾驶技术的实现离不开车辆定位与导航技术的发展。所谓车辆定位与导航技术,即通过车辆定位与导航系统对车辆进行实时定位,显示车辆的地理位置,优化路径选择,并提供实时导航信息。这是一个集成应用了自动车辆定位技术、地理信息系统与数据库技术、计算机技术、多媒体技术和现代通信技术的高科技综合系统。

　　车辆定位与导航系统的关键技术主要包含了车辆定位技术、路径规划技术和高精度地图技术这三个方面。其中,车辆定位和路径规划技术的发展相对比较成熟,高精度地图技术目前虽已进入高速发展阶段,但在发展过程中仍面临一些需要解决的问题。

任务 1　智能网联汽车高精度地图及制作

一、认识智能网联汽车高精度地图

所谓的高精度地图,实际上是相对于我们现在已经普及的普通导航电子地图来说的。

普通地图的精度为米级,可用于车载信息服务的汽车导航及路径规划。而高精度地图主要适用于自动驾驶系统。不同级别的自动驾驶系统对高精度地图的精度要求不同。L1 和 L2 级别的驾驶辅助系统使用高精度地图来辅助驾驶员驾驶,其精度要求为 $10\sim50\ \text{cm}$。而 L3 到 L5 级别的自动驾驶系统所需的高精度地图主要供车载计算平台使用,其精度要求至少为 $10\ \text{cm}$,最高可达 $1\ \text{cm}$。

【微课】

高精度地图技术

高精度地图包含大量行车辅助信息。其中,最重要的是对路网精确的三维表征(厘米级精度),这包括了路面的几何形状、道路标线的位置及周围环境的点云模型。有了这些精确的三维信息,车载计算平台可以通过比对车载 GPS(全球定位系统)、惯性导航(惯导)、激光雷达或摄像头数据来确定自身的准确位置。除此之外,高精度地图还包含丰富的语义信息,例如交通信号灯的位置和类型,道路标线的种类以及哪些路面可以通行等。这些大量的行车辅助信息和丰富的语义信息极大地提升了车载机器人在识别周围环境方面的能力。高精度地图还能提升智能网联汽车对车辆、行人和未知障碍物的识别准确性和响应速度。高精度地图如图 2-1-1 所示。

图 2-1-1　高精度地图

（一）数据类型

高精度地图是一种用于存储和展示车辆周围环境数据和交通运行数据的载体。它可以记录道路基础设施（如道路、桥梁、立交桥、隧道、交叉路口、车道线和道路沿线等），并标识出道路上的车辆、行人和障碍物等目标物。此外，高精度地图还包含有关交通标志、交通控制、交通状况、道路性能和道路气象等交通运行数据。

根据是否经常更新，高精度地图的数据可分为静态数据、准静态数据、准动态数据和高度动态数据。高精度地图的数据类型如图 2-1-2 所示。

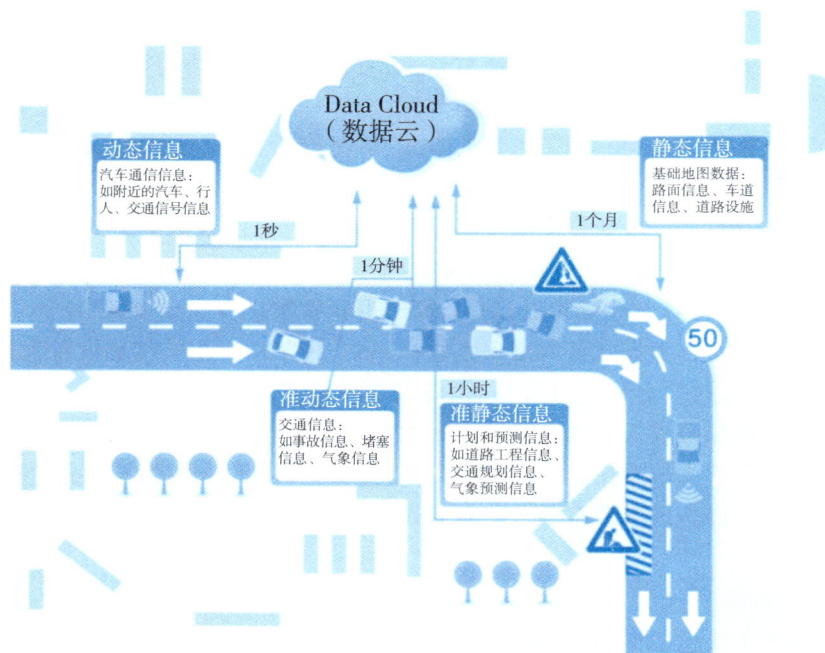

图 2-1-2　高精度地图的数据类型

1. 静态数据

静态数据主要涵盖车道级道路拓扑结构、道路基础设施数据和道路基础设施属性数据。道路基础设施数据包括城市道路、城际道路、桥梁、立交桥、隧道和交叉路口的车道 ID、位置和形状数据（例如高度、宽度、道路边缘类型、凹凸度、坡道斜率和弯道曲率等几何尺寸数据）。此外，道路基础设施数据还包括高架物、防护栏和树等其他固定道路基础设施数据。道路基础设施属性数据包括收费站位置、涵洞限高和桥梁限重等信息。

静态数据一般是由地图供应商通过车载传感设备感知和识别后制作的。它们也可以由官方的地图数据管理部门提供，并在地图云平台上共享。静态数据的更新频率是月级别的，通常在道路基础设施发生变化时才会进行更新。

车载终端可以通过两种方式获取静态数据：第一种方式是通过车载传感设备直接采集实时数据；第二种方式是从地图云平台上下载历史数据。通过这两种方式获得的实时和历史数据可以在车载终端上进行融合使用。如果出现数据冲突，可以通过地图云平台进行更新和共享。

道路基础设施数据可用于实现车辆的高精度定位和精确车道定位,为自动驾驶决策子系统提供重要帮助。这些数据可以用于路径规划、行为决策和运动规划等功能的实现。

2. 准静态数据

准静态数据主要包括交通标志位置及含义、交通信号灯位置、兴趣点(POI)位置和地标性建筑(landmark)位置。交通标志和交通信号灯都属于路侧呈现设备,具体包括专用车道、车道方向、车道限速、限行、禁停、弯道警告、引导和服务等标志。

准静态数据可由地图提供商通过车载传感设备(如摄像头传感设备等)感知识别后制作,也可由交通管理部门提供,准静态数据也会在地图云平台上共享。它的更新频次是天或月级别。

3. 准动态数据

准动态数据主要涵盖以下五类交通运行数据:临时性交通标志数据(例如:专用车道、车道方向、车道封闭、车道限速等信息)、交通控制数据(例如:信号灯相位和配时)、交通状况数据(例如:道路障碍物、道路能见度、交通流量、交通事故、道路施工、危险道路、道路行人)、道路性能数据和道路气象数据。

这五类交通运行数据可以通过车载传感设备或路侧传感设备采集并识别后上传到地图云平台。此外,交通管理部门也可以直接提供交通标志数据和交通控制数据。准动态数据(交通运行数据)将在地图云平台上进行共享。其数据的更新频次是秒或分钟级别。

车载终端可以通过三种方式获取准动态数据:第一种是使用车载传感设备直接采集并识别实时数据;第二种是通过蜂窝移动通信从地图云平台上获取准实时数据;第三种是通过 V2I 车路协同通信从交通运输管理云平台上获取实时数据。通过这三种方式获取的实时、准实时和历史数据可以在车载终端上融合使用,如果数据存在冲突,可以更新并共享到地图云平台上。

准动态数据结合静态或准静态的道路基础设施数据,可用于实现自动驾驶决策子系统的路径规划等功能。

4. 高度动态数据

高度动态数据主要包括道路目标物识别数据、车辆位置数据、车辆行驶数据、车辆操作数据和行人位置数据。

高度动态的道路目标物识别数据可通过车载传感设备采集后识别获得,或通过 V2X 协同通信获得。高度动态数据存储在车载终端,不需要上传到地图云平台。其数据更新频次是10 ms级别的,更新频次很快。

通过同步定位与地图创建(simultaneous localization and mapping,SLAM)技术,将高度动态数据、实时道路基础设施数据、交通运行数据、历史静态数据、准静态数据和准动态数据等整合到地图云平台上,实时构建车辆环境地图,可以用于自动驾驶决策子系统中的行为决策和运动规划等功能的实现。

(二)分层体系架构

不同的自动驾驶应用需要不同类型和更新频次的地图数据,自动驾驶地图数据的分类和分层是构建自动驾驶地图数据模型结构的基础。日本自动驾驶项目动态地图数据分层如图2-1-3所示。综合各国及各企业对智能交通的动态地图数据分层标准规范研究的成果,可将自动驾驶地图数据分成四个层次。自动驾驶地图数据分层结构见表2-1-1所列。

类型4：高度动态数据
（汽车、行人等）

类型3：准动态数据
（拥堵、信号相位）

类型2：准静态数据
（路侧基础设施）

类型1：永久静态数据
（地图数据）

汽车
自动汽车
行人
信号相位
拥堵信息
湿滑道路
地标位置
交通标志
地图数据

图 2-1-3 日本自动驾驶项目动态地图数据分层

表 2-1-1 自动驾驶地图数据分层结构

数据类型	数据内容	更新频次	获取方式
类型 1： 永久静态数据	①道路拓扑结构 ②道路基础设施数据：道路 ID 编号、道路位置、道路形状 ③道路基础设施属性数据：收费站位置、涵洞限高、桥梁限重	月级别	由地图供应商通过车载传感设备感知识别后制作或由地图数据管理部门提供，在地图云平台上共享
类型 2： 准静态数据	①交通标志位置及含义 ②交通信号灯位置 ③兴趣点（POI）位置 ④地标性建筑（landmark）位置	天或月级别	由地图供应商通过车载传感设备感知识别后制作或由交通管理部门提供，在地图云平台上共享
类型 3： 准动态数据	①临时性交通标志数据：专用车道、车道方向、车道封闭、车道限速 ② 交通控制数据：信号灯相位和配时 ③ 交通状况数据：道路障碍物、道路能见度、交通流量（交通拥堵）、交通事故、道路施工、危险道路、道路行人 ④ 道路性能数据 ⑤ 道路气象数据	秒或分钟级别	由车载传感设备或路侧传感设备采集并识别后上传，或由交通管理部门直接提供，在地图云平台上共享。车载终端通过 V2I 车路协同通信或蜂窝移动通信获得
类型 4： 高度动态数据	①道路目标物识别数据 ② 车辆位置数据 ③ 车辆行驶数据：速度、方向、停止 ④ 车辆操作数据：启动、加速、减速、转弯、换挡 ⑤ 行人位置数据	10 ms 级别	通过车载传感设备采集并识别获得，或通过 V2X 协同通信交换获得，存储在车载计算平台上

二、高精度地图的创建、制作和共享

实现高精度地图技术通常需要经过四个步骤:环境感知地图创建、高精度车辆定位、高精度静态地图制作及动态地图数据更新与共享。其中,环境感知地图创建和高精度车辆定位主要利用同步定位与地图创建(SLAM)技术。

(一)同步定位与地图创建

同步定位与地图创建(SLAM),也叫同步定位与映射,最初用于机器人在自身位置不确定的条件下,在完全未知的环境中创建地图,同时利用地图进行自主定位和导航。

SLAM 有两种实现方式:一种是使用激光雷达作为传感设备,获取车辆周围空间中的点云数据,并在车辆行驶过程中创建车辆周边环境的三维空间模型;另一种是使用摄像头作为传感设备,即视觉 SLAM(Visual SLAM,VSLAM),用于创建周围环境的模型。

基于激光雷达的 SLAM 对非结构化道路的识别比较有效。非结构化道路是指非规则的道路或缺少道路标志的道路,如没有车道线,没有明显的路沿的乡村土路等。而视觉 SLAM 对结构化道路的识别更有效。

1. 基于 SLAM 技术的车辆环境感知地图创建

基于 SLAM 技术的车辆环境感知地图创建如图 2-1-4 所示。通过卫星导航定位系统获得一般精度的车辆位置信息,依靠车载传感设备(激光雷达、毫米波雷达传感器与摄像头)获得沿线固定地标性建筑与车辆的相对位置信息,再结合 SLAM 技术可创建车辆环境感知地图。

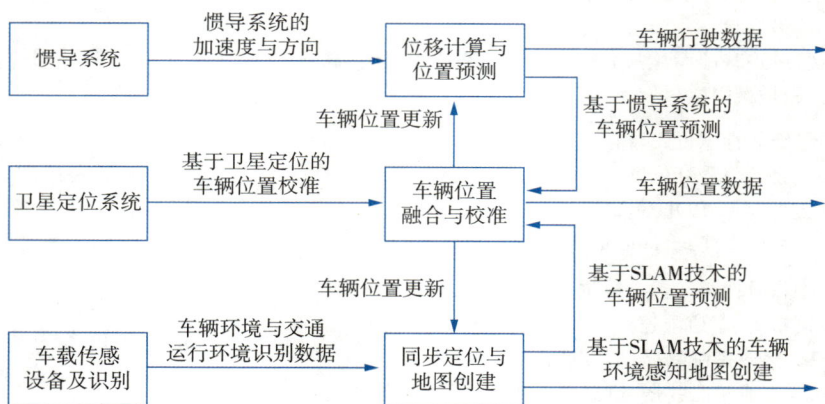

图 2-1-4 基于 SLAM 技术的车辆环境感知地图创建

【微课】
高精度地图的创建、制作和共享

使用车载传感设备(如激光雷达、毫米波雷达传感器和摄像头等),可以收集关于车辆周围环境和交通情况的识别数据。车辆环境数据包括道路、桥梁、立交桥、隧道、交叉口、车道线和道路边缘等基础设施,以及其他车辆、行人和道路障碍物等动态目标。交通运行环境识别数据包括交通信号灯、交通标志和交通状况。利用 SLAM 技术将车载传感设备采集的数据进行处理,可以预测车辆的位置。

利用惯性导航系统，车辆可以获取加速度和运动方向信息，并通过计算得出车辆的位移。结合车辆位置信息，可以预测车辆当前的位置。同时，利用卫星导航定位系统提供的高精度车辆位置信息，可以校准和更新车辆位置，从而消除惯性导航系统累积产生的定位误差。

通过整合车载传感设备和 SLAM 技术的车辆位置预测数据，以及基于惯性导航（惯导）系统和卫星导航定位系统的预测和校准数据，可以获得更准确的实时车辆位置信息，并且创建实时的 3D 车辆环境感知地图。在车辆行驶过程中，利用历史数据来预测下一步的车辆位置，将 SLAM 技术、惯性导航系统和卫星导航定位系统的数据进行融合，得到高精度的新车辆位置数据，并借此创建更新的车辆环境感知地图，并不断地重复与迭代。

2. 基于 SLAM 技术的高精度车辆定位

将车辆环境感知地图与高精度地图进行匹配分析，可以确定固定地标性建筑及其高精度的位置信息。通过计算，可以推断出车辆的高精度位置信息，并且借助高精度地图，可以准确了解车辆所在的车道位置，从而实现高精度的车辆定位。

在基于 SLAM 技术的前提下，即使一段时间内，卫星导航定位系统因为某种原因不能提供一般精度的车辆位置信息，通过对 SLAM 技术创建的车辆环境感知地图与高精度地图的匹配分析，也可获得高精度的车辆位置信息。

高精度车辆定位信息可用于实现自动驾驶决策子系统的运动规划功能。

(二)高精度静态地图制作

高精度静态地图数据采集生态环境如图 2-1-5 所示。

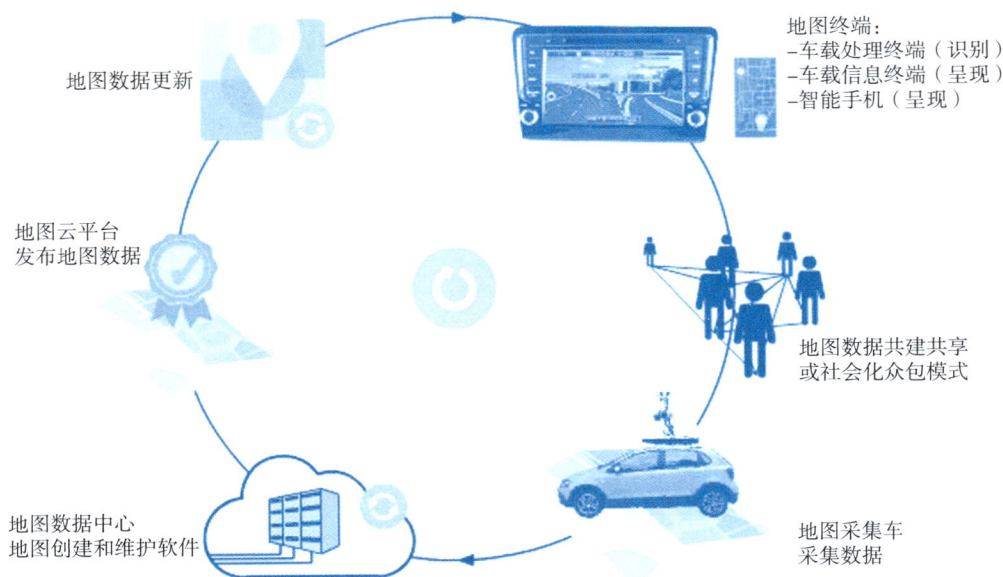

图 2-1-5　高精度静态地图数据采集生态环境

永久静态数据和准静态数据的获取方式主要有两种途径：第一种途径是地图供应商使用地图采集车沿途进行数据采集；第二种途径是地图供应商与车辆制造商合作，采用地图数据共建共享或者社会化众包模式,通过用户的车辆来采集数据。这两种途径可以独立使用,也可以同时并行使用。

辅助驾驶和有条件自动驾驶级别的地图采集车,主要配备前视和环视摄像头传感器以及高精度卫星定位接收系统与惯性导航系统。高度自动驾驶或完全自动驾驶级别的高精度地图采集车,在辅助驾驶和有条件自动驾驶级别的地图采集车的基础上,增加了360°扫描式激光雷达。扫描式激光雷达及识别技术主要是感知和识别道路基础设施的位置(通过检测其距离和方向,然后计算获得)和形状等静态地图数据和永久性交通标志的位置等准静态数据。

车辆采集到的数据会经过预处理和压缩,并传输到地图数据中心。数据中心会提取和处理与自动驾驶相关的特征性数据,包括道路基础设施、交通标志、交通信号灯、地标性建筑等的位置、形状、属性和编号等信息,并对其可靠性进行标注,以便未来更新数据元素时提供依据。

采集并标记后的数据通过地图云平台进行发布。但在对地图数据进行更新时,若新发布信息与原地图存在差异,则需通过自动识别差分融合技术进行更新。

更新后的地图信息将被发送到地图终端。此后,当车辆进入一定区域时,地图云平台只需将该区域与车载地图数据库有差异的地图数据下载下来即可。

在车辆自动驾驶过程中,需要使用车载传感设备收集数据,并将其与车载地图数据进行比对和分析。如果车辆感知到的地图数据与车载地图存在差异,那么这些差异数据将被上传到地图云平台上。地图云平台会评估这些数据的可靠性,并决定是否在其数据库中更新这些数据。数据的上传和下载可以通过多种通信手段完成,如3G、4G、5G、LTE-V2X等。

(三)动态地图数据更新与共享

1. 准动态地图数据的采集与发布

准动态地图数据的采集与发布功能框图如图2-1-6所示。

准动态地图数据的发布主体包括交通管理部门的交通运输管理云平台和地图供应商的地图云平台。交通运输管理云平台获取数据来源于交通管理部门提供的临时交通标志和交通控制等交通管理数据,并通过路侧传感设备采集上传交通状况、道路性能和道路气象等交通运行数据。地图云平台的数据主要来源于车载传感设备,它经过识别后以众包方式通过蜂窝移动通信上传交通状况、道路性能和道路气象等交通运行数据。

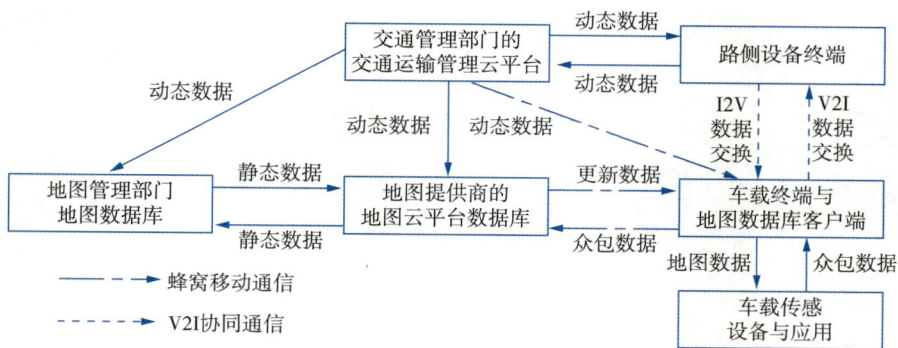

图2-1-6 准动态地图数据的采集与发布功能框图

准动态地图数据的发布方式有两种：一种是 V2I 车路协同通信，另一种是蜂窝移动通信。准动态数据的采集与发布见表 2-1-2 所列。

表 2-1-2　准动态数据的采集与发布

发布方式	发布主体	
	交通管理部门	地图供应商
V2I 车路协同通信	由交通运输管理云平台采用 V2I 车路协同通信方式发布数据，不必将数据上传到地图云平台上，需要交通管理部门运维路侧设备终端（基站）	不适用
蜂窝移动通信（4G/5G）	数据来源于交通管理部门，除了需要报到"刷卡"或响应时间较短的应用，能替代大部分交通管理部门主导的网联驾驶或网联自动驾驶。蜂窝移动通信基站由运营商运维	需要不断由交通管理部门或车辆众包更新地图云平台上的数据，蜂窝移动通信基站由运营商运维

V2I 车路协同通信是交通管理部门发布准动态地图数据的一种方式。交通运输管理云平台通过路侧设备终端将交通运行数据发送到车载终端，并以广播方式发布，不需要将数据上传到动态地图云平台后再下传到车载终端。V2I 车路协同通信为网联驾驶或网联自动驾驶提供决策依据。

蜂窝移动通信是交通管理部门发布准动态地图数据的另一种方式，交通运输管理云平台直接通过蜂窝移动通信与车载终端相连接。随着 4G LTE（长期演进技术）、5G 移动通信技术和车载终端的发展，除了 ETC（电子不停车收费系统）和路边检查等应用的刷卡报告以及需要快速响应的交叉路口警告应用，蜂窝移动通信将成为未来发布准动态地图数据的主要方式，并可以替代大部分 V2I 车路协同通信技术。

2. 高度动态数据的采集与发布

高度动态数据主要是识别后的车辆环境、车辆位置、车辆行驶、车辆操作和行人位置等道路目标物数据，它被存储于车载终端（车载计算平台）创建的实时车辆环境感知地图中。

将动态的道路目标物数据与车载传感设备、路侧传感设备、交通运输管理云平台和 V2X 协同通信获取的实时道路基础设施数据和交通运行数据进行融合，同时结合从地图云平台获取的历史静态数据、准静态数据和准动态数据，通过 SLAM 技术，在车载计算平台上构建实时的车辆环境地图。

车车通信（V2X）是一种车辆间的通信技术，通过广播方式，将车辆位置、车辆行驶数据、车辆操作数据和行人位置等信息告知其他车辆。每辆车都能通过车载终端的动态地图实时更新周边车辆和行人的位置信息，从而创建一个不断更新的车辆环境感知地图。通过特定的算法，本车能够获取与周边车辆和行人等道路目标物的相对运动速度和轨迹。当本车与某辆车或其他道路目标物的相对运动速度和轨迹异常，可能会导致碰撞时，车车通信会通知驾驶员或自动驾驶决策系统，以采取相应的避撞措施。

基于 V2X 协同通信的高度动态的道路目标物数据交换，是对自主式自动驾驶车载传感设备的车辆环境和交通运行环境感知与识别的有效补充。由于车载传感设备只能在可视范围内进行感知，因此在面对非视距的复杂路况时，如在没有交通信号灯的岔路口，或处于山顶、峡谷底或紧急转弯的道路,车载传感设备可能存在感知盲区,不能有效识别车辆环境和交通运行环境。因此,基于 V2X 协同通信的高度动态数据交换是网联自动驾驶汽车必不可少的环境感知工具。

任务 2 车载卫星导航定位系统认知与装调

全球导航卫星系统中常见的四大导航卫星系统包含美国的全球定位系统(Global Positioning System,GPS)、中国的北斗卫星导航系统(Beidou Navigation Satellite System,BDS)、俄罗斯的格洛纳斯卫星导航系统(Global Navigation Satellite System,GLONASS)与欧盟的伽利略卫星导航系统(Galileo Satellite Navigation System,GALILEO),它们并称全球四大导航卫星系统。其中,GPS 最成熟,BSD 已经超过 GLONASS,而 GALILEO 还未完成组网。各卫星导航定位系统发展历程见表 2-2-1 所列。因此,本任务以目前最强大的 GPS 和 BSD 的两大卫星导航定位技术为例进行介绍。

表 2-2-1 各卫星导航定位系统发展历程

系统	GPS	BDS	GLONASS	GALILEO
研制者	美国	中国	俄罗斯	欧盟
首次发射时间	1985 年	1989 年	2000 年	2011 年
卫星总数	43 颗	55 颗	24 颗	30 颗
应用时间	1994 年	2000 年北斗一号 2012 年北斗二号 2020 年北斗三号	2016 年 (早期工作能力)	2016 年 (早期工作能力)
竞争优势	成熟	开放且具备短信通信功能	抗干扰能力强	精度高

一、GPS 系统

GPS 系统是一种基于卫星的无线电定位导航系统,由美国国防部建设。它具有全球定位覆盖、全天候、连续性等优势,可以进行三维导航和定位。作为一种先进的测量、定位、导航和授时手段,GPS 在军事上起着重要作用,并在国家安全、经济建设和民生发展等各个方面扮演着重要角色。

(一)GPS 系统组成

GPS 系统主要由空间卫星部分、地面监控部分和用户设备部分三大部分组成(图 2-2-1)。

1. 空间卫星部分

空间卫星部分,也称为空间段,是由 24 颗 GPS 卫星和 3 颗备用卫星组成的 21+3 形式的 GPS 卫星工作星座。这样的星座能够保证在地球上的任何位置和时间都可以接收到至少 4 颗几何关系良好的卫星信号,从而实现定位功能。空间卫星部分的主要功能包括接收和存储来自地面控制系统的导航信息,利用原子钟控制生成测距码和载波信号,将测距码和导航信息调制到载波信号上并发送给用户,按照地面控制系统的指令调整卫星轨道、校准卫星钟、修复故障或启用备用部件以保证整个系统的正常运行。

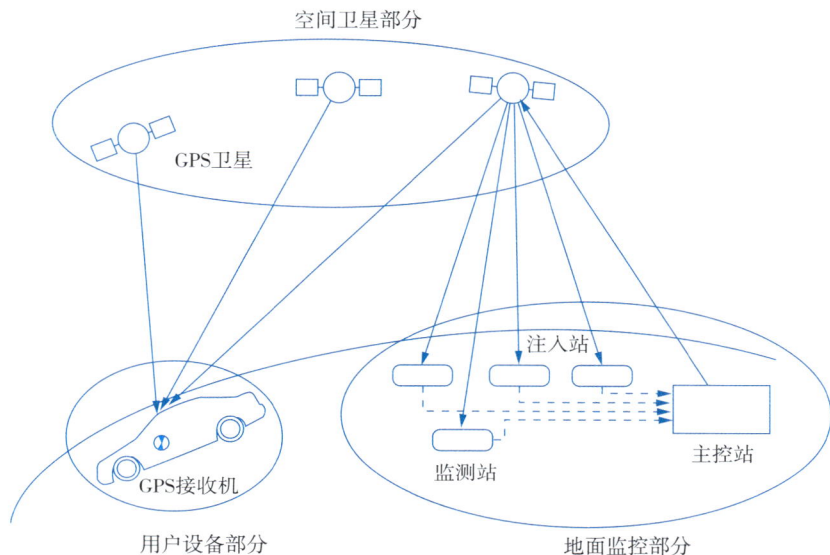

图 2-2-1　GPS 系统组成

GPS 卫星主体呈圆柱形,两侧有太阳能帆板,能自动对日定向,太阳能电池提供工作用电。因 GPS 卫星自带燃料和喷管,故其可以在地面控制系统的控制下调整自己的运行轨道。除此之外,每颗卫星都配备多台高精度原子钟,为卫星提供高精度的时间标准。GPS 卫星示意如图 2-2-2 所示。

图 2-2-2　GPS 卫星示意

2. 地面监控部分

地面监控部分又称地面段,由若干个监测站、分布在全球的 1 个主控站和 3 个注入站组成。地面监控部分示意如图 2-2-3 所示。

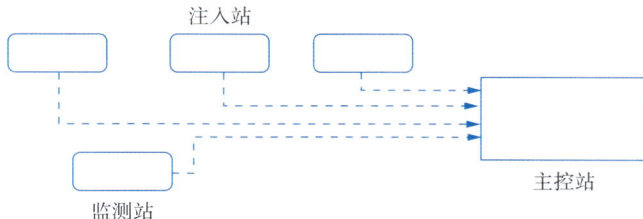

图 2-2-3　地面监控部分示意

(1)监测站

监测站内设有双频 GPS 接收机、高精度原子钟、气象参数测试仪和计算机等设备,主要任务是完成对 GPS 卫星信号的连续观测,并将搜集的数据和当地气象观测资料进行处理后传送到主控站。

(2)主控站

除了对监测站的观测数据进行联合处理外,主控站还负责管理地面监控系统并计算导航所需的卫星星历、钟差和大气修正参数。它将这些数据转化为导航电文,并发送给注入站。此外,主控站还能够调整偏离轨道的卫星,使其按照预定轨道运行,并协调调度备用卫星,以取代故障的卫星进行工作。

(3)注入站

注入站的主要任务是将主控站编制的导航电文、计算出卫星星历和卫星钟差的改正数等,通过直径为 3.6 m 的天线注入相应的卫星。

3. 用户设备部分

用户设备部分,也称为用户段,是与基础设施的空间段和地面段进行通信的部分。它的主要组成部分是 GPS 接收机,负责接收导航、定位和授权服务。GPS 接收机的主要任务是捕获、跟踪和锁定卫星信号,并对这些卫星信号进行处理。通过测量卫星信号从卫星到接收机天线的传播时间,解读 GPS 卫星发射的导航信息,实时计算接收机天线的三维位置和运动速度。

(1)GPS 接收机类型

GPS 接收机是一种被动式无线电定位设备,按不同用途分为导航型接收机、授时型接收机、测地型接收机。不同形式的 GPS 接收机如图 2-2-4 所示。

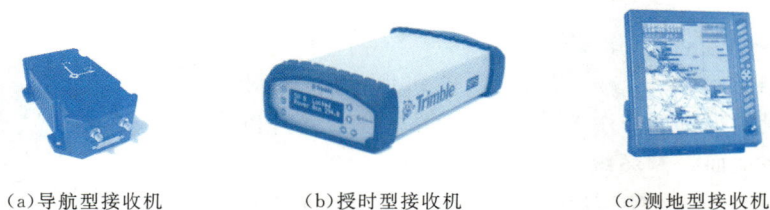

(a)导航型接收机	(b)授时型接收机	(c)测地型接收机

图 2-2-4　不同形式的 GPS 接收机

导航型接收机主要用于运动载体的导航,能够即时提供载体的位置和速度信息。这类接收机一般使用 C/A 码测量伪距,单点实时定位精度较低,一般在 ±25 mm,当存在 SA(选择可用性)的影响时,精度会下降至 ±100 mm。这种类型的接收机价格相对较低,应用广泛。根据不同的应用领域,这类接收机还可以进一步细分为车载型(用于车辆导航定位)、航海型(用于船舶导航定位)和航空型(用于飞机导航定位)。由于飞机的速度较快,因此航空型接收机对高速运动的适应能力要求更高。星载型(用于卫星的导航定位)由于卫星的速度超过 7 km/s,因此对接收机的要求更加严格。智能汽车所使用的是车载型接收机。

授时型接收机主要利用 GPS 卫星提供的高精度时间标准进行授时,常用于天文台及无线电通信中时间同步。

测地型接收机主要用于精密大地测量和精密工程测量。其定位精度高,仪器结构复杂,价格较贵。

(2)GPS 接收机组成

GPS 接收机主要由 GPS 主机、天线和电源三部分组成。GPS 接收机组成如图 2-2-5 所示。

| (a)GPS 主机 | (b)天线 | (c)电源 |

图 2-2-5　GPS 接收机组成

① GPS 主机由变频器、信号通道、微处理器、存储器和显示屏组成。

变频器的主要任务是使接收到的 L 频段射频信号变成低频信号。

信号通道是接收机关键的软硬件结合电路。其主要功能是搜索、追踪卫星并进行牵引,同时解扩和解调广播电文信号,以生成可用的广播电文。此外,信号通道还能进行伪距测量、载波相位测量和多普勒频移测量。

存储器用于存储一小时一次的卫星星历、卫星历书、接收机采集到的码相位伪距观测值、载波相位观测值及多普勒频移。

📘 知识拓展

● 多普勒频移

当声音、光和无线电波等振动源与观测者以相对速度 v 运动时,观测者所收到的振动频率与振动源所发出的频率不同。因为这一现象是奥地利科学家多普勒最早发现的,所以称之为多普勒效应,如图 2-2-6 所示。

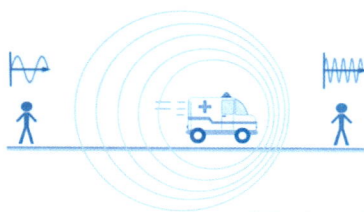

图 2-2-6　多普勒效应

由多普勒效应所形成的频率变化叫作多普勒频移,它与相对速度 v 成正比,与振动频率成反比。

$$f_d = \frac{f}{c} \times v \times \cos\theta$$

式中,f_d 为多普勒频移;θ 为移动台方向与入射波方向的夹角;v 是移动台的速度;c 是电磁波传播速度,$c = 3 \times 10^5$ km/s;f 为载波频率。

由上可以得出,用户移动方向与电磁波传播方向相同时,多普勒频移为正,反之为负;完全垂直时,没有多普勒频移。

微处理器是 GPS 接收机主机工作的核心,GPS 接收机主机的工作都是在微处理器指令的统一协同下进行的。

GPS 接收机主机都有液晶显示屏,它提供 GPS 接收机的工作信息,并配有一个控制键盘,以便用户控制接收机的工作。

GPS 接收机主机不仅需要功能较强的机内软件,还需要一个多功能的 GPS 数据测后处理软件包。GPS 接收机主机加 GPS 数据测后处理软件包,才是完整的 GPS 用户设备。

② 天线由天线单元和前置放大器两部分组成。天线的作用是将 GPS 卫星信号的微弱电磁波能量转化为相应电信号。

③ GPS 有两种不同的电源供给方式:一种是内电源,通常使用锂离子电池,主要任务是为随机存取存储器(RAM)供电;另一种是外接电源,常用的是可充电的 12 V 直流镍镉电池组。

(二)GPS 定位原理

卫星导航定位系统最基本的定位原理是三球定位。假设测得地面 P 点到卫星 S_1 的距离为 r_1,那么根据几何学可知,P 点所在的空间可能位置集缩在以卫星 S_1 为球心、半径为 r_1 的这个球面上。再假设测得地面 P 点到卫星 S_2 的距离为 r_2,同样意味着 P 点处于以第 2 颗卫星 S_2 为球心、半径为 r_2 的球面上。如果同时测得 P 点到卫星 S_3 的距离为 r_3,意味着 P 点处于以第 3 颗卫星 S_3 为球心、半径为 r_3 的球面上,这样就可以确定 P 点的位置就是 3 个球面的交汇处。

卫星钟和本地时钟在 GPS 定位中起着不同的作用。卫星钟控制着卫星发射的伪随机信号,而本地时钟控制着用户接收机的伪随机信号。两者存在较大的时差。GPS 用户端可以同时跟踪至少 4 颗 GPS 卫星,并捕获其信号。这里,将两时钟之间的时差作为未知量,使其和观测点坐标共同组成一个四元方程组,所得的值就是观测点的经纬度坐标和时差,使用这种方法进行定位可以得到较高的定位精度。以此来计算的观测值通常被称为伪距。被称为伪距的原因:第一,它是以地表和卫星之间的距离为变量的函数;第二,由于大气效应和时钟误差的影响,观测值与实际的距离之间存在偏差。

设地面点 p 到卫星 i 的距离矢量为 S_i,地心原点 O 到卫星 i 的距离矢量为 S_0,地心原点 O 到地面点 p 的距离矢量为 S_p。地面点与卫星的几何关系示意如图 2-2-7 所示。

如果卫星钟和地面钟不存在任何时差,那么说明此时伪距观测量代表了 p 点与卫星之间的真实距离 S_i,其值为

$$S_i = c(t_i - t_j) - c\tau \qquad (2-2-1)$$

式中,c 为光的传播速度;t_i 为地面接收机已同步的观测时刻;t_j 为卫星已同步的发射时刻;τ 为传播途径中附加时延。

实际上卫星钟和地面钟之间的完全同步只存在理论上的可能性,实际上通常是存在一定的时钟差的,所以实际测量的并非真实距离,而是伪距,即

$$\rho_{pi} = c(t_{pi} - t_{pj}) \qquad (2-2-2)$$

式中,ρ_{pi} 为地面点 p 到卫星 i 的伪距;t_{pi} 为含有时钟差的地面站接收时刻;t_{pj} 为含有时钟差的卫星发

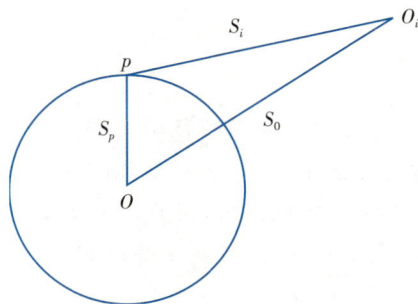

图 2-2-7 地面点与卫星的几何关系示意

射时刻。

实际上接收时,地面站接收机的接收时刻要与 GPS 时间同步。这样,时钟差为两个微小量 Δt_i 和 Δt_j,即

$$t_{pi}=t_i+\Delta t_i \tag{2-2-3}$$

$$t_{pj}=t_j+\Delta t_j \tag{2-2-4}$$

$$\rho_{pi}=c(t_i-t_j)+c(\Delta t_i-\Delta t_j)=S_i+c\tau+c(\Delta t_i-\Delta t_j) \tag{2-2-5}$$

当接收机对卫星信号跟踪锁定后,接收机可以从接收信号中提取导航电文和伪距观测量。导航电文一般分为电离层修正数、卫星钟改正数和卫星星历参数三部分。进一步经过对卫星星历参数的统计计算,可求出发射时刻卫星在地心坐标系中的三维坐标值 X_i、Y_i 和 Z_i。关于卫星时钟差的修正,可以利用卫星钟差改正数并依据式(2-2-6)给以适当的调整。

$$\Delta t_i=a_0+a_1(t-t_0)+a_2(t-t_0)^2 \tag{2-2-6}$$

$$t=t_{pj}-\Delta t_j \tag{2-2-7}$$

式中,t 为观测时间;t_0 为卫星钟基准时间。

设 P 点的地心坐标为(X_p,Y_p,Z_p),则 P 点至卫星 i 的实际距离为

$$S_i=\sqrt{(X_i-X_p)^2+(Y_i-Y_p)^2+(Z_i-Z_p)^2} \tag{2-2-8}$$

将式(2-2-8)代入式(2-2-5)得

$$\rho_{pi}=\sqrt{(X_i-X_p)^2+(Y_i-Y_p)^2+(Z_i-Z_p)^2}+c\tau+c(\Delta t_i-\Delta t_j) \tag{2-2-9}$$

在式(2-2-9)中,τ 为大气修正,可参考空间大气模型进行修改。这时,为了求得式(2-2-9)中的 4 个未知量 X_p、Y_p、Z_p、$\Delta t_i-\Delta t_j$,需要同时观测 4 颗卫星,得到式(2-2-9)的 4 个非线性方程。这些非线性方程可以通过线性化方法或者卡尔曼滤波技术进行求解,得到 P 点的坐标(X_p,Y_p,Z_p)。

以上即 GPS 定位的原理分析。通常,由此得到的定位数据还需进一步进行差分运算,减小误差,从而得到更为准确的定位信息。

(三)GPS 系统的特点

GPS 系统在智能汽车中应用广泛,但是优缺点也比较明显。

1. GPS 系统的优点

(1)全球全天候定位

GPS 卫星数量众多且分布均匀,这样在地球上任何位置任何时间都能同时接收到至少4颗 GPS 卫星的信号,从而实现全球全天候的导航定位服务。

(2)覆盖范围广

GPS 能够覆盖全球 98% 的范围,可满足位于全球各地或近地空间的军事用户连续精确地

确定三维位置、三维运动状态和时间的需要。

(3)定位精度

GPS 的绝对定位精度受到多种因素的影响,包括卫星误差、传播路径和接收机误差等。然而,通过使用差分技术,可以获得非常高的相对定位精度。例如,利用 RTK(Real Time Kinematic,实时动态差分技术)的载波相位差分技术,可以实现精确到厘米级别的定位精度。

(4)观测时间短

观测时间短,随着 GPS 的不断完善,20 km 以内相对静态定位,仅需 15～20 min;当每个流动站与基准站相距 15 km 以内时,流动站观测时间只需 1～2 min;采取实时动态定位模式时,每个流动站观测仅需几秒钟。

(5)测站间不需要通视

GPS 测量不再需要建造觇标,只需确保测站上空开阔,测站之间无须互相通视。这使得选点工作更灵活,大大节省了工作经费和时间。同时,传统测量中的传算点、过渡点等测量工作也可以省略。

(6)仪器操作简便

随着 GPS 接收机的不断改进,GPS 测量的自动化程度越来越高,有的已趋于"傻瓜化"。

(7)提供全球统一的三维地心坐标

全球统一的三维地心坐标可以同时精确测定站平面位置和大地高程,并且全球不同地点的测量成果是相互关联的。

2. GPS 系统的缺点

(1)GPS 系统受外界条件影响后易存在偏差

GPS 系统确定目标位置会受气候、电离层、对流层、空气、电磁波等因素的影响,这些因素会导致监测数据出现一定的偏差。

(2)GPS 系统虽精度较高,但需配合其他工具来降低误差

GPS 测量能够达到一定的精度,但用 GPS 施测的市政工程测量控制点,应进一步用常规仪器进行水准联测。

(3)GPS 测量有一定的空间局限性

GPS 测量更适用于视野开阔、障碍物较少的新建区,适合进行野外、勘探定位等。

(4)价格昂贵

为了使精度更高,需要发射和维护数颗 GPS 卫星,造价和维护成本昂贵。

(四)DGPS 系统

DGPS 全称是 Differential Global Position System,也称为差分全球导航定位系统。它在 GPS 的基础上利用差分技术使用户能够从 GPS 系统中获得更高的精度,更精确地进行车辆定位。

1. DGPS 系统组成

DGPS 系统主要由基准站、数据传输设备和移动站组成(图 2-2-8)。

DGPS 系统实际上是把一台 GPS 接收机放在位置已精确测定的点上,组成基准站。基准站接收机通过接收 GPS 卫星信号,将测得的位置与该固定位置的真实位置的差值作为公共误

差校正量,通过无线数据传输设备将该校正量传送给移动站的接收机。移动站的接收机用该校正量对本地位置进行校正,最后得到厘米级的定位精度。附近的 DGPS 用户接收到修正后的高精度定位信息,从而大大提高其定位依据。

移动站与基准站之间的距离可以直接影响 DGPS 系统的效果。移动站与基准站距离越近,同一卫星信号到这两个站点的传播途径越短,两站点之间测量误差的相关性就越强,差分 DGPS 系统性能就越好。

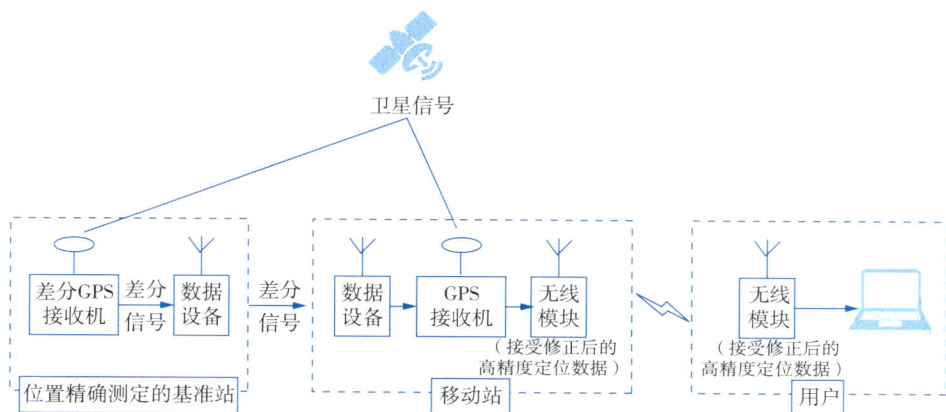

图 2-2-8　DGPS 系统的组成

2. DGPS 系统类型及原理

根据 DGPS 基准站发送信息的方式可将 DGPS 定位分为 3 类,即位置差分、伪距差分和载波相位差分。这三类差分方式的工作原理是相同的,都是由基准站发送改正数,由移动站接收并对其测量结果进行改正,以获得精确的定位结果。所不同的是,发送改正数的具体内容不一样,其差分定位精度也不同。

(1)位置差分

位置差分是最简单的差分方法,适合于所有 GPS 接收机。位置差分要求基准站和移动站观测同一组卫星。安装在基准站上的 GPS 接收机观测 4 颗卫星后便可进行三维定位,解算出基准站的观测坐标。由于存在轨道误差、时钟误差、大气影响、多径效应及其他误差等,解算出的观测坐标与基准站的已知坐标是不一样的,存在误差。将已知坐标与观测坐标之差作为位置改正数,通过基准站的数据传输设备发送出去,由移动站接收,并且对其解算的移动站坐标进行改正。最后得到的改正后的移动坐标已消去了基准站和移动站的共同误差(例如卫星轨道误差、大气影响等),提高了定位精度。位置差分适用于用户与基准站间距离在 100 km 以内的情况。位置差分示意如图 2-2-9 所示。

(2)伪距差分

伪距差分是目前应用最广的一种定位技术。几乎所有的商用 DGPS 接收机均采用这种技术。利用基准站已知坐标和卫星星历可计算出基准站与卫星之间的计算距离,将计算距离与观测距离之差作为改正数,发送给移动站,移动站利用此改正数来改正测量的伪距。最后,用户利用改正后的伪距来解出本身的位置,就可消除公共误差,提高定位精度。伪距差分示意如图 2-2-10 所示。

与位置差分相似,伪距差分能将两站公共误差抵消。但随着用户到基准站距离的增加,又出现了系统误差,这种误差用任何差分法都是不能消除的。用户和基准站之间的距离对精度有决定性影响。

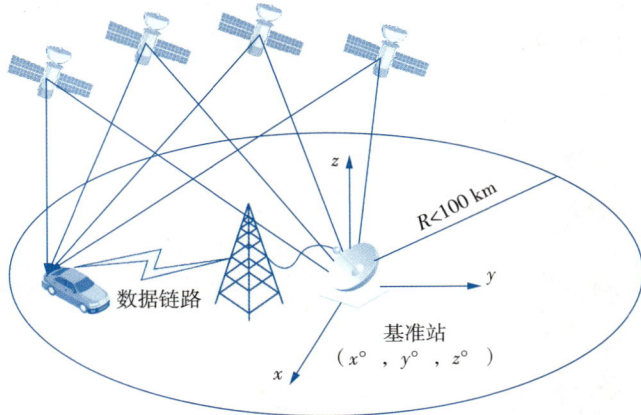

图 2 - 2 - 9　位置差分示意

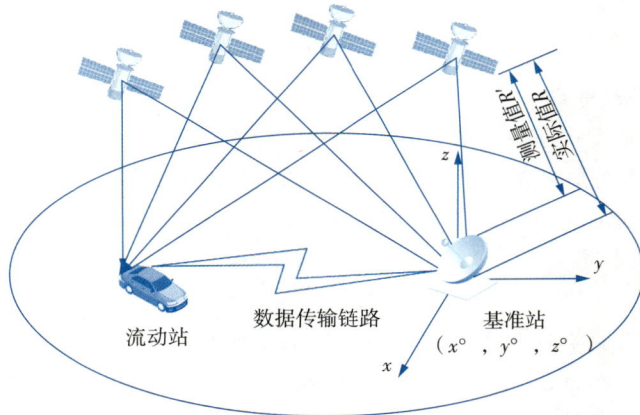

图 2 - 2 - 10　伪距差分示意

(3)载波相位差分

位置差分技术与伪距差分技术都能满足基本完成定位导航等的精度需求,但是还远远不能满足车联网和自动驾驶领域的需求,从而促使人们发展出更加精准的 DGPS 技术,即载波相位差分技术,也可以称为实时动态差分技术(Real Time Kinematic,RTK)。RTK 是一种利用接收机实时观测卫星信号载波相位的技术,它将数据通信技术与卫星定位技术相结合,采用实时解算和数据处理的方式,能够为移动站提供在坐标系中的三维坐标(经度,纬度,高度),在极短的时间内达到厘米级的高精度。载波相位差分示意如图 2 - 2 - 11 所示。

与伪距差分原理相同,由基准站通过数据传输设备实时将其载波观测量及站坐标信息一同传送给移动站。移动站接收 GPS 卫星的载波相位与来自基准站的载波相位,并组成相位差分观测值进行实时处理,能实时给出厘米级的定位结果。实现载波相位差分 GPS 的方法有修正法和差分法。前者与伪距差分相同,基准站将载波相位修正量发送给移动站,以改正载波相位,然后求解坐标,是准载波相位差分技术。后者将基准站采集的载波相位发送给移动站,进行求差解算坐标,是真正的载波相位差分技术。

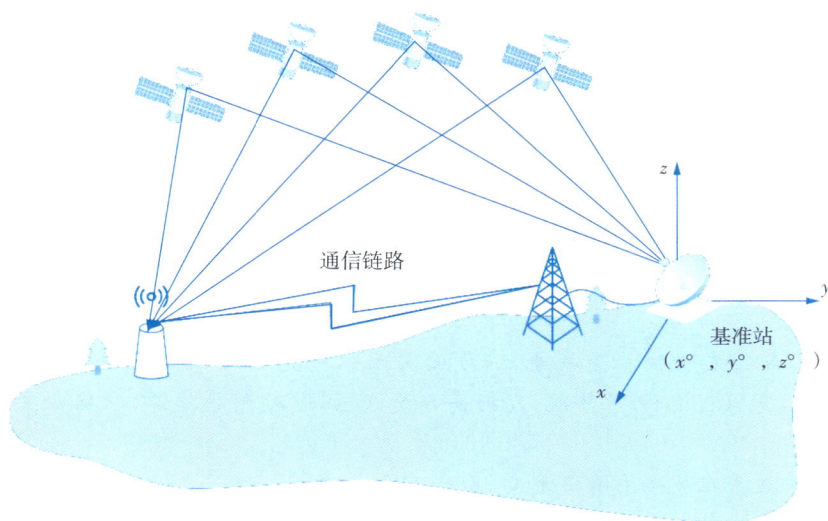

图 2 - 2 - 11 载波相位差分示意

二、北斗卫星导航系统

北斗卫星导航系统是中国正在研发的区域性卫星定位与通信系统,它是全球第 3 个成熟的卫星导航定位系统,类似于美国的 GPS 和俄罗斯的 GLONASS。该系统致力于为全球用户提供高质量的定位、导航和授时服务,并遵循开放性、自主性、兼容性和渐进性的原则进行建设和发展。

中国从 1994 年开始,分 3 步建设北斗卫星导航系统。在 2000 年发射了 2 颗卫星,建成北斗一号,为中国用户提供服务;2012 年完成 14 颗卫星发射,建成北斗二号,服务范围扩大至亚太地区;2020 年完成 30 颗卫星发射、组网,全面建成北斗三号,覆盖全球。

🔔 知识拓展

GPS 技术成熟,中国为何要独立发展北斗卫星导航系统呢?

● 曾经的羞辱,知耻而后勇

1993 年 7 月至 9 月期间,美国军方怀疑中国货轮"银河号"装载有可以制造化学武器的硫二甘醇和亚硫酰氯,准备运往伊朗的阿巴斯港。美国强行要求登船检查,并一度关闭 GPS 导航,导致"银河号"在大海上找不到方向。"银河号事件"后,中国认识到,美国 GPS 导航受美国控制,美国可以随时关闭导航服务。

　　1996年军事演习时,美国突然关闭GPS导航定位服务,导致中国试射的两枚导弹误差很大,试射失败。

　　美国对中国的一次次羞辱,逼迫中国独立发展自主导航系统。

● 参与欧盟伽利略卫星导航系统研制,学习卫星导航技术的计划落空

　　2003年,欧洲为了对抗美国GPS系统,决心研制伽利略卫星导航系统,邀请中国参加。中国投入2.3亿欧元,但是却被欧洲航天局处处设置障碍,将中国科技人员排除在核心圈以外,让中国试图通过参与研制伽利略卫星导航系统,学习卫星导航技术的计划落空。

　　中国交了巨额学费,却没学到有用的东西,这次事件让中国认识到依靠西方是无用的。

● 国防安全的需要

　　2003年,美国发动伊拉克战争,一方面关闭伊拉克GPS信号,导致伊拉克导弹失效;另一方面,美国利用GPS导航,发射高精度武器,精确制导炸弹,准确命中伊拉克重要军事目标。

　　卫星导航技术在战争中有多重要,由此可见一斑。

　　卫星导航技术服务关系到国防安全。导弹发射、飞机航行、军舰航行、潜艇航行、敌方目标定位等方面,一刻也离不开卫星导航。这是国家战略核心利益所在,怎么能把如此重要的事情寄托在别国身上,特别是不太友好的别国呢?

● 潜在的巨大经济利益

　　北斗卫星导航系统,在中国实现信息化社会转型中发挥着重要作用,将成为经济发展助推器。在未来的人工智能和无人驾驶等领域,形成中国完整的自主知识产权体系。

　　北斗卫星导航系统在交通运输、基础测绘、工程勘测、资源调查、地震监测、气象探测和海洋勘测等领域也会发挥重要作用。

　　北斗卫星导航系统发展成功,将极大地提升中国的国际地位,更有利于国际交往。

　　北斗卫星导航系统已经全面组网成功,信号覆盖全球每一个角落。北斗卫星导航系统技术仅次于美国GPS系统,稳居世界第二,极大地提高了中国国际地位,欧洲也对中国刮目相看,俄罗斯主动要求加入中国的北斗卫星导航系统。更多第三世界国家,也翘首以望,希望得到北斗卫星导航系统服务。

(一)北斗卫星导航系统组成

　　北斗卫星导航系统与GPS相似,由空间段、地面段和用户段组成。北斗卫星导航系统组成如图2-2-12所示。空间段包括静止轨道卫星(GEO星)、斜地球同步轨道卫星(IGSO)、中圆地球轨道卫星(MEO星),它们各自扮演不同的角色,并发挥各自的功能。地面段由主控站、注入站和监测站组成,与GPS地面段的作用相同。用户段包括北斗兼容其他卫星导航系统的基础产品,如芯片、模块和天线,以及终端产品、应用系统和应用服务。通过这三个部分,北斗卫星导航系统能够实现精准定位。

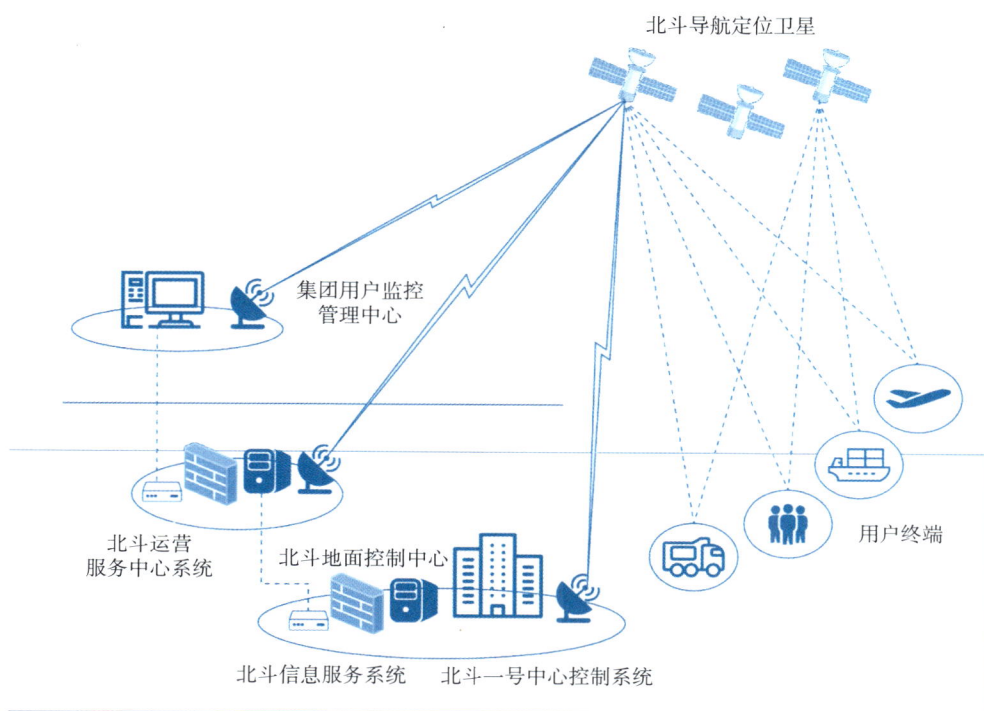

图 2 - 2 - 12　北斗卫星导航系统组成

(二)北斗卫星导航系统原理

北斗一代和北斗二代卫星导航系统都是采用伪距法进行导航定位的。该方法的基本定位思想是三球交会原理。北斗一代卫星导航系统由于其观测量较少并且其工作方式是有源定位，因此与北斗二代卫星导航系统在定位原理和精度上有所不同。

1. 北斗一代卫星导航系统定位原理

北斗一代卫星导航系统的定位原理是基于三球交会原理进行定位，以两颗卫星的已知坐标为球心，以两球心至用户的距离为半径，画出两个球面，用户机必然位于这两个球面交线的圆弧上。另一个球面以地心为球心，画出以用户所在位置点至地心的距离为半径的球面，其交会点即用户位置。三球交会原理示意如图 2 - 2 - 13 所示。

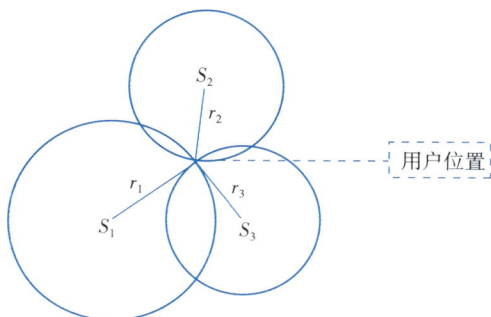

图 2 - 2 - 13　三球交会原理示意

【微课】
北斗卫星导航系统

由上述原理可得,地面中心双星的两个伪距分别为

$$\rho_1 = 2(R_1 - S_1) = c\Delta t_1 \qquad (2-2-10)$$

$$\rho_2 = 2(R_2 - S_2) = c\Delta t_2 \qquad (2-2-11)$$

式中,ρ_1、ρ_2 分别是第 1 个和第 2 个伪距观测量;S_1、S_2 分别是地面中心至双星的距离;R_1、R_2 分别是用户设备至双星的距离;Δt_1、Δt_2 分别是在地面中心的电文经过两个卫星及用户之间时间偏差。

S_1、S_2 和地面中心站的坐标都是已知的,即 $S_1(x_1, y_1, z_1)$、$S_2(x_2, y_2, z_2)$ 和 (x_0, y_0, z_0)。设接收机坐标为 (x, y, z),则

$$S_i = \sqrt{(x_i - x_0)^2 + (y_i - y_0)^2 + (z_i - z_0)^2} \qquad (2-2-12)$$

$$R_i = \sqrt{(x_i - x)^2 + (y_i - y)^2 + (z_i - z)^2} \qquad (2-2-13)$$

式中,$i=1,2$。

将式(2-2-12)和(2-2-13)代入式(2-2-10)和(2-2-11)中,可以求得用户坐标的 3 个未知量的 2 个方程。此时需要用到用户所处位置的高程值来解算用户位置。设该高程值为 H,则

$$H = \sqrt{x^2 + y^2 + z^2} \qquad (2-2-14)$$

2. 北斗二代卫星导航系统定位原理

北斗二代是典型的卫星无线电导航系统(Radio Navigation Satellite System,RNSS)。北斗二代卫星导航系统定位原理与 GPS 类似,至少需要 4 颗卫星,其伪距为

$$\rho_i(x_u) = \sqrt{(x_u - x_{si})^2 + (y_u - y_{si})^2 + (z_u - z_{si})^2} + n_i + c\Delta t \qquad (2-2-15)$$

式中,$\rho_i(x_u)$ 是第 i 颗卫星的伪距;$x_u = [x_u, y_u, z_u, \Delta t]$ 为所要求解的变量;$x_u = [x_u, y_u, z_u]$ 为接收机位置;Δt 为卫星时钟的钟差;$[x_{si}, y_{si}, z_{si}]$ 是定位卫星的位置;n_i 是卫星各个观测量的伪距误差;$i=1,2,3,4$。

求解式(2-2-15)即可得到用户位置。

三、GPS 系统在智能网联汽车中的应用

GPS 系统在智能网联汽车中的应用主要体现在智能监控系统方面。该系统在技术上融合了全球定位系统(GPS)、地理信息系统(Geographic Information System,GIS)和无线数字通信技术(GMS)三项高新技术。GPS 系统由 GPS 移动设备(GPS 终端机)、GPS 数据中心和 GPS 调度控制中心三大部分构成。其中,GPS 移动设备接收卫星信号并形成实时地理位置信息,包括时间、经度、纬度、速度、方向等,然后以移动、联通等公网为媒介,以数据的形式传递到 GPS 数据中心;GPS 调度控制中心通过互联网(Internet)或 Internet GPS 数据中心提取数据,将 GPS 移动设备的地理位置信息显示在电子地图上;GPS 人员的控制管理指令传递到 GPS 数据中心。

该系统主要功能如下：

① 实时监测车辆运行状态，包括时间、位置、速度、方向等；

② 车辆跟踪，即实时连续跟踪一辆或多辆汽车一段时间内的运行轨迹；

③ 历史轨迹回放；

④ 车辆信息管理，即实时查询打印车辆信息，包括驾驶员名称、通信方式、车牌号等；

⑤ 地图操作，即实现地图平移、缩放等功能；

⑥ 区域报警功能；

⑦ 偏离预定线路报警；

⑧ 超速报警；

⑨ 车台可以接受调度信息；

⑩ 语音通话功能和统计报表等功能。

（一）GPS 在自动驾驶低速车上的安装位置及布局

自动驾驶低速车中装有 GPS 主机、天线及数据通信线束。这些组件与车载计算机单元进行信号传递，从而帮助车辆实现定位功能。GPS 在自动驾驶低速车上的安装位置示意如图 2-2-14 所示。

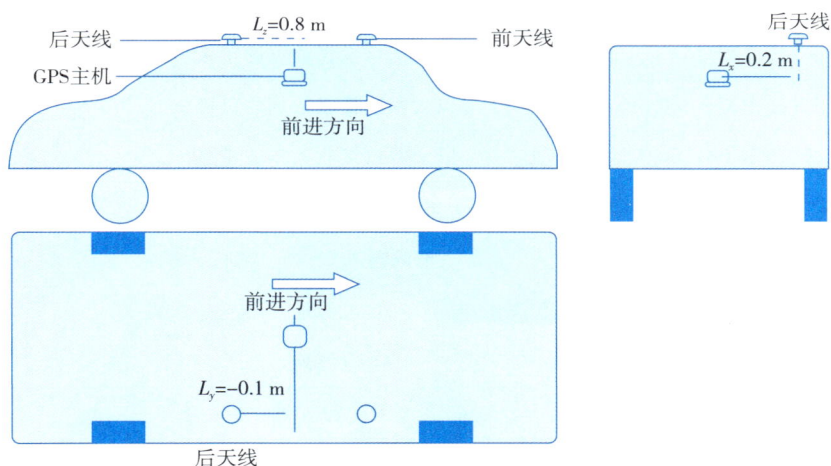

图 2-2-14　GPS 在自动驾驶低速车上的安装位置示意

1. GPS 主机

GPS 主机在 GPS 中负责接收计算译文的部件，负责将天线的信号译为汽车能够识别的语言。GPS 主机如图 2-2-15 所示。

（1）GPS 主机接口

主机设备有 3 个接口，分别为 SEC、PRI、POWER/DATA。其中，SEC 连接前车头位置天线，PRI 连接后车尾位置天线，POWER/DATA 用于电源、导航数据输出，PPS 输出，EVENTMARK、里程计信息输入等。

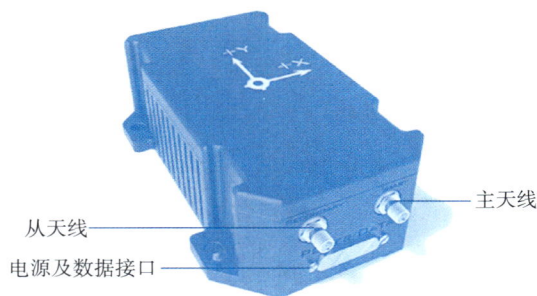

图 2-2-15　GPS 主机

其中,POWER/DATA 与不同功能的不同型号的线束相连。POWER/DATA 引脚含义见表 2-2-2 所列。

表 2-2-2　POWER/DATA 引脚含义

序号	引脚	I/O	描述	对应线束型号
1	GND_ISO	电源	信号地	COMO(RS232)
2	RS232_TX1	I	RS232 电平	
3	RS232_RX1	O	RS232 电平	
4	GND_ISO	电源	信号地	COMO(RS232) 直通板卡调试口
5	RS232_GPS_RX3	I	RS232 电平	
6	RS232_GPS_TX3	O	RS232 电平	
7	GND_ISO	电源	信号地	
8	GND_ISO	电源	信号地	网口
9	ETH_TX−	O	以太网口发送数据的负极	
10	ETH_TX+	O	以太网口发送数据的正极	
11	ETH_RX−	I	以太网口接收数据的负极	
12	ETH_RX+	I	以太网口接收数据的正极	
13	PWR_IN	电源	电源输入 9~36 V DC	Power+ Power GND
14	PWR_IN	电源	电源输入 9~36 V DC	
15	PWR_OUT	电源	电源地	
16	PWR_OUT	电源	电源地	
17	RS422_TX+	O	RS422 电平	COM1(422)
18	RS422_TX−	O	RS422 电平	
19	RS422_RX−	I	RS422 电平	
20	RS422_RX+	I	RS422 电平	
21	GND_ISO	电源	信号地	
22	CAN_L	I/O	对外 CAN1 接口,差分对	CAN−
23	CAN_H	I/O	对外 CAN1 接口,差分对	CAN+
24	GND_ISO	电源	信号地	GND
25	GPS_PPS_ISO	O	板卡输出 PPS 信号,LVTTL 电平	PPS
26	GND_ISO	电源	信号地	GND

（续表）

序号	引脚	I/O	描述	对应线束型号
27	+5 V_USB	电源	UBS 电源（不间断电源）+5 V DC	USB
28	USB_D−	I/O	对外 USB 地	
29	USB_D+	I/O	对外 USB 地	
30	GND_USB	电源	USB 地	
31	GND_ISO	电源	信号地	

（2）GPS 主机坐标系

GPS 主机上有坐标系标识。GPS 主机坐标系如图 2-2-16 所示。其中，x 轴指向壳体右侧，垂直于 Z、Y 方向；y 轴垂直于壳体无插头的方向；z 轴垂直于上壳体，沿壳体指向天；设备坐标系为设备壳体所示坐标系。

除此之外，还有地理坐标系和载体坐标系配合使用。在地理坐标系中，x 轴指向东；y 轴指向北；z 轴指向天。地理坐标系如图 2-2-17 所示。在载体坐标系中，x 轴遵从右手坐标系，指向车体右侧；y 轴指向载体前进方向；z 轴垂直于大地水平面，沿车体指向天。载体坐标系如图 2-2-18 所示。在安装 GPS 主机时，坐标系方向应与载体方向保持一致，这样车辆才能够正常行驶。

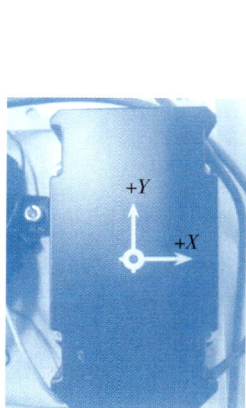

图 2-2-16　GPS 主机坐标系　　　图 2-2-17　地理坐标系　　　图 2-2-18　载体坐标系

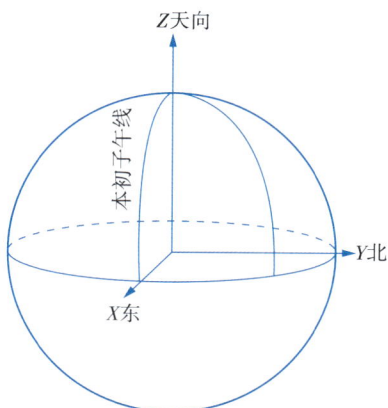

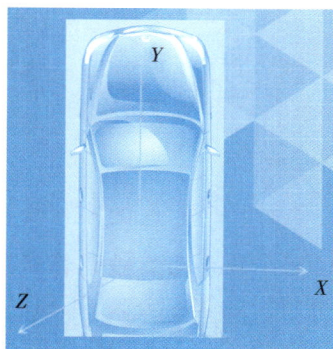

2. 天线

在自动驾驶低速车中装有两个天线，分别是前天线和后天线。它们属于测量型卫星天线。前天线是主天线，负责接收卫星信号；后天线是从天线负责主天线的卫星信号补偿，信号接口为 TNC 母口。

3. 数据通信线束

数据通信线束（图 2-2-19）是连接天线和 GPS 主机的物理介质，负责信号传递。

不同的数据通信线束连接端口不同，COM0（RS232）与车上的 RS232 接口相连；COM1

（RS422）与车上的 RS422 接口相连；GNSS_COM3（RS232）与车上的 RS232 接口相连；USB 与车上的 USB 接口相连；网口连接路由器；CAN_H/CAN_L 连接 CAN 通信；POWER＋12/POWER_GND 连接 12 V 电源。在另一端将所有的接口融合为 M1 全状态数据线，负责连接 GPS 主机 POWER/DATA 插座接口。

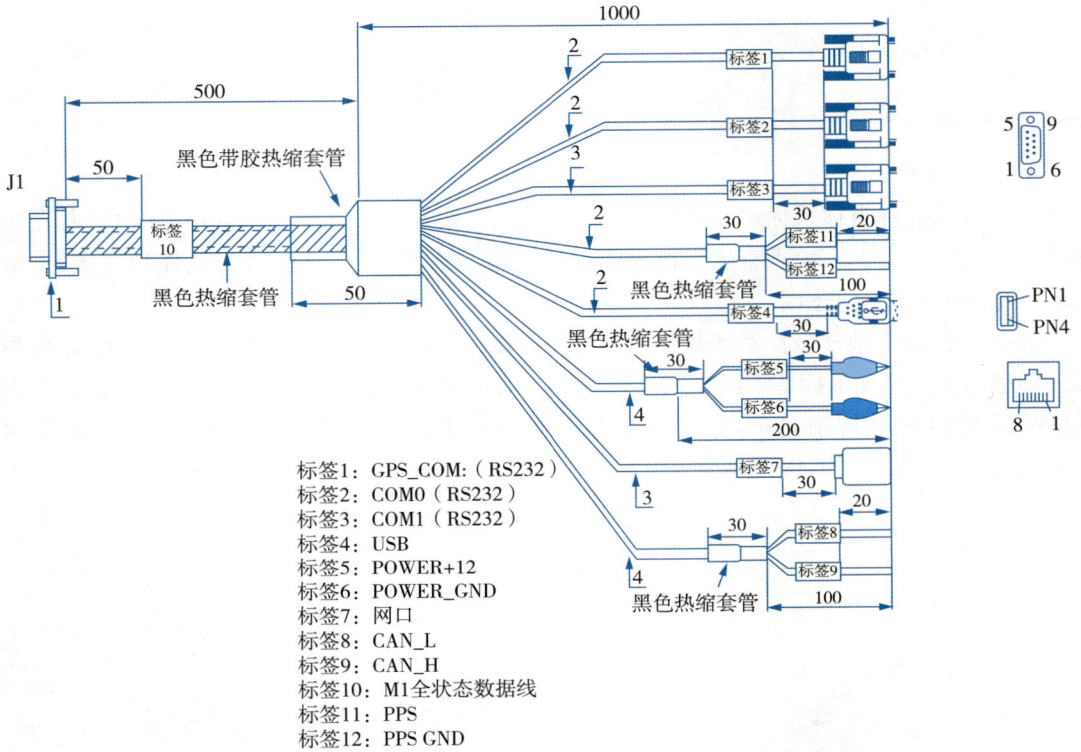

标签1：GPS_COM：（RS232）
标签2：COM0（RS232）
标签3：COM1（RS232）
标签4：USB
标签5：POWER+12
标签6：POWER_GND
标签7：网口
标签8：CAN_L
标签9：CAN_H
标签10：M1全状态数据线
标签11：PPS
标签12：PPS GND

图 2-2-19　数据通信线束

（二）车载 GPS 的工作流程

当车载自动驾驶计算机将 GPS 模块的配置报文经 USB（USB 转 RS232，即 COM0RS232 端口）发给 GPS 接收器，GPS 接收器配置成功后开始接收卫星信号，RTK 信号进行内部解算，并将解算后的航向、姿态、位置等信息通过 USB 端口发送给车载自动驾驶计算机单元，车载自动驾驶计算机单元融合其他的感知数据及自动驾驶控制算法，输出整车的执行器控制信号（转向制动油门挡位灯光控制等信号）至线控底盘网关，从而实现车辆的自动驾驶功能。车载 GPS 的工作过程如图 2-2-20 所示。

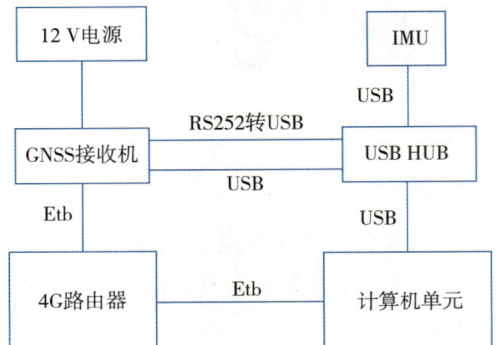

图 2-2-20　车载 GPS 的工作过程

实践任务　车载卫星导航定位系统整车联调测试

任务目标

1. 能完成 Xshell、RS232 转 USB 驱动及 GNSS 接收机的 USB 驱动安装；

2. 能完成 GNSS(全球导航卫星系统)接收机设备的安装；

3. 能完成车载卫星导航定位系统参数配置；

4. 能正确使用自动驾驶车辆维修手册、车载卫星导航定位系统手册和工作页等参考资料独立规范地完成功能模块离线验证；

5. 能完成车载卫星导航定位系统整车联调；

6. 能掌握 7S 管理规范,并按照规范完成实训任务,养成良好的职业习惯；

7. 实施计划。

【微课】
车载卫星导航定位系统
整车联调测试

实施计划

请在表格中写出本次任务的实施计划:

任务准备

请在表格中勾选出本次任务需要使用的物品:

设备	□自动驾驶低速车开发套件 □卫星天线 □数据/电源线缆	□M2 主机 □射频连接线
工具	□汽车维修工具套件 □水平测量仪	□笔记本电脑一台
量具	□卷尺	□直尺
耗材	□防静电手套 □杜邦线	□抹布 □扎带
软件	□RS232 转 USB 驱动 □COMCenter □RTK 服务	□CP210xUSB 驱动 □M2USB 输出驱动

任 务 实 施

产品信息记录

查阅《车载卫星导航定位系统使用手册》,记录产品信息

航向	单点		姿态	单点		位置	单点	
	RTK			RTK			RTK	
	后处理			后处理			后处理	

数据更新速率			陀螺零偏稳定性	
波特率			加表零偏稳定性	
陀螺量程			供电电压	
加表量程			额定功率	
COM 通信线种类			电源线电芯	
CAN 通信线线芯			PPS 数据线种类	
接主天线接口			接从天线接口	

一、实训操作前准备

1. Xshell 软件安装

① 启动安装程序,在弹出的"许可证协议"的对话框中选择"我接受",并点击"下一步";

② 自定义用户名,点击"下一步";

③ 点击"浏览"自定义安装目标文件夹,点击"下一步";

④ 点击"完成"后,安装结束

2. 驱动安装

① 双击 RS232 转 USB 驱动安装文件"CDM21226_Setup.exe";

② 根据安装向导完成安装;

③ 双击 GNSS 接收机的 USB 驱动安装文件"VCP_V1.5.0_Setup_W7_x64_64bits.exe";

④ 根据安装向导完成安装

二、GNSS 接收机设备安装

1. GNSS 接收机外观检查

① 检查 GNSS 接收机外观;

② 检查 GNSS 天线外观;

③ 检查天线射频连接线两端插件;

④ 检查 GNSS 接收机全状态数据线端口;

⑤ 检查 RS232 转 USB 串口转接线两端端口;

（续表）

	⑥ 检查网线是否完好	
外观检查情况记录	GNSS 接收机外观(□是　□否)完好	
	SEC 插件接口(□是　□否)完好	
	PRI 插件接口(□是　□否)完好	
	POWER/DATA 插件接口(□是　□否)完好	
	GNSS 天线外观(□是　□否)完好,插件接口(□是　□否)完好	
	GNSS 天线产品型号标识是＿＿＿＿＿＿＿＿＿＿＿＿＿＿＿＿＿＿	
	天线射频连接线两端插件(□是　□否)完好	
	GNSS 接收机全状态数据线的 COM0、COM1、COM3、网口、USB、电源正负极线、PPS 数据线、CAN_H/CAN_L 线各端口(□是　□否)完好。若有损坏,损坏的部件是＿＿＿＿＿＿＿＿	
	RS232 转 USB 串口转接线两端端口(□是　□否)完好	
	网线(□是　□否)完好	

2. GNSS 接收机全状态数据线束连接

① 将 GNSS 接收机全状态数据线 COM0 端连接至合适位置;
② 将 GNSS 接收机全状态数据线网口与网线连接;
③ 使用合适工具依次卸下自动驾驶套件电气盒盖板上的 4 个螺丝,然后取下盖板;
④ 将 GNSS 接收机全状态数据线及天线射频连接线预埋至自动驾驶低速车中

安装情况记录	GNSS 接收机全状态数据线 COM0 端与＿＿＿＿＿＿＿＿＿＿连接
	卸下电气盒盖板上的 4 个螺丝使用的工具是＿＿＿＿＿＿＿＿＿

3. GNSS 天线安装

确定自动驾驶低速车中轴线位置,并将 GNSS 天线安装至合适位置

天线安装步骤	步骤 1	
	步骤 2	
	步骤 3	
	步骤 4	

4. GNSS 接收机安装

① 将 GNSS 接收机上表面 Y 轴与自动驾驶低速车前进方向保持一致,将 GNSS 接收机安装到自动驾驶套件电气盒底板上并固定;
② 将 GNSS 接收机全状态数据线主机端接口与"POWER/DATA"接口连接,并将其锁止;
③ 将前天线的射频连接线接入 GNSS 接收机 SEC 接口,手动拧紧;
④ 将后天线的射频连接线接入 GNSS 接收机 PRI 接口,手动拧紧;
⑤ 将 RS232 转接线与车载 USB 集线器连接;
⑥ 将 GNSS 接收机全状态数据线 USB 端与车载 USB 集线器连接;
⑦ 将网线与车载 4G 路由器连接;

（续表）

⑧ 将 GNSS 接收机全状态数据线正、负极端子分别与整车 12 V 配电盒正、负极按极性连接	
安装情况 记录	安装时 GNSS 接收机上表面 Y 轴与自动驾驶低速车前进方向（□是　□否）保持一致
	连接线束时（□是　□否）将全状态数据线主机端接口与"POWER/DATA"接口连接，（□是　□否）锁止
	将前天线的射频连接线接入 GNSS 接收机_____接口。将后天线的射频连接线接入 GNSS 接收机_____接口
	（□是　□否）将 RS232 转接线与车载 USB 集线器连接
	将网线与_____连接
	GNSS 接收机全状态数据线正、负极端子分别与_____按极性连接

三、车载卫星导航定位系统参数配置

1. 车载卫星导航定位系统杆臂值测量

（1）Y 轴方向杆臂误差值测量

注意事项：

Y 轴方向杆臂误差值是指后天线中心点垂直于 GNSS 接收机中心点 X 轴的距离。

① 将激光测距仪垂直向下放置在后天线固定点下方，激光测距仪在自动驾驶低速车上生成的激光点即后天线固定点在车身上的投影，用记号笔标记投影点 a（图 2-2-21）；

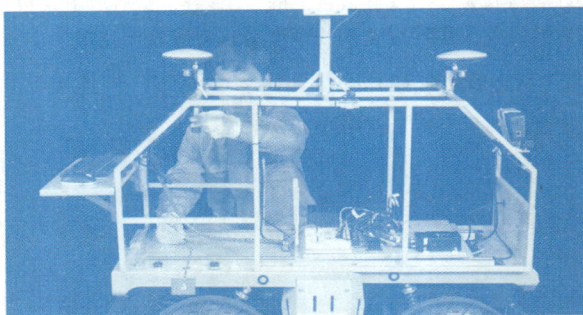

图 2-2-21　激光测距仪在自动驾驶低速车上生成的激光点 a

② 在后天线固定点 Y 轴方向的车身支架上另选一点，使用激光测距仪确定其在车身上的投影，用记号笔标记投影点 b，激光测距仪在自动驾驶低速车上生成的激光点 b 如图 2-2-22 所示；

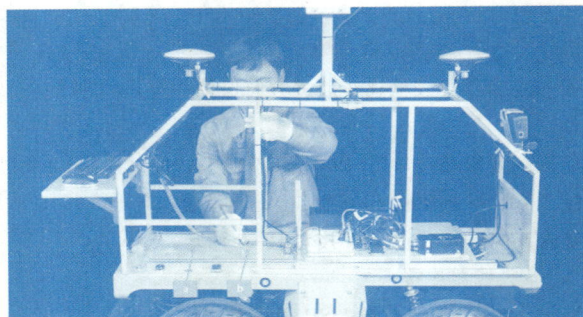

图 2-2-22　激光测距仪在自动驾驶低速车上生成的激光点 b

（续表）

③ 使用直尺和记号笔将两个投影点 a、b 连成一条线段；

④ 作出一条过 a 点且垂直于线段 ab 的直线 ac；

⑤ 使用卷尺测量 GNSS 接收机中心点到直线 ac 的垂直距离 L_1；

⑥ 测量并记录后天线中心点到固定点的水平距离 L_2；

⑦ L_1 与 L_2 的距离之和即 Y 轴方向杆臂误差值，记录该数值。

（2）X 轴方向杆臂误差值测量

注意事项：

X 轴方向杆臂误差值是指后天线中心点垂直于 GNSS 接收机中心点 Y 轴方向的距离。

使用卷尺测量 GNSS 接收机中心点到线段 ab 延长线的垂直距离 L_3，该距离即 X 轴方向杆臂误差值，记录该数值。

（3）Z 轴方向杆臂误差值测量

注意事项：

Z 轴方向杆臂误差值是指后天线中心点到 GNSS 接收机中心点的垂直高度。

① 使用直尺测量 GNSS 接收机在 Z 轴方向的高度，高度的一半即 GNSS 接收机几何中心距其上表面的距离 H_1；

② 使用卷尺测量 GNSS 接收机上表面到天线安装高度所在平面的垂直高度 H_2；

③ 使用卷尺测量安装支架固定点到后天线几何中心的高度 H_3；

④ H_1、H_2、H_3 三者的高度之和即 Z 轴方向杆臂误差值，记录该数值

Y 轴方向杆臂误差值	在图 2-2-23 中标出 L_1 和 L_2 的测量位置： 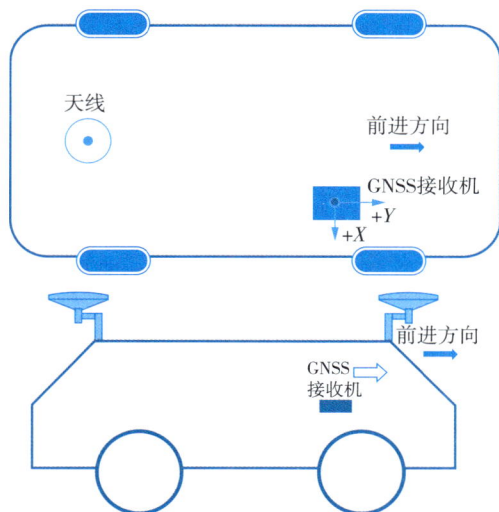 图 2-2-23　Y 轴方向杆臂误差测量示意
	实际测得的 GNSS 接收机中心点到直线 ac 的垂直距离 L_2 是＿＿＿＿＿＿
	实际测得的后天线中心点到固定点的距离 L_2 是＿＿＿＿＿＿
	Y 轴方向杆臂误差值计算公式：$L_1+L_2=Y$ 轴方向杆臂误差值
	实际计算的 Y 轴方向杆臂误差值是＿＿＿＿＿＿

（续表）

X 轴方向杆臂误差值	在图 2-2-24 中标出 L_3 的测量位置： 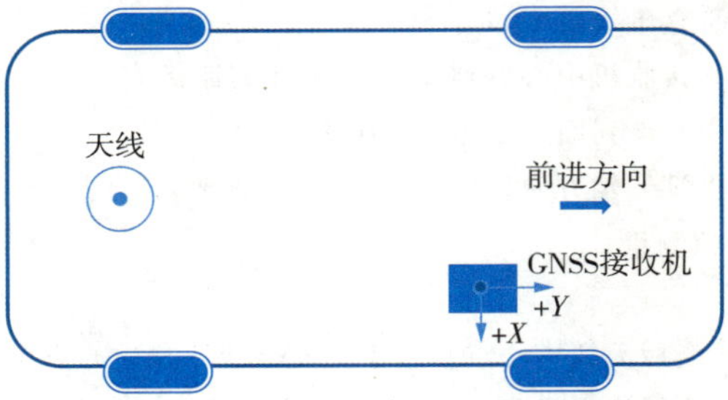 图 2-2-24　X 轴方向杆臂误差测量示意
	实际测得的 GNSS 接收机中心点到线段 ab 延长线的垂直距离 L_3 是＿＿＿＿＿＿＿＿
	X 轴方向杆臂误差值是＿＿＿＿＿＿＿＿
Z 轴方向杆臂误差值	在图 2-2-25 中标出 H_1、H_2 和 H_3 的测量位置： 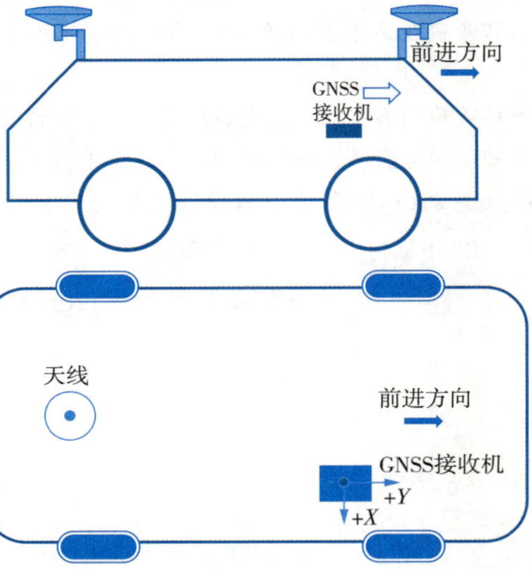 图 2-2-25　Z 轴方向杆臂误差测量示意
	实际测量的 GNSS 接收机在 Z 轴方向的高度是＿＿＿＿＿＿＿＿。GNSS 接收机几何中心距其上表面的距离 H_1 是＿＿＿＿＿＿＿＿
	实际测量的 GNSS 接收机上表面到天线安装高度所在平面的垂直高度 H_2 是＿＿＿＿＿＿
	实际测量安装支架固定点到后天线几何中心的高度 H_3：＿＿＿＿＿＿＿＿
	Z 轴方向杆臂误差值计算公式：$H_1+H_2+H_3＝Z$ 轴方向的杆臂误差值
	Z 轴方向杆臂误差值是＿＿＿＿＿＿＿＿

2. 车载卫星导航定位系统参数配置

（1）准备工作

① 将车辆开至合适位置；

② 连接相关线束；

③ 电脑设备管理器数据正常。

（续表）

（2）导航模式配置设置

① 在 GNSS 接收机的产品手册中查阅并记录 GNSS 接收机的通信速率。

② 打开 COMCenter 软件，选择"COM6"串口，选择与设备相匹配的通信速率"115200bps"。

注意事项：

不要选择"16 进制收""16 进制发"模式。

③ 根据导航模式设置要求，在控制台中输入配置命令。

- 精对准设置命令：$ cmd,set,navmode,finealign,off * ff。
- 粗对准设置命令：$ cmd,set,navmode,corsealign,off * ff。
- 动态对设置命令：$ cmd,set,navmode,dynamicalign,on * ff。
- 卫星定位设置命令：$ cmd,set,navmode,gnss,double　* ff。
- 车载模式设置命令：$ cmd,set,navmode,carmode,on * ff。
- 零速模式设置命令：$ cmd,set,navmode,zupt,on * ff。
- 固件索引设置命令：$ cmd,set,navmode,firmwareindex,0 * ff。

④ 当发送完配置命令后，若反馈配置状态字段为" $ cmd,config,ok * ff"，说明配置成功。

⑤ 对配置进行保存，输入设置指令：" $ cmd,save,config * ff"。

⑥ 配置保存完成后，需要对 GNSS 接收机重新上电。

（3）车载卫星导航定位系统协议输出配置

① 以 GNSS 接收机全状态数据线上的 USB 端口作为导航数据输出端口，对其进行配置。

② 根据协议输出配置要求在控制台中输入配置命令：

$ cmd,output,usb0,rawimub,0.010 * ff；

$ cmd,output,usb0,inspvab,0.010 * ff；

$ cmd,through,usb0,bestposb,1.000 * ff；

$ cmd,through,usb0,rangeb,1.000 * ff；

$ cmd,through,usb0,gpsephemb,1.000 * ff；

$ cmd,through,usb0,gloephemerisb,1.000 * ff；

$ cmd,through,usb0,bdsephemerisb,1.000 * ff；

$ cmd,through,usb0,headingb,1.000 * ff。

③ 配置成功后，需要输入保存设置的指令" $ cmd,save,config * ff"，对配置进行保存。

④ 输入当前协议输出配置状态命令" $ cmd,get,output　* ff"验证协议，检查输出配置是否配置成功。

（4）车载卫星导航定位系统杆臂误差值及差分数据配置

① 将自动驾驶低速车上电，进入"Ubuntu"系统。

② 右击桌面上"打开终端"，输入命令"ifconfig"查看以太网端口"eth0"。

③ 读取自动驾驶低速车计算单元的 IP 地址（"192.168.1.9"），子网掩码是"255.255.255.0"。

④ 将笔记本电脑连接自动驾驶低速车的 4G 路由器无线网络。

⑤ 打开 Xshell 软件，新建会话，创建会话名称，以"apollo"为例，输入车载计算单元的 IP 地址。

⑥ 输入车载计算单元的用户名及密码，"点击确定"进行用户身份认证，选择会话"apollo"，点击"连接"，进入终端界面。

⑦ 输入"cd/apollo"命令，将当前目录切换到 apollo 源码所在目录。

- 执行"docker/scripts/dev_into.sh"命令。

（续表）

- 执行". /scripts/bootstrap. sh"命令。
⑧ 用谷歌浏览器访问"http://localhost:8888"网址。点击"Setup Wizard"菜单，在"车辆配置界面"中点击"下一步"，进入"GPS 接收机配置"界面，对接收机的参数进行配置。
⑨ RTK 的配置参数是由差分数据服务商提供的，本实训采用的服务是"千寻厘米级定位服务"。
- RTK 基站地址：203.107.45.154。
- RTK 基站端口：8002。
- RTK 基站用户名：＊＊＊＊＊＊。
- RTK 基站密码：＊＊＊＊＊＊。
- RTK 基站挂载点：RTCM32_GGB。
- HeadOffset 是指天线角度补偿设置，默认配置为"0"。如果天线不是前后安装的，而是左右安装的，那么需要进行天线角度补偿设置；此处设置为"0.0000"。
- 配置 GNSS 接收机 IP 地址，使用车载 4G 无线路由器 IP 网段未被占用的 IP 地址。
- 配置 GNSS 接收机 IP 子网掩码。
- 配置 GNSS 接收机 IP 网关为车载 4G 无线路由器的默认 IP 地址"192.168.1.1"。
⑩ 杆臂值参数按照"车载卫星导航定位系统杆臂值测量"操作步骤中记录的数值进行填写。
⑪ 参数填写完成后，按照 Apollo 配置引导界面，点击"下一步"，完成配置，将车载计算单元关机并进行整车下电再上电

准备工作	将自动驾驶低速车(□是　□否)移至能接收到较强的卫星定位信号的封闭场地
	将车辆上的 RS232 转接线 USB 端口(□是　□否)连接至笔记本电脑
	打开电脑设备管理器，查看 RS232 转接线的设备端口号，端口号为＿＿＿＿＿＿＿＿
导航模式配置设置记录	产品手册提供的 GNSS 接收机的通信速率是＿＿＿＿＿＿＿＿
	打开 COMCenter 软件，选择＿＿＿＿＿＿＿＿串口，选择与设备相匹配的通信速率＿＿＿＿＿＿＿＿
	(□是　□否)按照正确的设置命令要求，在控制台中输入配置命令
	发送完配置命令后，反馈配置状态字段为＿＿＿＿＿＿＿＿。配置(□是　□否)成功
车载卫星导航定位系统协议输出配置记录	(□是　□否)按照正确的设置命令要求，在控制台中输入配置命令
	发送完配置命令后，反馈配置状态字段为＿＿＿＿＿＿＿＿。配置(□是　□否)成功
	(□是　□否)输入车载卫星导航定位系统的导航状态命令，检查导航配置(□是　□否)成功；配置导航(□是　□否)成功
	(□是　□否)按照正确的设置命令要求，在控制台中输入配置命令
车载卫星导航定位系统杆臂误差值及差分数据配置记录	在进行车载卫星导航定位系统杆臂误差值及差分数据配置之前，(□是　□否)将与笔记本电脑连接的 RS232 转接线 USB 端口断开，重新连接至车载 USB 集线器
	读取的自动驾驶低速车计算单元的 IP 地址为＿＿＿＿＿＿＿＿，子网掩码是＿＿＿＿＿＿＿＿
	打开 Xshell 软件，输入的车载计算单元的 IP 地址是＿＿＿＿＿＿＿＿

（续表）

四、自动驾驶系统功能模块离线验证

① 将自动驾驶低速车上电,进入 Ubuntu 系统;

② 右击桌面上"打开终端",输入命令"ifconfig"查看以太网端口"eth0"。

③ 读取自动驾驶低速车计算单元的 IP 地址,IP 地址为"192.168.1.9",子网掩码是"255.255.255.0"。

④ 使笔记本电脑连接自动驾驶低速车的 4G 路由器无线网络。

⑤ 打开 Xshell 软件,"新建"会话,创建会话名称,以"apollo"为例,输入车载计算单元的 IP 地址。

⑥ 输入车载计算单元的用户名及密码,点击"确定"进行用户身份认证,选择会话"apollo",点击"连接",进入终端界面。

⑦ 输入"cd /apollo"命令,将当前目录切换到 apollo 源码所在目录:

● 执行"docker/scripts/dev_into.sh"命令。

● 执行". /scripts/bootstrap/sh"命令。

⑧ 若界面中显示"Dreamview is running at http://localhost:8888",用谷歌浏览器能成功访问"http://localhost:8888",则表示 apollo Dreamview 已正常启动。

⑨ 返回终端,执行"rosbag play demo_2.5.bag",进入"apollo Dreamview"。

⑩ 在 Module Controller 界面上"Modules"中分别启动"Control""Perception""Prediction""Planning"模块。

⑪ 若数据回放正常,则说明自动驾驶系统功能模块状态正常

自动驾驶系统功能模块离线验证记录	将自动驾驶低速车上电,进入_____系统
	读取的自动驾驶低速车计算单元的 IP 地址为_____,子网掩码是_____
	使笔记本电脑连接自动驾驶低速车的_____
	打开 Xshell 软件,输入车载计算单元的 IP 地址:_____
	(□是　□否)输入车载计算单元的用户名及密码
	(□是　□否)输入"cd /apollo"命令,将当前目录切换到 apollo 源码所在目录,执行相关命令
	数据(□是　□否)回放正常,自动驾驶功能模块状态(□是　□否)正常

五、车载卫星导航定位系统整车联调及常见故障排查

1. 整车联调测试

① 通过笔记本 Xshell 软件远程进入 Dreamview,用谷歌 Chrome 浏览器登入 Dreamview web 网址"192.168.1.9:8888",访问 Dreamview 界面;

② 进入"Module Controller"栏,在"modules"中启动"GPS"和"IMU"模块;

③ 观察左侧"Hardware-GPS"状态,若其由"ERROR"变为"OK",则 GPS 已启动;

④ 返回终端,输入"rostopic echo /apollo/sensor/gnss/best_pose",查看 GPS 后台数据,如果有数据显示,说明 GPS 与自动驾驶系统通信正常

整车联调测试记录	(□是　□否)用谷歌 Chrome 浏览器登入 Dreamview web 网址"192.168.1.9:8888",访问 Dreamview 界面
	(□是　□否)进入"Module Controller"界面,在"modules"中分别启动_____模块
	观察左侧"Hardware-GPS"状态,"ERROR"(□是　□否)变为"OK"
	输入命令"rostopic echo /apollo/sensor/gnss/best_pose",(□是　□否)有惯性测量单元后台数据显示,如果有数据显示,说明_____

（续表）

2. 录制地图			
遥控自动驾驶低速车，开始录制地图			
录制地图记录	步骤1	（□是　□否）返回 dreamview "Module Controller" 界面	
	步骤2	（□是　□否）关闭 "Ultrasonic"	
	步骤3	启动 _____ 3 个模块	
	步骤4	进入 "Tasks" 界面，点击右侧 "Start record map"	
	步骤5	通过遥控器控制车辆行驶，行驶过程中（□是　□否）出现倒车现象。若出现倒车，需 _____	
	步骤6	自动驾驶车辆到达目标地点后，（□是　□否）在 "Tasks" 界面右侧点击 "Stop" 命令，结束地图录制	
	步骤7	遥控车辆返回录制起点	

3. 基于车载卫星导航定位系统的循迹功能验证		
进行车载卫星导航定位系统的循迹功能验证		
循迹功能验证记录	步骤1	选择录制的地图，刷新界面
	步骤2	进入 "Module Controller" 界面，启动 _____ 模块
	步骤3	进入 "Routing adding" 界面，（□是　□否）在地图路径上标记终点位置，（□是　□否）点击 "Send Routing Request"，定义目标终点是 _____
	步骤4	遥控车辆，车辆位置和方向与地图路径的起点位置（□是　□否）吻合，此时地图路径上显示的终点及路径规划信息是 _____
	步骤5	返回 "Module Controller" 界面，启动 _____ 模块
	步骤6	返回 "Tasks" 界面，开启 "Start Auto" 功能，观察界面右侧，右侧的现象：_____
	步骤7	（□是　□否）将自动驾驶遥控器由手动控制状态切换为自动驾驶状态
	步骤8	自动驾驶低速车按照预定路径自动行驶，说明：_____

4. 车载卫星导航定位系统整车联调常见故障排查

（1）供电电源排查

① 将数字万用表调整到电压 20 V/DC 挡位，使数字万用表红表笔与整车电源配电盒正极端相连，黑表笔与整车电源配电盒负极端相连；

② 观察电压表读数，若电压值为 12 V 左右，则说明电源供电正常。若电压值为 0 V，则说明车载系统未通电，需继续排查供电系统。

（2）USB 驱动故障排查

① 将自动驾驶低速车上电；

② 右击打开终端，输入命令 "ls - l/dev/imu" 检查 IMU USB 端口连接状态；

（续表）

	③ 若显示出 USB 端口号,则表示自动驾驶计算机已识别惯性测量单元的 USB 驱动; ④ 若不显示 USB 端口号,则表示自动驾驶计算机未识别惯性测量单元的 USB 驱动,需检查惯性测量单元的线束连接状态或更换惯性测量单元
供电电源 排查记录	将数字万用表(□是　□否)调整到电压 20 V/DC 挡位,红表笔连接＿＿＿＿＿＿＿＿＿＿, 黑表笔连接＿＿＿＿＿＿＿＿＿＿ 观察到的电压值是＿＿＿＿＿＿＿＿V。标准值是＿＿＿＿＿＿＿＿。实际数值(□是　□否)与标准值相符。若不相符说明＿＿＿＿＿＿＿＿。处理方式是＿＿＿＿＿＿＿＿
故障排查记录	实际检查的 IMU USB 端口连接状态是＿＿＿＿＿＿＿＿＿＿＿＿＿＿＿＿ (□是　□否)显示 USB 端口号,未显示说明:＿＿＿＿＿＿＿＿＿＿＿＿。 处理方式是＿＿＿＿＿＿＿＿＿＿＿＿＿＿＿＿

任务总结

请对本任务的完成情况及相关思考进行总结并填写:

评 价 与 反 馈

车载卫星导航定位系统整车联调测试		实训日期：			
姓名：	班级：	学号：		指导老师签字：	
序号	评分项	得分条件	分值	评分要求	得分
1	安全/7S/态度	□① 能进行工位 7S 操作 □② 能确认设备工具是否正常 □③ 能进行高压安全防护操作 □④ 能进行工具清洁、校准、存放操作 □⑤ 能进行"三不落地"操作	10 分	未完成 1 项 扣 2 分	
2	设备选型及 硬件接口识别	□① 能正确识别相关设备的型号，并掌握设备的选型方法 □② 能正确识别相关硬件接口，并掌握接口连接方法 □③ 能完成相关元器件的测试与安装作业	5 分	未完成 1 项 扣 2 分	
3	专业技能	车载卫星导航定位系统功能检测实训准备： □① 能完成 Xshell 软件安装 □② 能完成 RS232 转 USB 驱动安装 □③ 能完成 GNSS 接收机的 USB 驱动安装 GNSS 接收机设备安装： □① 能完成 GNSS 接收机外观检查 □② 能完成 GNSS 接收机全状态数据线束连接 □③ 能完成 GNSS 天线安装 □④ 能完成 GNSS 接收机安装 □⑤ 能完成姿态测试 车载卫星导航定位系统参数配置： □① 能完成车载卫星导航定位系统杆臂值测量 □② 能完成车载卫星导航定位系统参数配置 自动驾驶系统功能模块离线验证： □① 能完成自动驾驶系统功能模块安装 □② 能完成自动驾驶系统功能模块验证 车载卫星导航定位系统整车联调及常见故障排查： □① 能完成整车联调测试 □② 能完成自动驾驶循迹功能测试 □③ 能完成车载卫星导航定位系统整车联调常见故障排查	50 分	未完成 1 项 扣 3.5 分	

（续表）

序号	评分项	得分条件	分值	评分要求	得分
4	工具及设备的使用能力	□① 能正确使用自动驾驶低速车开发套件 □② 能正确使用汽车维修工具套件	10 分	未完成 1 项扣 5 分	
5	资料、信息查询能力	□① 能正确使用自动驾驶车辆维修资料、工艺文件等资料 □② 能在规定时间内完成与实训相关的资料查询	10 分	未完成 1 项扣 5 分	
6	数据判读和报告的撰写能力	□① 能根据功能模块离线验证数据，来判断自动驾驶功能模块状态是否正常 □② 能根据车载卫星导航定位系统整车联调测试数据，来判断车载卫星导航定位系统与自动驾驶系统通信是否正常 □③ 能根据车载卫星导航定位系统的循迹功能验证数据，来判断自动驾驶循迹功能是否正常 □④ 能根据整车联调常见故障排查数据，来判断车辆是否有故障	10 分	未完成 1 项扣 3 分	
7	表单填写	□① 字迹清晰 □② 语意通顺 □③ 无错别字 □④ 无大面积涂改 □⑤ 填写内容完整	5 分	未完成 1 项扣 1 分	
总分					

任务 3　车载惯性导航系统认知与装调

惯性导航系统是一种使用陀螺仪和加速度计作为敏感器的导航参数计算系统。该系统利用陀螺仪的输出来建立导航坐标系，并通过加速度计的输出来计算运载体在导航坐标系中的速度和位置。其工作原理基于牛顿经典力学：如果一个物体没有外力作用，它将保持静止或匀速直线运动；通过测量加速度并进行两次积分，可以获得位移，从而实现位置定位；通过积分测量角速度可以获得位置信息。将这些信息结合起来，可以获取物体的实际状态。

一、惯性导航系统组成

惯性导航系统主要由惯性测量单元（inertial measurement unit，IMU）、信号预处理单元和机械力学编排 3 个模块组成。惯性导航系统模块示意如图 2-3-1 所示。

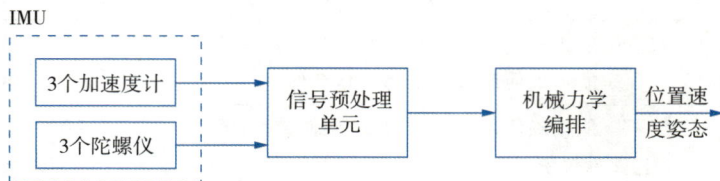

图 2-3-1　惯性导航系统模块示意

(一)惯性测量单元

惯性测量单元(IMU)用来检测加速度、倾斜、冲击、振动、旋转和多自由度运动,包括 3 个相互正交的加速度计(accelerometer)和 3 个相互正交的单轴的陀螺仪(gyroscope)。IMU 结构示意如图 2-3-2 所示。

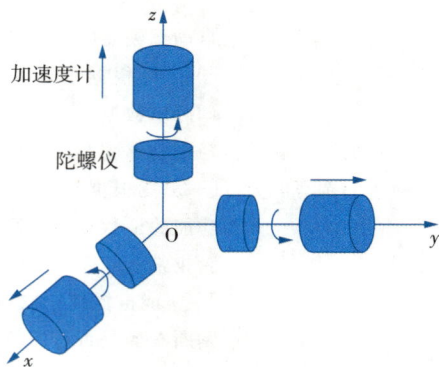

图 2-3-2　IMU 结构示意

1. 加速度计

加速度计用于测量物体的加速度大小和方向。通过对时间的一次积分可以得到速度,再经过对时间的一次积分可以得到位移。传统制造的加速度计体积大、质量大、成本高,限制了其应用场合。随着微机电系统(MEMS)技术的发展,国内外都将微加速度计的研发作为优先项目。MEMS 加速度计采用了微机电系统技术,优点是体积小、质量小、能耗低。

技术成熟的 MEMS 加速度计分为 3 种:压阻式、电容式和压电式。

(1)压阻式 MEMS 加速度计

压阻式 MEMS 加速度计是最早出现的微加速度计。其由压阻、悬臂梁、质量块组成(图 2-3-3)。压阻式 MEMS 加速度计实质上是一个力传感器,它是通过测量固定质量块在受到加速度作用时产生的力来测得加速度的。

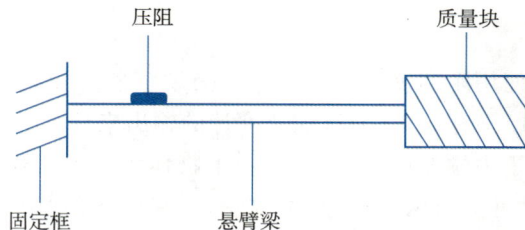

图 2-3-3　压阻式 MEMS 加速度计结构示意

当有加速度输入时,质量块受到惯性力牵引,悬臂梁发生变形,导致固连的压阻膜也随之发生变形,其电阻值就会由于压阻效应而发生变化,导致两端的检测电压值(信号处理电路)发生变化,从而可以通过确定的数学模型推导出输入加速度与输出电压值的关系。

压阻式 MEMS 加速度计结构简单,芯片的制作相对容易并且接口电路易于实现。但是其温度系数较大,对温度较敏感。

(2)电容式 MEMS 加速度计

电容式 MEMS 加速度计由弹性梁、固定电极板、中央动极板、质量块等构成(图 2 - 3 - 4)。其基本原理是通过位移变化来测量电容变化。当有加速度作用时,质量块发生位移,上、下电容发生变化,可以得到电容变化差值,进而得到加速度。

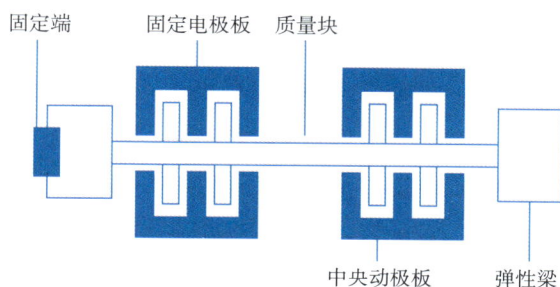

图 2 - 3 - 4 　 电容式 MEMS 加速度计结构示意

电容式 MEMS 加速度计具有灵敏度和测量精度高、稳定性好、温度漂移小、功能消耗极低和过载保护能力强等优点,是目前使用较多的一种 MEMS 加速度计。但其也存在读出电路复杂,易受寄生电容影响、电磁干扰等缺点。

(3)压电式 MEMS 加速度计

压电式 MEMS 加速度计的数学和物理模型与压阻式和电容式 MEMS 加速度计类似,都是通过测量二阶系统中质量块的位移来间接测量加速度的,三者的差别在于测量这个质量块位移的方法。

压电式 MEMS 加速度计主要由压电材料、弹性梁、质量块及上、下电极等组成(图 2 - 3 - 5)。

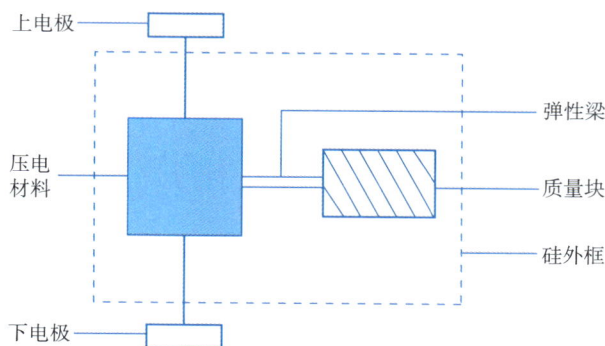

图 2 - 3 - 5 　 压电式 MEMS 加速度计结构示意

压电式 MEMS 加速度计利用了电介质在受力变形时产生极化现象,形成正、负电荷的特性。当外力作用于质量块时,弹性梁上的应力发生变化,进而导致上、下电极间产生电压。通过测量电压的变化,可以获得外界加速度的信息。

2. 陀螺仪

陀螺仪就是高速旋转的陀螺,陀螺与灵活转动抗干扰的万向支架,就组成了晃动空间里动态状态中能指示方向的陀螺仪。

(1)机械陀螺仪

传统机械陀螺仪的原理是基于角动量守恒。当一个物体旋转时,其转轴不会随着支架的旋转而改变。机械陀螺仪由旋转转子、旋转轴和常平架组成(图2-3-6)。旋转转子和旋转轴组合在一起形成陀螺,其作用是提供足够大的转动惯量。常平架是由多个圆环组成的外部结构,这些圆环可以绕不同的轴旋转。通过这种设计,无论外部常平架如何旋转,内部的轴都能保持其原始方向。

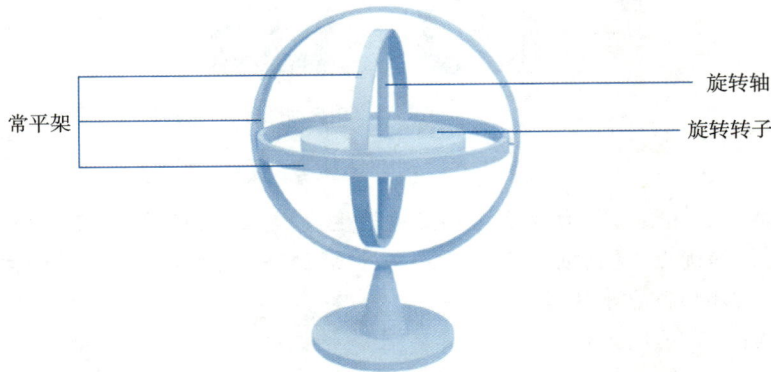

常平架

旋转轴

旋转转子

图2-3-6　机械陀螺仪结构

其工作原理是当我们把陀螺高速旋转起来后,它会产生一个巨大的初始角动量。此时,不管外面的常平架怎么转,陀螺的旋转轴还是指向原来的方向,这就可以帮助我们定向。我们只需要在出发前让陀螺的轴指向我们指定的方向,比如指向我们假定的一个方向"南方",在车辆行驶过程中,我们的汽车与常平架外壳方向锁定。那么在这一刻就可以通过对比陀螺仪转轴与

常平架外壳的夹角和方向来定向。具体测量方式是测量常平架围绕各个轴向的旋转角速率值,通过四元数角度解算形成导航坐标系,使加速度计的测量值投影在该坐标系中,并给出航向和姿态角。陀螺仪坐标系如图2-3-7所示。

(2)MEMS陀螺仪(微机械陀螺仪)

MEMS陀螺仪主要运用科里奥利力(旋转物体在有径向运动时所受到的切向力)原理,利用振动来诱导和探测科里奥利力。MEMS陀螺仪核心是一个微加工机械单元,它在设计上按照音叉机制共振运动,通过科里奥利力原理把角速度转换成一个特

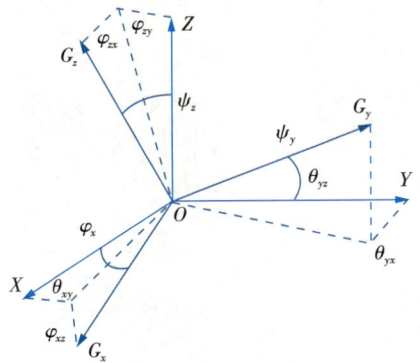

图2-3-7　陀螺仪坐标系

定感测结构的位移。

🔔 知识拓展

● 科里奥利力的由来

科里奥利(Gaspard Gustave de Coriolis,1792～1843)是法国物理学家。1836 年他当选为法国科学院院士。1835 年,科里奥利在《物体系统相对运动方程》的论文中指出:如果物体在匀速转动的参考系中作相对运动,就有一种不同于通常离心力的惯性力作用于物体,并称这种力为复合离心力。后人以他的名字将该复合离心力命名为"科里奥利力"。

● 科里奥利力含义

科里奥利力简称"科氏力",主要是由坐标系的转动与物体在动坐标系中的相对运动引起的,表达式为

$$F_c = 2mV \times \omega$$

式中,F_c 为科氏力;m 为运动物体质量;V 为运动物体的矢量速度;ω 为旋转体系的矢量角速度;$\times$ 表示两个向量的叉乘。

从式中可以看出,当物体运动方向与旋转轴方向平行时科氏力为零。

科里奥利力与离心力一样,都不是真实存在的力,而是惯性效应在非惯性系内的体现。也就是说,从惯性系的角度看,科里奥利力是不存在的。

● 科里奥利力方向

在判断科里奥利力 F_c 方向之前,需先判断角速度 ω 的矢量方向,两者都遵循右手螺旋法则。因此,其方向的判定分为下列两个步骤。

① 角速度方向:右手(除大拇指外)手指顺着转动的方向朝内弯曲,大拇指所指的方向即角速度的矢量方向。角速度方向如图 2-3-8 所示。

② 科里奥利力方向:右手(除大拇指外)手指指向(非惯性系中)物体运动方向,再将四指绕向角速度方向,大拇指所指方向即科里奥利力方向。科里奥利力方向如图 2-3-9 所示。

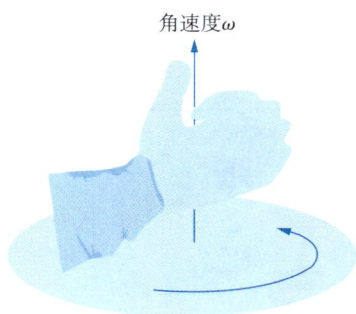

图 2-3-8　角速度方向

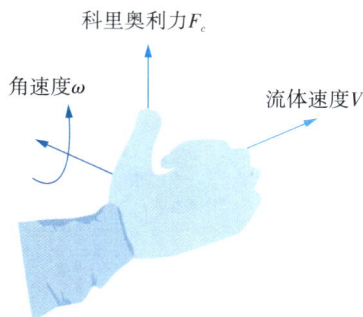

图 2-3-9　科里奥利力方向

MEMS 陀螺仪分类：

可以根据制作材料、振动方式、有无驱动结构、检测方式及加工方式等进行分类。

① 按制作材料可将微机械陀螺仪划分为硅微陀螺仪和非硅微陀螺仪。非硅微陀螺仪包括压电陶瓷陀螺仪和压电石英陀螺仪。压电陶瓷陀螺仪不采用微加工工艺，但需要微光刻技术来保证陀螺的几何尺寸，其尺寸大小与微加工陀螺的尺寸大小相当；压电石英陀螺仪精度高，但生产加工工艺复杂，成本高。硅微陀螺仪是二十世纪八十年代发展起来的一种新型微机电陀螺，它是根据陀螺原理，利用微机电加工技术（MEMS）制造而成的。硅材料又分单晶硅材料和多晶硅材料。

② 按振动方式可将微机械陀螺仪划分为角振动陀螺仪和线振动陀螺仪。角振动陀螺仪围绕一个轴来回振动，线振动陀螺仪沿一条线来回振动。

③ 按有无驱动结构可将微机械陀螺仪划分为有驱动结构和无驱动结构两种方式。

有驱动结构方式又根据不同驱动方式分为静电驱动陀螺仪、电磁驱动陀螺仪和压电驱动陀螺仪。静电驱动陀螺仪采用因在驱动电极上施加变化电压而产生变化的静电力作为驱动力；电磁驱动陀螺仪在电场中，给陀螺仪内部的质量块施加垂直于电场方向的变化电流，将产生的力作为驱动力；压电驱动陀螺仪在陀螺的驱动电极上施加变化的电压，陀螺随之发生形变。

无驱动结构方式主要利用旋转体自身旋转作为动力来源，省略驱动装置，结构简单，成本低，可靠性高。无驱动结构微机械陀螺仪是专用于旋转体的陀螺。

④ 按检测方式可将微机械陀螺仪划分为压电式陀螺仪、压阻式陀螺仪、电容式陀螺仪和光学陀螺仪。

⑤ 按加工方式可将微机械陀螺仪划分为体加工微机械陀螺仪、表面加工陀螺仪及微电子工艺陀螺仪。体加工工艺和表面加工工艺与微电子工艺兼容，是可以与微电子电路实现单片集成制造的工艺，适合低成本的大批量微型零件和微系统器件的加工制造；但可用的材料种类相对比较少，能加工的零件尺寸范围窄，适合尺度为 $0.1 \sim 100 \ \mu m$ 的零件加工，能制造的零件形状相对简单。形状复杂的结构和部件则需要用微电子等加工工艺来制造。

MEMS 陀螺仪的基本结构如图 2-3-10 所示，其由弹簧、监测电极、驱动电极组成。图中 $F_c(t)$ 代表由于旋转角速度 ω 和平面运动速度 $v(t)$ 所引起的科里奥利力。

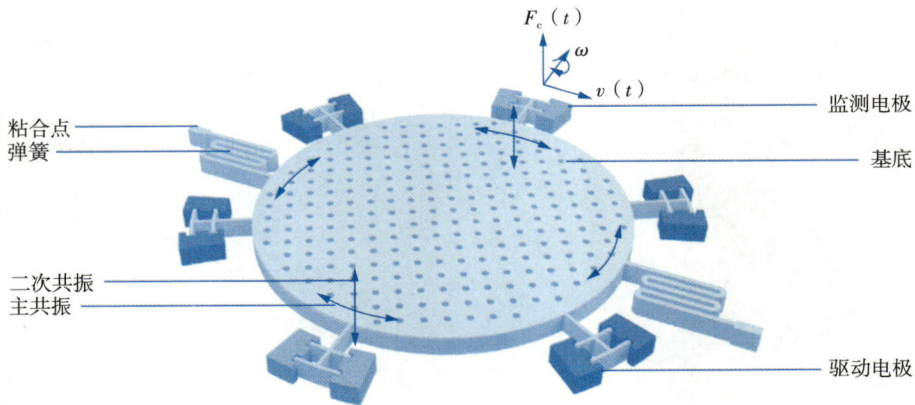

图 2-3-10　MEMS 陀螺仪的基本结构

　　MEMS 陀螺仪的运动结构非常小,运动极板的直径只有十分之几毫米,厚度只有百分之一毫米。所以必须有效排除外界机械效应的影响才能保证测量的精度,如需要用密封封装来排除灰尘的影响。图 2-3-11 所示为 MEMS 陀螺仪感应部分横截面,其内部必须是绝对的真空,因为残存的空气会在一定程度上阻碍极板质量块的运动,这将导致不能产生合适的共振。

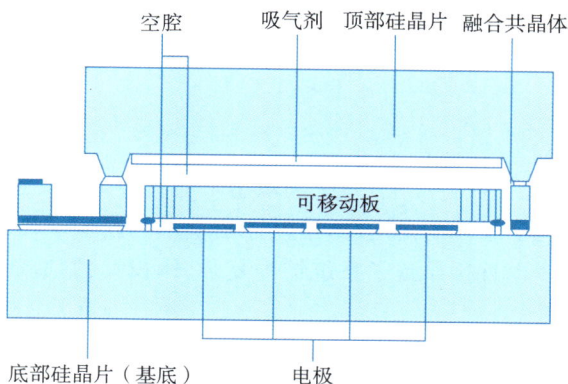

图 2-3-11　MEMS 陀螺仪感应部分横截面

　　MEMS 陀螺仪工作原理:利用科里奥利力(旋转物体在径向运动时所受到的切向力),旋转中的 MEMS 陀螺仪可对各种形式的直线运动进行反映,通过记录陀螺仪部件受到的科里奥利力可以进行运动的测量与控制。为了产生这种力,MEMS 陀螺仪通常安装有两个方向的可移动电容板,径向的电容板加振荡电压迫使物体作径向运动,横向的电容板测量由横向科里奥利运动带来的电容变化。这样,MEMS 陀螺仪内的“陀螺物体”在驱动下就会不停地来回作径向运动或振荡,从而模拟出科里奥利力不停地横向来回变化的运动,并可在横向作与驱动力差 90°的微小振荡。这种科里奥利力好比角速度,所以由电容的变化便可以计算出 MEMS 陀螺仪的角速度。

(二)信号预处理单元

　　信号预处理单元对惯性测量单元输出信号进行信号调理、误差补偿并检查输出量范围等,以确保惯性测量单元正常的工作。

(三)机械力学编排

　　机械力学编排是对惯性导航系统在机械实体布局、坐标系和求解方式等方面的描述。它涉及将惯性导航系统的输出信息转化为载体实时速度和位置的过程,并用力学编排方程对解析表达式进行推导。根据机械力学编排的形式,惯性导航系统可分为平台式惯性导航系统(GINS)和捷联式惯性导航系统(SINS)两种。

1. 平台式惯性导航系统

　　平台式惯性导航系统是将陀螺仪和加速度计等惯性测量单元通过支架平台与载体固连的惯性导航系统。其主要由三轴陀螺稳定平台(包含陀螺仪)、加速度计、导航计算机、控制显示器等部分组成(图 2-3-12)。其典型特征是三轴陀螺稳定平台和加速度计被固定在平台上,其敏感轴与平行轴平行,平台的 3 根稳定轴模拟一种导航坐标系。

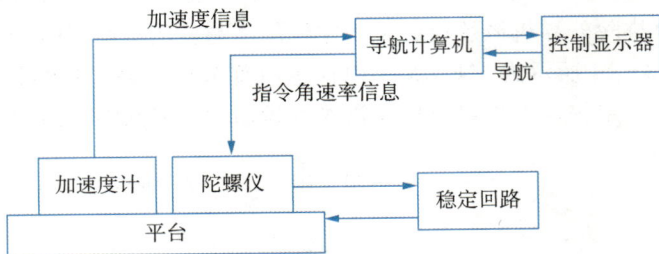

图 2 - 3 - 12　平台式惯性导航系统组成

惯性测量单元被固定在平台台体上,系统的敏感轴能直接模拟导航坐标系。这就保证了敏感轴的准确指向,并且隔离了载体的角运动,给惯性测量单元提供了较好的工作环境,从而提高了系统的精度;但平台台体也直接导致了系统结构复杂、体积大、制造成本高等不足。

2. 捷联式惯性导航系统

捷联式惯性导航系统是把惯性测量单元直接固连在载体上,用计算机来完成导航平台功能的惯性导航系统。捷联式惯性导航系统主要由陀螺仪、加速度计、导航计算机、控制显示器等组成(图 2 - 3 - 13)。

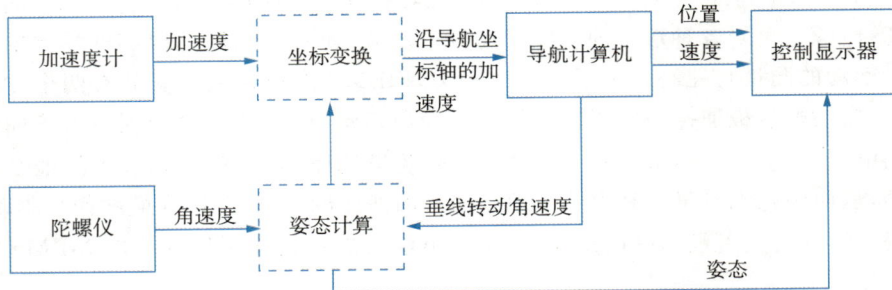

图 2 - 3 - 13　捷联式惯性导航系统组成

载体转动时系统的敏感轴也随着转动,通过计算载体的姿态角就能确定出惯性测量单元敏感轴的指向,然后将惯性测量单元测量得到的载体运动信息变换到导航坐标系上,即可进行航迹递推。

二、惯性导航系统的工作原理

惯性导航系统是一种利用陀螺仪和加速度计来感知导航参数的系统。它通过航迹递推算法来计算位置、速度和姿态等信息。惯性导航系统主要通过陀螺仪和加速度计来采集汽车行驶数据。加速度计并不能直接测量载体的运动加速度,它测量的是载体相对于惯性空间的绝对加速度和重力加速度之和,也被称为"比力"。根据加速度计的工作原理,它可以输出沿敏感轴方向的比力,其中包含了载体的绝对加速度。同样地,陀螺仪可以输出车体相对于惯性坐标系的角加速度信号。这两个加速度计、陀螺仪惯性传感器组的敏感轴是平行的,它们共享相同的原点和敏感轴。如果在汽车上能得到互相正交的 3 个敏感轴上的加速度计和陀螺仪输出,同时又已知敏感轴的准确指向,就可以掌握汽车在三维空间内的运动加速度和角速度。

惯性导航系统工作原理基于牛顿第二运动定律,其说明了加速度的大小与作用力成正比,方向与作用力的方向相同,数学表达式为

$$F = ma \qquad (2-3-1)$$

惯性导航系统利用载体先前的位置、惯性测量单元测量的加速度和角速度,来确定其当前位置。其中,速度 v 和偏移量 s 都可以通过对加速度 a 的积分得到。如式(2-3-2)、式(2-3-3)所示,加速度 a 经过积分得到速度 v,经过二重积分得到偏移量 s。相反,速度和加速度也可以通过对位移的微分而估算得到。

$$\begin{cases} v = \int a \, \mathrm{d}t \\ s = \int v \, \mathrm{d}t = \iint a \, \mathrm{d}t \, \mathrm{d}t \end{cases} \qquad (2-3-2)$$

$$v = \frac{\mathrm{d}s}{\mathrm{d}t}, a = \frac{\mathrm{d}v}{\mathrm{d}t} = \frac{\mathrm{d}^2 s}{\mathrm{d}t^2} \qquad (2-3-3)$$

类似地,汽车的俯仰、偏航、翻滚等姿态信息都可以通过对角加速度的积分得到。利用姿态信息可以把导航参数从惯性坐标系变换到导航坐标系中。

综上,惯性导航系统可以说是一个由惯性测量单元和积分器组成的积分系统。该系统通过陀螺仪测量载体旋转信息并求解得到载体的姿态信息,再将加速度计测量得到的载体比力信息转换到导航坐标系中进行加速度信息的积分运算,就能推算出汽车的位置和姿态信息。

正如前面所提到的,惯性导航定位基于一个简单的原理,那就是位置的差异可以由一个加速度的双重积分得到,可以被描述为在一个稳定坐标系下并且被明确定义的与时间相关的函数,该函数可表述为

$$\Delta s = s_t - s_0 = \int_0^t \int_0^t a_t \, \mathrm{d}t \, \mathrm{d}t \qquad (2-3-4)$$

式中,s_0 为初始位置;a_t 是在 s_t 规定的坐标系下的惯性测量单元中测量得到的沿运动方向的加速度。

三、惯性导航系统的优缺点

(一)惯性导航系统的优点

惯性导航系统之所以应用越来越广泛,必然离不开以下优点:

① 隐蔽性强;

② 可全天候、全时间地工作于空中、地球表面乃至水下;

③ 能提供位置、速度、航向和姿态角数据,所产生的导航信息连续性好而且噪声低;

④ 数据更新率高,短期精度和稳定性好。

(二)惯性导航系统的缺点

发展至今的惯性导航系统仍然存在不少缺点:

① 长期精度不够；

② 启动时间长；

③ 设备的价格较昂贵。

四、惯性导航系统的误差分析

惯性导航系统是一个不依赖外界光电联系的定位和定向系统。仅靠系统本身就能对汽车进行连续三维定位和定向，通过在内部所感知到的情况来推断外面的情况，使得惯性导航被称为"在盒子里导航"或"黑盒导航"。惯性导航系统包含了电子设备和机械结构，在外部冲击、振动等环境中，惯性导航系统的加速度和角速度参数易受到其他误差源影响。惯性测量单元黑盒模型如图2-3-14所示。本任务从随机误差和固定误差两方面进行介绍。

(一)随机误差

1. 传感器白噪声误差

该噪声通常与电子噪声合在一起，可能来自电源、半导体设备内部的噪声或数字化过程中的量化误差。

2. 变温误差

变温误差是由外部环境温度变化或内部热分布变化引起的。

3. 传感器随机游动误差

惯性测量单元对随机游动噪声有具体要求，但大多数都针对其输出的积分，而不

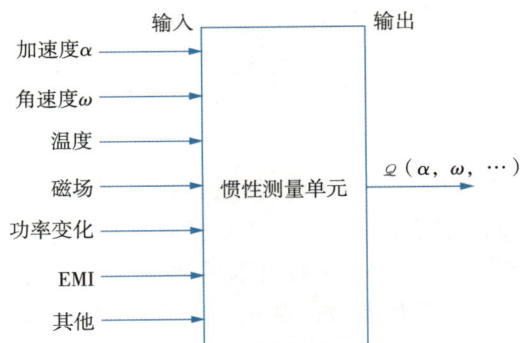

图 2-3-14 惯性测量单元黑盒模型

是输出本身。例如，来自速率陀螺仪的"角度随机游走"等同于角速度输出白噪声的积分。类似地，加速度计的"速度随机游走"等同于加速度计输出白噪声的积分。传感器随机游动误差随着时间线性增大，其功率谱密度也随之下降。

4. 谐波误差

因为热量传输延迟，所以温度控制方法（如通风与空调系统）经常引入循环误差，这些都可在传感器输出中引入谐波误差，谐波周期取决于设备的尺寸大小。同样，主载体的悬挂和结构共振也引入了谐波加速度，它会对传感器中的加速度敏感误差源产生影响。

5. 闪烁噪声误差

闪烁噪声是陀螺仪零偏随时间漂移的主要因素。多数电子设备中都存在这种噪声，该噪声通常被模型化为白噪声和随机游动的组合。

(二)固定误差

与随机误差不同，固定误差是可重复的传感器输出误差。常见的传感器误差模型如图2-3-15所示，包括偏差（即输入为零时传感器的任何非零的输出）、尺度因子误差（常来自标定偏差）、非线性（不同程度地存在于多种传感器中）、尺度因子符号不对称性（来自不匹配的推挽式放大器）、死区误差（通常由机械静摩擦力或死锁引起）、量化误差（在所有数字系统中这是固有

的,可能存在于标准化环境中,当输入不变时,它可能不是零均值的)。

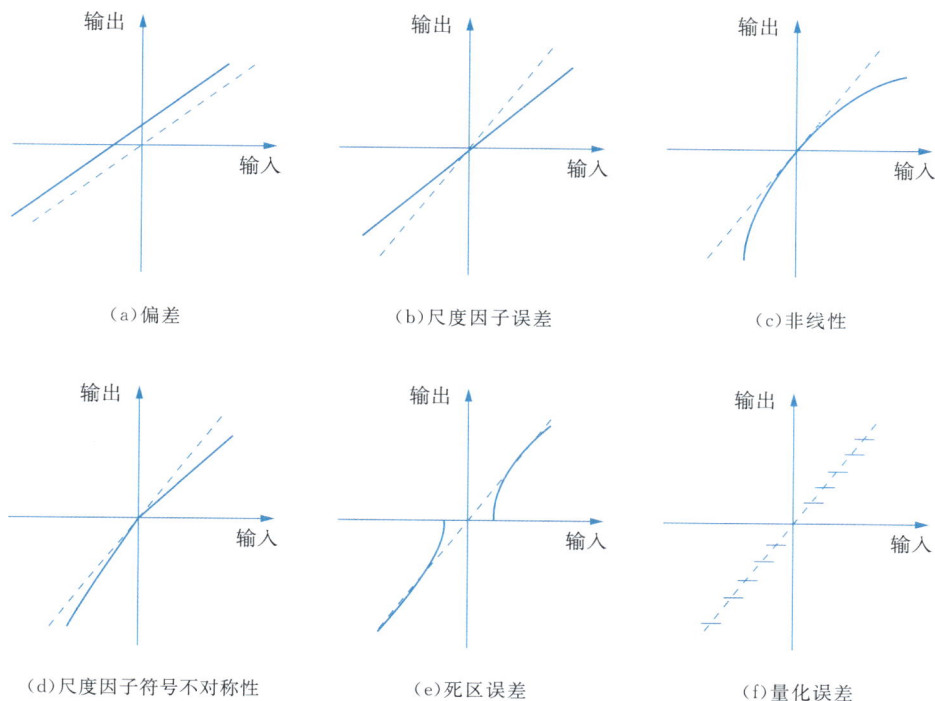

（a）偏差　　　　　（b）尺度因子误差　　　　　（c）非线性

（d）尺度因子符号不对称性　　　（e）死区误差　　　　　（f）量化误差

图 2 - 3 - 15　常见的传感器误差模型

五、惯性导航系统在自动驾驶汽车上的应用

惯性导航系统中的惯性测量单元与磁力计一起构成惯性导航传感器,可应用于自动驾驶汽车。该传感器特点是能在动态和静态环境下提供实时、高精度的横滚角、俯仰角和航向角测量,并具有抗振动、抗短时外部磁场干扰、高带宽和低功耗等特性。此外,该传感器的外部结构也具有尺寸小、重量轻的特点。

(一)惯性导航传感器组成

惯性导航传感器在低速自动驾驶小车中起着重要的作用,它主要由陀螺仪、加速度计和磁力计组成。惯性导航传感器内部结构如图 2 - 3 - 16 所示。其中,磁力计也称为地磁或磁感器,可以测量磁场的强度和方向。磁力计原理类似于指南针,可以测量设备与东、南、西、北 4 个方向之间的角度差,从而计算出车辆的行驶方向。

图 2 - 3 - 16　惯性导航传感器
内部结构

(二)惯性导航传感器安装位置

最佳的惯性导航传感器安装位置是车载 GPS 接收机主机位置。然而,由于实际情况的限制,无法完全实现它们位置上

的一致性。因此,通常会选择在车载 GPS 接收机主机附近安装惯性导航传感器。在安装过程中,仍然需要确保按照地理坐标系、载体坐标系和设备坐标系相互统一的方式进行安装。

(三)惯性导航传感器的应用场合

自动驾驶技术的核心内容包括 4 个模块:定位模块、感知模块、决策模块和执行模块。其中,定位模块作为所有模块的基础,是十分重要的。定位模块的主要目的是确定车辆所处的绝对位置。在自动驾驶技术中,高精度地图、全球卫星导航系统(GNSS)和惯性导航(惯导)系统是相互配合、相辅相成的,共同确定车辆的绝对位置。

惯性导航传感器在自动驾驶中主要的应用场合如下。

1. 辅助全球卫星导航系统进行高精度定位

在复杂的城市环境中,由于高层建筑物的遮挡,卫星信号无法覆盖所有地方。而在一些全球卫星导航系统信号丢失或很弱的情况下(如隧道、高架桥、地下车库等),惯性导航系统能够及时启用,不依赖外部信息,利用内置的运动传感器和运动方程计算出准确的位置和速度,以弥补全球卫星导航系统信号丢失或很弱所带来的影响。在实际应用中,全球卫星导航系统和惯性导航系统联合(GNSS+IMU)进行高精度定位,使自动驾驶可以适应复杂的外在环境。

GNSS+IMU 方案是一种最常用的设计组合惯导系统的方案。因二者各有优缺点,故将GNSS 和 IMU 提供的定位信息进行融合形成组合惯导系统,可以发挥两种导航系统的优势,提高车辆导航系统的性能。

在低速自动驾驶汽车中经常使用的是捷联式惯性导航系统(SINS)。捷联式惯性导航系统的陀螺仪的敏感载体坐标系相对于惯性系的三轴角速度,加速度计敏感载体坐标系相对于惯性系的三轴比力,捷联惯导计算机系统接受这些信息进行导航解算输出位置、速度、航向姿态等信息。

全球导航卫星系统包括卫星、基站和接收机,载体上的接收机根据卫星定位原理进行导航解算,可以得到载体的位置、速度和经纬度。

GNSS 定位的长期稳定性与捷联式惯性导航系统定位的短期精确性具有近乎完美的互补特性,将两者进行组合可以显著提高导航精度。目前,大多数 GNSS+IMU 组合惯导系统是利用Kalman(卡尔曼)滤波器将两者组合起来的。GNSS+IMU 基础架构如图 2-3-17 所示。组合惯导系统的滤波器状态、量测信息、实现方式以及系统校正方式和组合深度都会影响 GNSS+IMU组合惯导系统的工作性能。

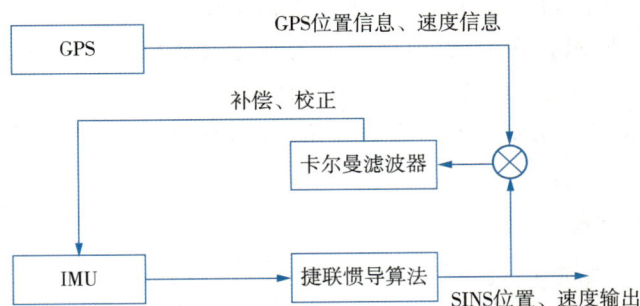

图 2-3-17 GNSS+IMU 基础架构

2. 配合激光雷达进行定位

惯性导航系统帮助建立激光雷达云点的三维坐标系,提供高精度的位置和姿态信息。首先,在实际应用中,自动驾驶系统通过全球卫星导航系统得到初始位置信息,再通过惯性导航和车辆的编码器配合得到车辆的初始位置。其次,对激光雷达实时扫描单次的点云数据(包括其几何信息和语义信息)进行特征提取,并结合车辆初始位置进行空间变化,获取基于全局坐标系的矢量特征。最后,将初始位置信息、激光雷达提取的特征与高精度地图的特征信息进行匹配,从而获取一个准确的定位。

3. 辅助主动车距控制巡航系统预测路径

惯性导航系统与辅助主动车距控制巡航系统(ACC)联合预测路径并将该路径连接到障碍物的检测上实现,以主动控制车距。个别惯性导航装置还能做到在坡道上对车辆的姿态进行控制。该装置让低重力传感器利用向下的重力方向来确定倾斜度,使正在上坡的车辆不向后滑动,进一步提高自动驾驶车辆的爬坡稳定性。

实践任务　车载惯性导航系统功能测试

任 务 目 标

1. 能完成 CP210xUSB 驱动和上位机 SC Manager 软件安装;

2. 能掌握加速度计、陀螺仪、磁力计的检测方法,并能够根据软件中的数据来分析检测结果;

3. 能根据车载惯性导航系统报文分析方式,分析出惯性导航系统报文的含义;

4. 能正确使用自动驾驶车辆维修手册、车载惯性导航系统手册和工作页等参考资料独立规范地完成功能验证;

5. 能掌握 7S 管理规范,并按照规范完成实训任务,养成良好的职业习惯。

【微课】
车载惯性导航系统
功能测试

实 施 计 划

请在表格中写出本次任务的实施计划:

任务准备

请在表格中勾选出本次任务需要使用的物品：

设备	□车载惯性导航系统	□车载卫星导航定位系统
工具	□汽车维修工具套件 □水平测量仪	□笔记本电脑一台 □内六角扳手
量具	□卷尺	□直尺
耗材	□防静电手套	□抹布
软件	□CANtest □COMCenter	□CP210xUSB 驱动 □上位机 SC Manager

任务实施

产品信息记录

查阅《车载惯性导航系统使用手册》，记录产品信息

输入电压范围		加速度计测量范围	±2
陀螺仪测量范围		IP 防护等级	66
功耗		工作温度	−20～60 ℃
储存温度		振动/冲击	6 g/10 g

一、实操前准备

1. CP210xUSB 驱动安装

① 双击 CP210xUSB 驱动安装软件，点击"下一步"开始安装；

② 在许可协议中选择"我接受这个协议"，点击"下一步"；

③ 点击"完成"，安装结束

2. 上位机 SC Manager 软件安装

① 双击 SC Manager 安装程序开始安装；

② 点击"下一步"进入许可证协议界面；

③ 选择"我接受协议"，点击"下一步"；

④ 输入用户信息，点击"下一步"；

⑤ 点击"更改"，自定义安装目录后点击"确认"；

⑥ 点击"下一步"，开始安装

二、车载惯性导航系统功能检测

1. SC Manager 上位机软件设置

(1)线束连接

① 检查惯性测量单元外观和插件接口；

② 找到惯性测量单元插件接口与线束插件限位点并连接；

（续表）

③ 将惯性测量单元线束 USB 端与笔记本电脑连接，将惯性测量单元水平放置在实训台的桌面上；
④ 在惯性测量单元的产品手册中查阅惯性测量单元的坐标系。
（2）端口号设置
① 右击"我的电脑"，打开设备管理器；
② 点击"端口（COM 和 LPT）"，查看"Silicon Labs CP210x USB to UART Bridge"的端口号并记录；
③ 打开 SC Manager 上位机，选择 Port 端口为 COM5。
（3）通信速率设置
① 在惯性测量单元的产品手册中查阅并记录惯性测量单元的通信速率；
② 在"Baudrate"中选择与设备相匹配的通信速率，点击"连接"，连接成功后，上位机软件将会识别并显示该传感器的型号

外观检查情况记录	惯性测量单元外观（□有　□无）破损
	插件接口（□是　□否）良好
惯性测量单元与线束连接情况记录	在图中标出惯性测量单元插件接口和线束插件限位点 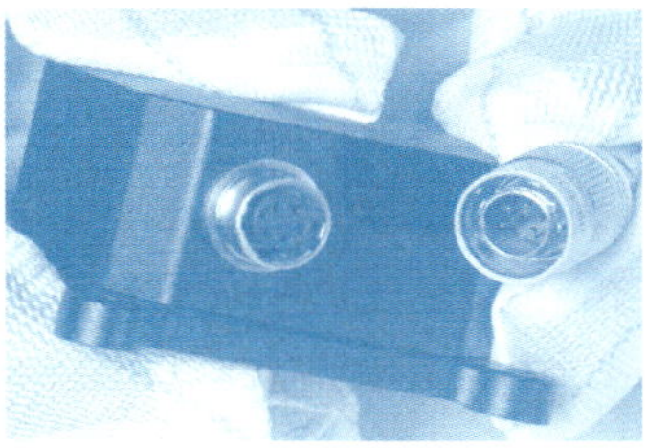 图 2-3-18　惯性测量单元插件接口和线束插件示意
连接电脑情况记录	将惯性测量单元放置在实训台桌面上时应与桌面保持（□水平　□垂直）
端口设置记录	Silicon Labs CP210x USB to UART Bridge 的端口号是＿＿＿＿＿＿＿（根据实际显示的数据填写）
	选择 Port 端口为 COM5＿＿＿＿＿＿＿。
通信速率记录	查阅到的惯性测量单元的通信速率是＿＿＿＿＿＿＿
	在"Baudrate"中选择的通信速率是＿＿＿＿＿＿＿
	识别到的传感器型号是＿＿＿＿＿＿＿

2. 加速度计测试

点击"开始"，点击"inertial Data"查看惯性测量单元中各传感器的数据输出：
① 将惯性测量单元的 X 轴垂直于实训台桌面放置，记录其静态下的实际值 Acc X（图 2-3-19），并与典型值比较；

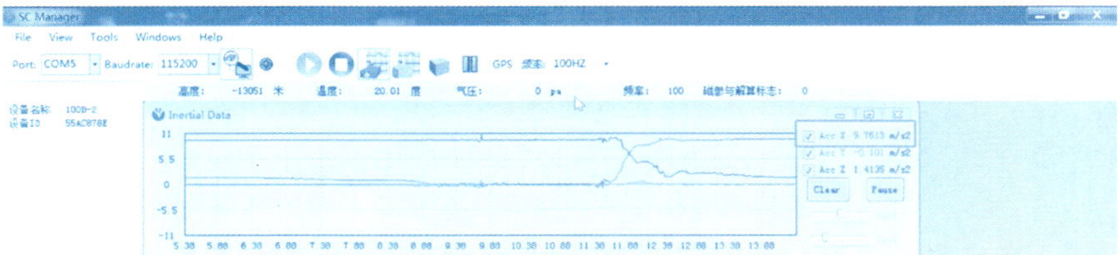

图 2-3-19　X 轴垂直于实训台桌面时静态下的实际值

（续表）

② 将惯性测量单元的 Y 轴垂直于实训台桌面放置,记录其静态下的实际值 Acc Y(图 2-3-20),并与典型值比较;

图 2-3-20　Y 轴垂直于实训台桌面时静态下的实际值

③ 将惯性测量单元的 Z 轴垂直于实训台桌面放置,记录其静态下的实际值 Acc Z(图 2-3-21),并与典型值比较;

图 2-3-21　Z 轴垂直于实训台桌面时静态下的实际值

④ 将惯性测量单元拿在手中,X 轴垂直于桌面悬空,沿 X 轴正方向瞬时移动,观察 Acc X 值是否为正值,X 轴垂直于桌面悬空时沿 X 轴正方向瞬时移动波形如图 2-3-22 所示;

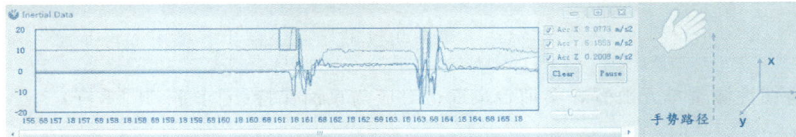

图 2-3-22　X 轴垂直于桌面悬空时沿 X 轴正方向瞬时移动波形

⑤ 将惯性测量单元拿在手中,X 轴垂直于桌面悬空,沿 X 轴反方向瞬时移动,观察 Acc X 值是否为负值,X 轴垂直于桌面悬空时沿 X 轴反方向瞬时移动波形如图 2-3-23 所示;

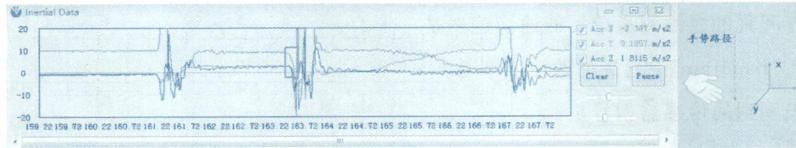

图 2-3-23　X 轴垂直于桌面悬空时沿 X 轴反方向瞬时移动波形

⑥ 将惯性测量单元拿在手中,Y 轴垂直于桌面悬空,沿 Y 轴正方向瞬时移动,观察 Acc Y 值是否为正值,Y 轴垂直于桌面悬空时沿 Y 轴正方向瞬时移动波形如图 2-3-24 所示;

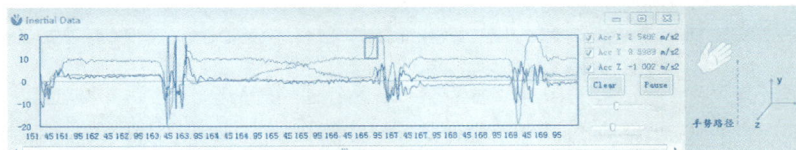

图 2-3-24　Y 轴垂直于桌面悬空时沿 Y 轴正方向瞬时移动波形

⑦ 将惯性测量单元拿在手中,Y 轴垂直于桌面悬空,沿 Y 轴反方向瞬时移动,观察 Acc Y 值是否为负值,Y 轴垂直于桌面悬空时沿 Y 轴反方向瞬时移动波形如图 2-3-25 所示;

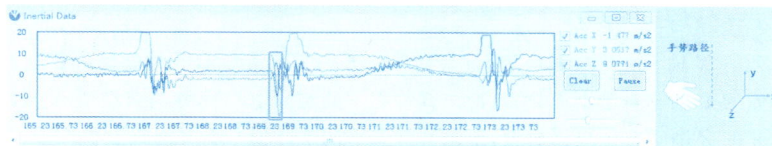

图 2-3-25　Y 轴垂直于桌面悬空时沿 Y 轴反方向瞬时移动波形

⑧ 将惯性测量单元拿在手中，Z 轴垂直于桌面悬空，沿 Z 轴正方向瞬时移动，观察 Acc Z 值是否为正值，Z 轴垂直于桌面悬空时沿 Z 轴正方向瞬时移动波形如图 2-3-26 所示；

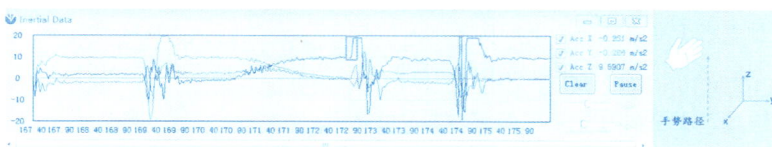

图 2-3-26　Z 轴垂直于桌面悬空时沿 Z 轴正方向瞬时移动波形

⑨ 将惯性测量单元拿在手中，Z 轴垂直于桌面悬空，沿 Z 轴反方向瞬时移动，观察 Acc Z 值是否为负值，Z 轴垂直于桌面悬空时沿 Z 轴反方向瞬时移动波形如图 2-3-27 所示。

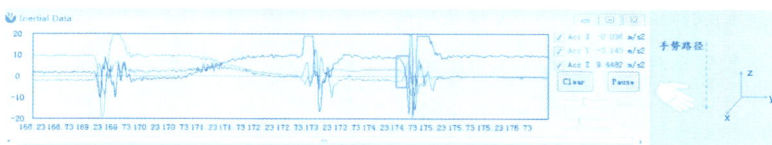

图 2-3-27　Z 轴垂直于桌面悬空时沿 Z 轴反方向瞬时移动波形

静态测试值记录	X 轴垂直于桌面时静态下的实际 Acc X 值是 _____，典型值是 _____，（□是　□否）将实际值与典型值作对比
	Y 轴垂直于实训台桌面时静态下的实际 Acc Y 值是 _____，典型值是 _____，（□是　□否）将实际值与典型值作对比
	Z 轴垂直于实训台桌面时静态下的实际 Acc Z 值是 _____，典型值是 _____，（□是　□否）将实际值与典型值作对比
动态测试值记录	在实际操作中 X 轴垂直于桌面悬空时沿 X 轴正方向瞬时移动波形的方向是（□向上　□向下），观察到的 Acc X 值（□是　□否）为正值
	在实际操作中 X 轴垂直于桌面悬空时沿 X 轴反方向瞬时移动波形的方向是（□向上　□向下），观察到的 Acc X 值（□是　□否）为负值
	在实际操作中 Y 轴垂直于桌面悬空时沿 Y 轴正方向瞬时移动波形的方向是（□向上　□向下），观察到的 Acc Y 值（□是　□否）为正值
	在实际操作中 Y 轴垂直于桌面悬空时沿 Y 轴反方向瞬时移动波形的方向是（□向上　□向下），观察到的 Acc Y 值（□是　□否）为负值
	在实际操作中 Z 轴垂直于桌面悬空时沿 Z 轴正方向瞬时移动波形的方向是（□向上　□向下），观察到的 Acc Z 值（□是　□否）为正值
	在实际操作中 Z 轴垂直于桌面悬空时沿 Z 轴反方向瞬时移动波形的方向是（□向上　□向下），观察到的 Acc Z 值（□是　□否）为负值

（续表）

3. 陀螺仪测试		
① 将惯性测量单元的 X 轴垂直于桌面放置,记录其静态下的实际值 GX,并与典型值 0°/s 比较; ② 将惯性测量单元的 Y 轴垂直于桌面放置,记录其静态下的实际值 GY,并与典型值 0°/s 比较; ③ 将惯性测量单元的 Z 轴垂直于桌面放置,记录其静态下的实际值 GZ,并与典型值 0°/s 比较; ④ 将惯性测量单元拿在手中,绕 X 轴转动,观察到此时的 GX 变化幅值最大; ⑤ 将惯性测量单元拿在手中,绕 Y 轴转动,观察到此时的 GY 变化幅值最大; ⑥ 将惯性测量单元拿在手中,绕 Z 轴转动,观察到此时的 GZ 变化幅值最大		
加速度计 静态测试记录	X 轴垂直于桌面时静态下的实际 GX 值是 ＿＿＿＿＿＿＿＿＿,典型值是 ＿＿＿＿＿＿＿＿＿, (□是 □否)将实际值与典型值作对比	
	Y 轴垂直于桌面时静态下的实际 GX 值是 ＿＿＿＿＿＿＿＿＿,典型值是 ＿＿＿＿＿＿＿＿＿, (□是 □否)将实际值与典型值作对比	
	Z 轴垂直于桌面时静态下的实际 GX 值是 ＿＿＿＿＿＿＿＿＿,典型值是 ＿＿＿＿＿＿＿＿＿, (□是 □否)将实际值与典型值作对比	
加速度计 动态测试记录	绕 X 轴转动时,观察到的 GX 变化幅值(□是 □否)最大	
	绕 Y 轴转动时,观察到的 GX 变化幅值(□是 □否)最大	
	绕 Z 轴转动时,观察到的 GX 变化幅值(□是 □否)最大	
4. 磁力计标定		
① 点击"Tools"菜单,选择"磁校准"进入磁力计标定界面; ② 将惯性测量单元水平放置于实训台桌面上,手动使其绕 Z 轴缓慢旋转 360°,旋转 3 圈,旋转期间保持水平; ③ 将惯性测量单元 X 轴垂直放置于实训台桌面上,手动使其绕 X 轴缓慢旋转 360°,旋转 3 圈,旋转期间保持 X 轴与桌面垂直; ④ 将惯性测量单元以任意角度旋转,直到界面显示的当前值不再变化,点击"保存",完成标定		
磁力计 标定记录	将惯性测量单元水平放置于实训台桌面上,手动使其绕 ＿＿＿＿ 轴缓慢旋转 ＿＿＿＿,旋转 ＿＿＿＿ 圈,旋转期间保持(□水平 □垂直)	
	将测量单元 ＿＿＿＿ 轴垂直放置于实训台桌面上,手动使其绕 ＿＿＿＿ 轴缓慢旋转 ＿＿＿＿,旋转 ＿＿＿＿ 圈,旋转期间保持 ＿＿＿＿ 轴与桌面垂直(□水平 □垂直)	
	将惯性测量单元以 ＿＿＿＿＿＿＿＿ 旋转,直到界面显示 ＿＿＿＿＿＿＿＿ 不再变化,点击"保存",完成标定	
5. 磁力计测试		
① 将惯性测量单元水平放置于实训台桌面上,旋转惯性测量单元本体,观察 Meg X 及 Meg Y 数值变化; ② 调节 Meg Y＝0,观察 IMU Y 轴指向与导航方向的对应关系		
磁力计 测试记录	实际观察 Meg X 数值(□是 □否)有变化,若有变化,变化 ＿＿＿＿＿＿＿＿	
	实际观察 MegY 数值(□是 □否)有变化,若有变化,变化 ＿＿＿＿＿＿＿＿	
	调节 Meg Y＝0,实际观察 IMU Y 轴指向与导航方向(□是 □否)有对应关系	

（续表）

6. 姿态测试
① 点击 3D View 按键;
② 将惯性测量单元水平放置于实训台桌面上，点击"复位";
③ 将惯性测量单元分别绕 X、Y、Z 轴旋转，观察惯性测量单元实际姿态是否与上位机 3D 显示的姿态一致

姿态测试记录	实际观察到的惯性测量单元实际姿态(□是　□否)与上位机 3D 显示的姿态一致

三、车载惯性导航系统报文分析

1. COMCenter 软件配置

打开 COMCenter 软件，选择"COM5"串口，波特率选择为"115200"bps，选择"16 进制收""16 进制发"模式

2. 报文数据解析

① 点击"打开";

② 在数据发送栏输入开始报文"A55A040105AA"，数据日志栏出现报文数据;

③ 在数据发送栏输入停止报文"A55A040206AA"，数据日志栏报文数据停止;

④ 根据报文数据格式，报文头部字段为"A5 5A"，报文尾部字段为"AA"，找到一帧完整报文"A5 5A 25 06 14 01 93 00 01 FF DA 2B 61 33 1C 00 01 FF FE 00 01 FF D0 FF 32 FF B0 00 00 00 00 00 12 7C 00 01 29 F6 01 E5 AA";

⑤ 由本实训惯性测量单元的报文解析格式，可以看出该报文的头部字段为"A5 5A"，长度段"25"即 37 个字节数，航向"06 14"为有符号整型，单位为 0.1°，即可换算航向为 155.6°，报文的尾部字段为"AA"。

（注意：计算机不同，读出的报文内容不同，此处强调的是解析方式，不是唯一答案）

报文数据解析	实际中读到的完整报文是 _____ _____ _____ 根据实际的报文，你的解析：该报文的头部字段为"_____"，长度段"_____"即_____个字节数，航向"_____"为有符号整型，单位为_____°，即可换算航向为_____°，报文的尾部字段为"_____"。

任务总结

请对本任务的完成情况及相关思考进行总结并填写：

评 价 与 反 馈

序号	评分项	得分条件	分值	评分要求	得分
车载惯性导航系统功能测试			实训日期：		
姓名：	班级：		学号：	指导老师签字：	
1	安全/7S/态度	□① 能进行工位 7S 操作 □② 能确认设备工具正常 □③ 能进行高压安全防护操作 □④ 能进行工具清洁、校准、存放操作 □⑤ 能进行"三不落地"操作	10分	未完成1项 扣2分	
2	设备选型及硬件接口识别	□① 能正确识别相关设备的型号，并掌握设备的选型方法 □② 能正确识别相关硬件接口，并掌握接口连接方法 □③ 能完成相关元器件的测试与安装作业	5分	未完成1项 扣2分	
3	专业技能	惯性导航系统功能检测实训准备： □① 能完成 CP210xUSB 驱动安装 □② 能完成上位机 SC Manager 软件安装 惯性导航系统功能检测： □① 能完成 SC Manager 上位机软件设置，包括线束连接、端口号设置、通信速率设置 □② 能完成加速度计测试 □③ 能完成陀螺仪测试 □④ 能完成磁力计测试 □⑤ 能完成姿态测试 CAN 总线分析仪终端电阻配置： □① 能完成超声波雷达终端电阻测试 □② 能完成超声波雷达电源线束连接 □③ 能完成 CAN 总线分析仪终端电阻配置 □④ 能完成测试线束连接 CAN 总线分析仪终端电阻配置： □① 能完成超声波雷达终端电阻测试 □② 能完成超声波雷达电源线束连接 □③ 能完成 CAN 总线分析仪终端电阻配置 □④ 能完成测试线束连接 惯性导航系统报文分析： □① 能完成 COMCenter 软件配置 □② 能完成报文数据解析	55分	未完成1项 扣3.5分	

（续表）

序号	评分项	得分条件	分值	评分要求	得分
4	资料、信息查询能力	□① 能正确使用自动驾驶车辆维修资料、工艺文件等资料 □② 能在规定时间内完成与实训相关的资料查询	10分	未完成1项扣5分	
5	数据判读和报告的撰写能力	□① 能判断加速度计在静态状态下，X 轴、Y 轴、Z 轴的实际 Acc 值是否符合典型值 □② 能判断加速度计在瞬时移动状态下，X 轴、Y 轴、Z 轴的实际 Acc 值是正值还是负值 □③ 能判断陀螺仪在静态状态下，实际值 GX 是否符合典型值 □④ 能判断陀螺仪在瞬时移动状态下，X 轴、Y 轴、Z 轴的实际 Acc 值是正值还是负值 □⑤ 能判断出 Meg X 数值是否在变化 □⑥ 能根据报文解析方法，正确解析出报文 □⑦ 能够正确完整撰写实训报告	15分	未完成1项扣1分	
6	表单填写	□① 字迹清晰 □② 语意通顺 □③ 无错别字 □④ 无大面积涂改 □⑤ 填写内容完整	5分	未完成1项扣1分	
总分					

实践任务　车载惯性导航系统整车联调测试

任务目标

1. 能完成惯性测量单元及相关组件的安装。

2. 能完成惯性测量单元整车联调及常见故障排查。

3. 能正确使用车载惯性导航系统使用手册、车载惯性导航系统适应手册和工作页等参考资料独立规范地完成功能模块离线验证。

4. 能掌握 7S 管理规范，并按照规范完成实训任务，养成良好的职业习惯。

【微课】
车载惯性导航系统
整车联调测试

实 施 计 划

请在表格中写出本次任务的实施计划：

任 务 准 备

请在表格中勾选出本次任务需要使用的物品：

设备	□车载惯性导航系统	□自动驾驶低速车套件
工具	□汽车维修工具套件 □水平测量仪	□笔记本电脑一台 □内六角扳手
量具	□卷尺	□直尺
耗材	□防静电手套	□抹布
软件	□SC Manager □Xshell	□CP210xUSB 驱动 □上位机 ARS_408

任务实施

产品信息记录			
查阅《车载惯性导航系统使用手册》,记录产品信息			
输入电压范围		加速度计测量范围	
陀螺仪测量范围		IP 防护等级	
功耗		工作温度	
储存温度		振动/冲击	

一、实操前准备

安装 Xshell 软件

① 启动安装程序,在弹出的"许可证协议"的对话框中选择"我接受",并点击"下一步";

② 然后"自定义"用户名,点击"下一步";

③ 点击"浏览"自定义安装目标文件夹,点击"下一步";

④ 点击"安装",安装完成

二、自动驾驶系统功能模块离线验证

① 将自动驾驶低速车上电,进入 Ubuntu 系统;

② 右击桌面"打开终端",输入命令"ifconfig"(输入网络接口配置命令)查看以太网端口"eth0";

③ 读取自动驾驶低速车计算单元的 IP 地址(为"192.168.1.9"),子网掩码是"255.255.255.0";

④ 使用 Xshell 软件进行低速车功能离线验证

实际 IP 地址记录	实际读取到的自动驾驶低速车计算单元的 IP 地址为_____		
	实际读取到的子网掩码是_____		

离线验证步骤	步骤 1	打开 Xshell 软件,新建会话,创建会话名称,以"apollo"为例,输入的车载计算单元的 IP 地址:_____
	步骤 2	输入车载计算单元的用户名:_____。密码:_____。点击"确定"进行用户身份认证,选择会话"apollo",点击"连接",进入终端界面
	步骤 3	输入_____命令,将当前目录切换到 apollo 源码所在目录
	步骤 4	执行_____命令
	步骤 5	若界面中显示"Dreamview is running at http://localhost:8888",能用谷歌浏览器成功访问_____,则表示 Apollo Dreamview 已正常启动
	步骤 6	返回终端,执行:rosbag play demo_2.5.bag
	步骤 7	进入 Apollo Dreamview
	步骤 8	在 Module Controller 界面"Modules"中分别启动_____、_____、_____、_____模块
	步骤 9	数据(□是　□否)回放正常,自动驾驶功能模块状态(□正常　□异常)

（续表）

三、惯性测量单元安装	
① 卸下自动驾驶套件电气盒盖板上的 4 个螺丝，然后取下盖板； ② 将惯性测量单元安装至车辆，并安装固定在自动驾驶电气盒底板上； ③ 将惯性测量单元线束 USB 端连接到整车的 USB HUB 集线器上； ④ 线束连接完成后，将自动驾驶电气盒盖板安装复原	
安装记录	拆卸电气盒盖板使用的工具是＿＿＿＿＿＿＿＿＿＿＿＿＿＿＿＿＿ 将惯性测量单元的安装方式是＿＿＿ 将惯性测量单元线束 USB 端（□是　□否）连接到整车的 USB HUB 集线器上

四、惯性测量单元整车联调及常见故障排查		
1. 惯性测量单元整车联调测试		
① 进入 Apollo Dreamview 界面； ② 进入 Module Controller 界面，在"modules"中分别启动 GPS 和 IMU 惯性测量单元模块； ③ 观察左侧"Hardware – IMU"状态，由"ERROR"变为"OK"，返回终端，输入命令"rostopic echo /imu_data"，查看惯性测量单元后台数据。如果有数据显示，那么说明惯性测量单元与自动驾驶系统通信正常		
联调测试记录	（□是　□否）进入 Apollo Dreamview 界面	
	（□是　□否）进入"Module Controller"界面，在"modules"中分别＿＿＿＿＿＿＿＿惯性测量单元模块	
	观察左侧"Hardware – IMU"状态，"ERROR"（□是　□否）变为"OK"	
	输入命令＿＿＿＿＿＿＿＿，（□是　□否）有惯性测量单元后台数据	
2. 自动驾驶循迹功能测试		
① 录制地图； ② 基于惯性测量单元的循迹功能验证		
录制地图记录	步骤 1	（□是　□否）进入"Module Controller"界面
	步骤 2	（□是　□否）关闭"Ultrasonic"
	步骤 3	启动＿＿＿＿＿＿＿＿＿＿＿＿＿＿＿＿＿＿＿＿＿＿＿3 个模块
	步骤 4	进入"Tasks"界面，点击右侧"Start record map"
	步骤 5	通过遥控器控制车辆，行驶过程中（□是　□否）出现倒车现象，若出现倒车，则需＿＿＿＿＿＿＿＿＿＿＿＿＿＿＿＿＿＿＿＿＿＿＿＿＿＿＿
	步骤 6	自动驾驶车辆到达目标地点后，（□是　□否）在"Tasks"界面上右侧点击"Stop"命令，结束地图录制
	步骤 7	遥控车辆返回录制起点
循迹功能验证记录	步骤 1	选择录制的地图，刷新界面
	步骤 2	进入"Module Controller"界面，启动＿＿＿＿＿＿＿＿＿＿＿＿＿＿＿＿＿＿＿＿＿＿＿＿＿＿＿＿＿＿＿＿＿模块

（续表）

循迹功能 验证记录	步骤 3	进入"Routing adding"界面，（□是　□否）在地图路径上标记终点位置，（□是　□否）点击"Send Routing Request"，定义目标终点
	步骤 4	遥控车辆，车辆位置和方向与地图路径的起点位置（□是　□否）吻合，此时地图路径上显示终点及路径规划信息：＿＿＿＿＿＿＿＿＿＿＿＿＿
	步骤 5	返回"Module Controller"界面，启动＿＿＿＿＿＿＿＿＿＿＿＿＿＿＿模块
	步骤 6	返回"Tasks"界面，开启"Start Auto"功能，观察界面右侧，右侧的现象是＿＿＿＿＿＿＿＿＿＿＿＿＿＿＿＿＿＿＿＿＿＿＿＿＿＿＿＿＿＿
	步骤 7	（□是　□否）将自动驾驶遥控器由手动控制状态切换为自动驾驶状态
	步骤 8	自动驾驶低速车按照预定路径自动行驶，说明：＿＿＿＿＿＿＿＿＿＿＿

3. 整车联调常见故障排查

① 将自动驾驶低速车上电；

② 右击打开终端，输入命令"ls－l/dev/imu"检查 IMU USB 端口连接状态；

③ 若显示出 USB 端口号，则表示自动驾驶计算机已识别惯性测量单元的 USB 驱动；

④ 若不显示 USB 端口号，则表示自动驾驶计算机未识别惯性测量单元的 USB 驱动，需检查惯性测量单元的线束连接状态或更换惯性测量单元

故障排查记录	实际检查的 IMU USB 端口连接状态是＿＿＿＿＿＿＿＿＿＿＿＿＿＿＿＿＿ （□是　□否）显示 USB 端口号，未显示说明：＿＿＿＿＿＿＿＿＿＿＿＿＿＿。 处理方式是＿＿＿＿＿＿＿＿＿＿＿＿＿＿＿＿＿＿＿＿＿＿＿＿＿＿＿＿＿

任务总结

请对本任务的完成情况及相关思考进行总结并填写：

评价与反馈

车载惯性导航系统整车联调测试			实训日期：		
姓名：		班级：	学号：		指导老师签字：
序号	评分项	得分条件	分值	评分要求	得分
1	安全/7S/态度	□① 能进行工位 7S 操作 □② 能确认设备工具正常 □③ 能进行高压安全防护操作 □④ 能进行工具清洁、校准、存放操作 □⑤ 能进行"三不落地"操作	10分	未完成1项扣2分	
2	设备选型及硬件接口识别	□① 能正确识别相关设备的型号，并掌握设备的选型方法 □② 能正确识别相关硬件接口，并掌握接口连接方法 □③ 能完成相关元器件的测试与安装作业	5分	未完成1项扣2分	
3	专业技能	惯性导航系统整车联调测试实训准备： □能完成 Xshell 软件安装 自动驾驶系统功能模块离线验证： □① 能完成读取自动驾驶低速车计算单元 IP 地址 □② 能完成自动驾驶低速车功能模块离线验证 惯性测量单元安装： □① 能正确完成自动驾驶套件电气盒盖板拆装 □② 能正确完成惯性测量单元安装 惯性测量单元整车联调及常见故障排查： □① 能完成惯性测量单元整车联调测试 □② 能完成自动驾驶循迹功能测试 □③ 能完成整车联调常见故障排查	50分	未完成1项扣6分	
4	工具及设备的使用能力	□① 能正确使用自动驾驶低速车开发套件 □② 能正确使用汽车维修工具套件	10分	未完成1项扣5分	
5	资料、信息查询能力	□① 能正确使用自动驾驶车辆维修资料、工艺文件等资料 □② 能在规定时间内完成与实训相关的资料查询	10分	未完成1项扣5分	

（续表）

序号	评分项	得分条件	分值	评分要求	得分
6	数据判读和报告的撰写能力	□① 能根据功能模块离线验证数据,来判断自动驾驶功能模块状态是否正常 □② 能根据惯性测量单元整车联调测试数据来判断惯性测量单元与自动驾驶系统通信是否正常 □③ 能根据惯性测量单元的循迹功能验证数据来判断自动驾驶循迹功能是否正常 □④ 能根据整车联调常见故障排查数据,来判断车辆是否有故障	10 分	未完成 1 项扣 2.5 分	
7	表单填写	□① 字迹清晰 □② 语意通顺 □③ 无错别字 □④ 无大面积涂改 □⑤ 填写内容完整	5 分	未完成 1 项扣 1 分	
总分					

🔔 知识拓展

一、汽车技术发展趋势

目前,新一轮科技革命正以万物互联、大数据、云计算和人工智能等技术为代表,引领着全球制造业的全面转型升级,并导致产业格局和生态的重塑。面对这一局势,世界各工业强国纷纷制定相应策略,加大科技创新力度,推动前沿技术的发展,争取在智能制造领域获得先机。在德国的"工业 4.0",美国的"工业互联网"和日本的"机器人革命"等代表性发展战略中,汽车产业和技术都占据着至关重要的地位。各国都选择汽车行业作为制造业整体升级的突破口,依靠汽车产业的基础性、关联性和带动性,加快推进制造业的转型。这一战略的目标是推动全球汽车技术的快速进步和融合发展,并呈现出低碳化、信息化和智能化三大发展趋势。这三大趋势在保持自身特点的同时也紧密联系在一起。汽车技术发展趋势的内涵及相互关系如图 2-3-28 所示。

1. 三大趋势的内涵
(1)低碳化

低碳化代表着汽车产业不断改善技术,以减少能源消耗和污染物的排放。这一趋势的主要措施包括提升传统动力技术和传动技术、发展新能源技术和混合动力技术,以及改进汽车共性技术等。最终目标是推动节能汽车和新能源汽车的发展与应用。

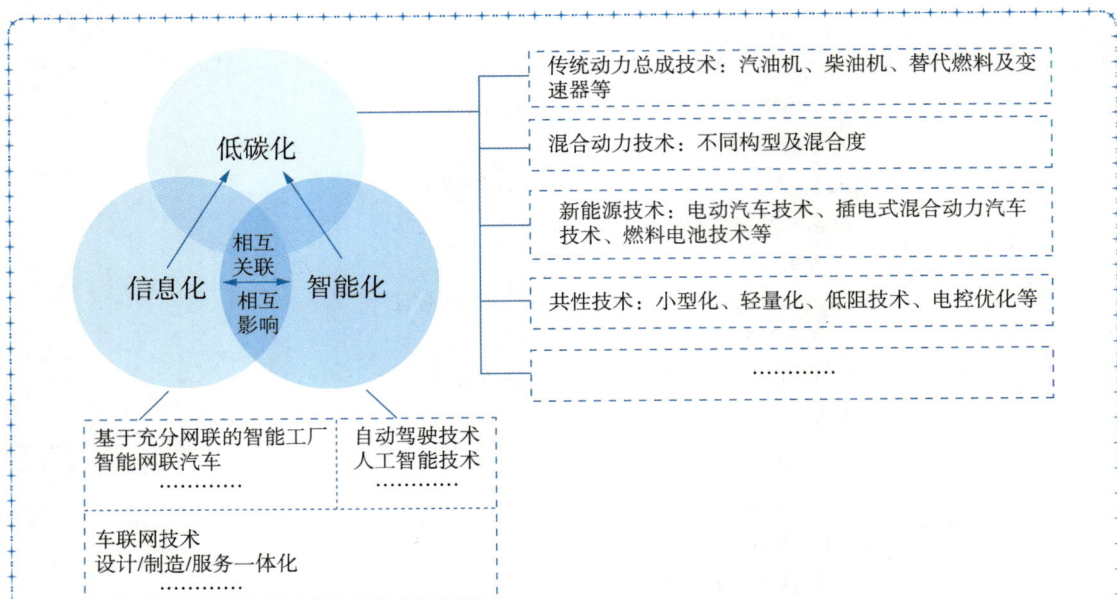

图 2-3-28　汽车技术发展趋势的内涵及相互关系

(2)信息化

信息化是指利用网络、通信和电子技术,不断地将信息技术应用到汽车产品中的技术趋势。这一趋势涵盖了信息技术在汽车产品和汽车产业链上的广泛应用,例如车辆互联网、基于互联网连接的设计、制造和服务一体化等技术。

(3)智能化

智能化是指基于车载传感器、控制器和执行器等装置,实现汽车在复杂环境中的感知、决策和协同控制等功能的技术趋势。自动驾驶技术和人工智能在汽车领域的应用,都是这一趋势的具体体现。

2. 三大趋势间的关系

汽车技术的发展趋势与低碳化、信息化和智能化密切相关。信息化和智能化相互依赖、相互影响,信息化是智能化的基础,没有充分的信息化支持,智能化无法达到较高水平。相反,智能化技术的应用也促进了信息化的进展,使信息化技术能够发挥更好的效果。信息化和智能化共同指向汽车产业和产品的集成,最终目标是构建基于充分网联的智能工厂和智能汽车。同时,信息化和智能化也推动了低碳化的实现,高度网联智能的汽车产品将能够更大程度地节能减排,从而实现汽车低碳化技术的最大效益。

二、智能网联汽车发展趋势

智能网联汽车(intelligent connected vehicle,ICV)的发展可以分为四个阶段:自动驾驶辅助、互联驾驶辅助、人机共驾、高度自动/无人驾驶。目前,自主式驾驶辅助系统已经进入大规模产业化阶段,互联化技术的应用已经开始进行大规模测试和产业化前期准备,协同驾驶技术和无人驾驶技术仍处于研发和小规模测试阶段。

自主式驾驶辅助系统是一种通过车载传感器感知周围环境,并对驾驶员的驾驶操作进行辅助的系统。这些系统可以提供预警和控制两种功能,帮助驾驶员更好地驾驶车辆。自主式驾驶辅助系统已经被大规模地应用于汽车行业,包括预警系统和控制系统两种类型。

网联式驾驶辅助系统是指依靠信息通信技术(information communication technology,ICT)对汽车周围的环境进行感知,并能预测周围车辆的未来行动,从而辅助驾驶员进行驾驶操作的一种系统。通过现代通信和网络技术,汽车、道路和行人等交通参与者不再是孤立的存在,而是智能交通系统中的信息节点。

1. 人机共驾阶段

共驾型智能汽车是指驾驶员与智能系统共同掌握车辆的控制权,通过协同合作完成驾驶任务。相较于传统的驾驶辅助系统,共驾型智能汽车要求系统具备更高的智能化水平。这是因为在共驾型智能汽车中,人类驾驶员和智能系统都扮演着控制者的角色,彼此之间互相制约、交互影响,形成了双方双向并行的控制结构。该系统不仅能够理解驾驶员的意图,使行车决策保持一致,还能够增强驾驶员的操控能力,减轻其操作负担。

2. 高度自动/无人驾驶阶段

高度自动/无人驾驶智能汽车进入了一个新的阶段,驾驶员不再需要操作车辆,因为车辆在任何情况下都能完成自动驾驶。在高度自动驾驶阶段,当车辆遇到无法处理的驾驶情况时,它会向驾驶员发出提示,询问是否需要接管控制。如果驾驶员不接管,车辆会采取保守处理方式,例如将车辆靠边停车,以确保安全。在无人驾驶阶段,车辆可能没有驾驶员或乘客,无人驾驶系统需要处理所有驾驶情况并确保安全。目前,一些互联网技术公司,例如谷歌,正在跳过人机共驾阶段,直接推广高度自动/无人驾驶系统;而大部分传统汽车公司仍然采取渐进式的方式逐步发展。

项目 3　智能网联汽车通信及网络技术

　　人们因所处行业背景和知识结构不同,故对"车联网"的认知和理解也有所不同。有人认为"车联网"是基于联网车机或中控台的车载信息服务,有人认为"车联网"是"互联网+"汽车后的市场应用,有人认为"车联网"通过 V2X 协同通信以实现交通安全,也有人认为"车联网"就是联网的自动驾驶。严格来说,"车联网"是车与车、车与人、车与路、车与云(平台)之间,按照约定的体系架构及其通信协议和数据交互标准,进行通信和信息交换的信息基础设施。

　　"网联汽车"强调的是被联网的汽车,"汽车网联化"强调的是汽车被联网,这两个术语常被用于汽车或交通行业。而"车联网"强调的是联结汽车的网络,车联网是物联网中的一个应用领域,常用于通信行业。本书说到汽车、交通与应用时采用"网联",说到网络时采用"车联网"。

任务 1　5G 通信技术在智能网联汽车中的应用

　　车联网(internet of vehicle,IOV)是基于车内网、车际网和车载移动互联网,按照约定的通信协议和数据交互标准,实现 V2X("V"代表汽车,"X"代表车、路、行人及应用平台等)无线通信和信息交换的一体化网络。它扩展了物联网技术在智能交通系统领域中的应用,实现了智能化交通管理、智能动态信息服务和车辆智能化控制。车联网如图 3-1-1 所示。

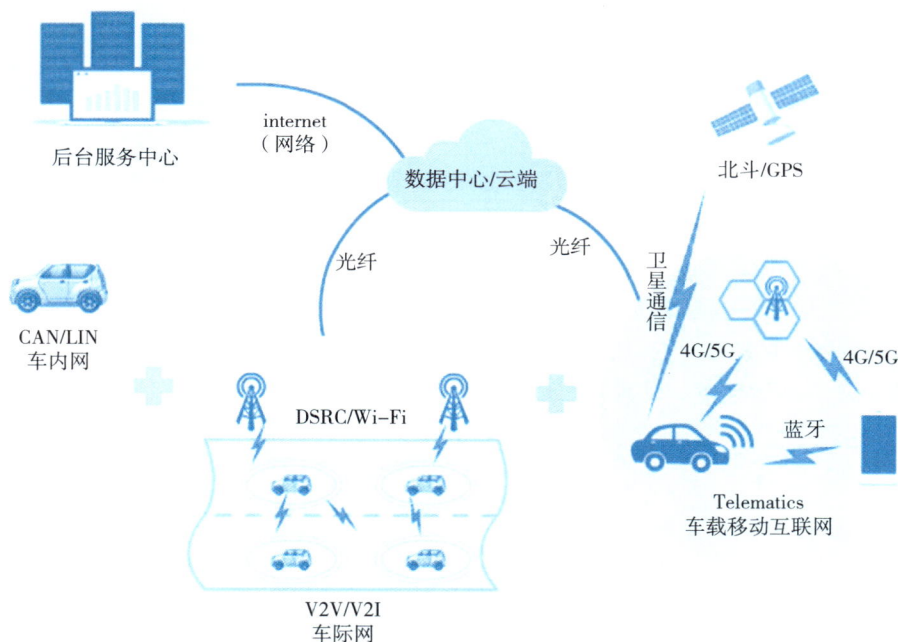

图 3-1-1　车联网

一、车联网架构

(一)车联网系统架构

　　车联网系统架构主要包括车联网感知层、网络层和应用层这三个层次,如图 3-1-2 所示。

　　车联网感知层是负责收集信息的重要组成部分。由多种传感器及传感器网关构成,包括车载传感器和路侧传感器。车联网感知层承担着车辆自身与道路交通信息感知和采集的全部功

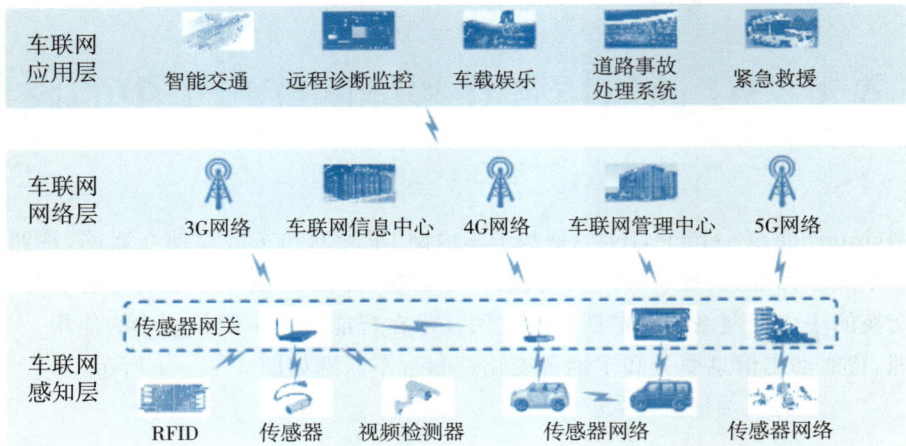

图 3-1-2　车联网系统架构

能。车联网感知层可以通过这些传感器提供车辆的行驶状态信息、运输物品的相关信息、交通状态信息、道路环境信息等。

车联网网络层主要负责信息传送及处理，由车载网络、互联网、无线通信网、网络管理系统等构成，是车联网的神经中枢和大脑。车联网网络层可通过专用的网络架构和协议模型，传递和处理从车联网感知层获取的信息。

车联网应用层的主要职责是处理信息订阅事宜，并为其他子系统提供接口。它能根据不同用户的需求提供各种应用功能，比如处理道路事故、协助紧急事故救援、提供动态交通导航、指引停车、监控危险品运输等。此外，它还能为车联网用户提供车辆信息查询、订阅信息、通知事件等各种服务。

（二）车联网网络体系架构

车联网网络体系架构如图 3-1-3 所示。它可以分为三个层次：一层是行人与车辆，二层是路侧设备，三层是云平台。

一层：行人和车辆是感知数据的主要来源。感知数据的类型主要包括行人智能终端提供的乘客和行人位置数据。汽车电子系统、卫星定位系统和惯性导航系统收集车辆数据。车载传感设备获取车辆环境数据（如道路设施和目标物体）及交通运行数据（包括交通管理和交通状况），车辆和车载终端联网获取车辆数据、运输出行数据、车辆环境数据和交通运行数据。

二层：路侧设备一般部署在路侧，包括路侧传感设备与路侧呈现设备。路侧传感设备用于感知交通运行数据，路侧呈现设备用于呈现交通运行数据。对于特别的交通情况，路侧设备也可以是移动设备或手持设备。路侧设备是一层与三层之间的中间层，起到承上启下的作用。

三层：云平台是为了收集、存储、处理、共享与发布车辆与交通数据信息而设计的。其中包括车联网服务平台（包括车载信息服务平台和车辆大数据信息服务平台）、交通运输管理云平台、地图云平台和自动驾驶算法训练云平台。

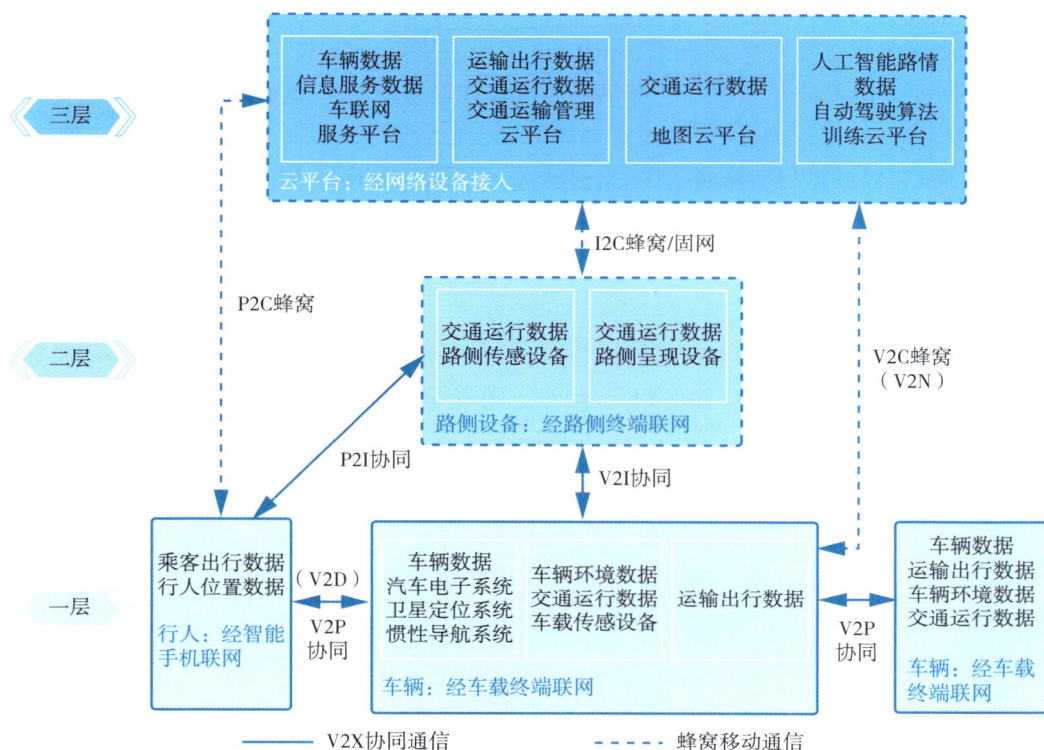

图 3-1-3　车联网网络体系架构

为了确保数据和信息交换,车、路、行人和云平台需要有通信终端设备。行人的通信终端是个人的智能手机,平台的通信设备是平台的网络接入设备,汽车使用车载终端,路侧设备使用路侧终端。

车联网有两种基本的通信方式:V2X 协同通信和蜂窝移动通信。

V2X 协同通信是车辆与车辆、行人和路侧设备之间进行数据和信息交换的通信方式。V2X 协同通信有四种应用场景:车车(V2V)、车路(V2I)、车人(V2P)和人路(P2I)协同通信。

蜂窝移动通信是云平台与车辆和路侧设备进行数据和信息传输的通信方式。蜂窝移动通信有三种应用场景:一是车云通信(V2C)或叫车网通信(V2N);二是路云通信(I2C),路云通信除了蜂窝移动通信,也可以用互联网等其他固定网络通信实现;三是人云通信(P2C),它是智能手机与平台的通信。

【微课】
蜂窝移动通信技术

二、车联网关键技术

车联网是一种运用先进技术的交通运输管理和控制系统,通过将感知技术、车辆无线通信技术、导航技术、车载自组织网络技术、智能控制技术和智能交通技术整合起来,实现实时、准确、高效的交通运输管理。

(一)汽车感知技术

汽车感知技术涵盖了传感器技术、RFID 技术和卫星定位技术等,用于感知车辆的状况及控制系统、路况、环境和定位信息。在车辆的状况与控制系统感知方面,这些技术可用于辅助驾驶、分析驾驶行为、驾驶行为分析、主动安全提醒、实现远程驾驶控制和自动驾驶等功能。而在路况感知方面,它们可以感知路面状况、交通状况、交通信号和行人等。环境感知则主要用于实现行车安全、防碰撞和无人驾驶等功能。定位感知则通过卫星定位、电磁感应和 RFID 等技术实现车辆的实时定位。

(二)车辆无线通信技术

车辆无线通信技术在车联网中应用广泛,包括卫星通信、蜂窝移动通信、无线短距离通信和专用无线短距离通信(如 DSRC 和 LTE - V)等。随着 5G 技术的发展,车辆无线通信技术也将更加灵活、可靠。

(三)导航技术

汽车内置卫星天线,通过搜索导航卫星坐标可实现精确定位,配合地理信息系统可实现车辆跟踪与导航。常用的卫星定位系统有美国的 GPS、俄罗斯的格洛纳斯、中国的北斗及欧盟的伽利略系统。

(四)车载自组织网络技术

车载自组织网络依托短距离通信技术,实现车—车、车—路、车—人的通信。与传统网络相比,车载自组织网络组建成本低、易于架构且操作方便,且能够很方便、快捷地为区域内车辆建立实时通信关系。

(五)智能控制技术

智能控制技术是指利用智能控制系统,通过分析交通状况和车辆行驶环境等信息,来制定任务执行策略并规划汽车行驶路线。随着传感器、处理器和执行器等技术的进步,以及深度学习等人工智能技术的应用,智能网联汽车能够更好地分析驾驶员的驾驶意图并预测其行为,同时还能预测当前车辆行驶环境的变化,并做出最佳的车辆控制决策,从而提升车辆的安全性和驾乘舒适性。

(六)智能交通技术

智能交通技术综合应用了先进的电子、信息、传感与检测、自动控制、系统工程等技术,使车辆、道路和使用者更加紧密地连接在一起。这种技术不仅能够提高交通运输效率、减轻交通阻塞,还能提升道路通过能力、减少交通事故、降低能源消耗以及减少环境污染。

三、5G 通信技术在智能网联汽车中的应用

(一)5G 介绍

5G 网络即第五代移动通信网络,其传输速率可达 4G 网络的百倍之多。5G 网络的出现,使得物联网能够获得更加广泛的应用,比如智能网联汽车、机器人、智慧城市、智慧农场等。5G 在物联网中的应用如图 3 - 1 - 4 所示。

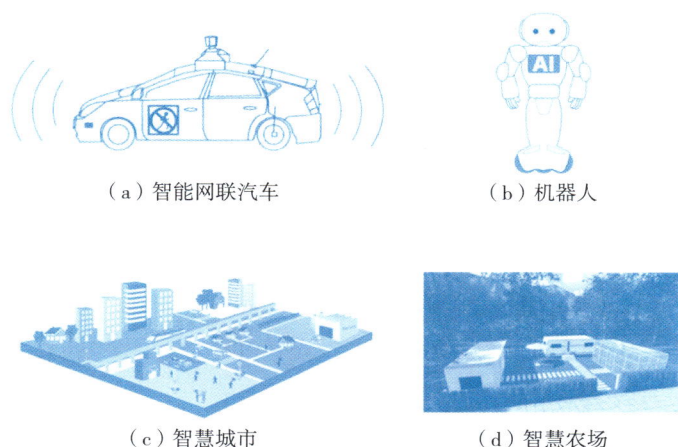

（a）智能网联汽车　　　　　　　　（b）机器人

（c）智慧城市　　　　　　　　　（d）智慧农场

图 3-1-4　5G 在物联网中的应用

5G 的网络架构包含独立组网模式（SA）和与 4G 网络相结合的非独立组网模式（NSA）两种：

① 独立组网模式是指需要全新打造 5G 网络环境的模式，如 5G 基站、5G 核心网等；

② 非独立组网模式是指在现有的 4G 硬件设施基础上，实施 5G 网络的部署工作的模式。

（二）5G 网络的关键技术

"D2D"是"device to device"的英文缩写，即设备到设备的通信。它指的是设备在一定距离内直接进行通信。在 5G 网络中，大规模输入输出技术是指通过使用大规模天线阵列来传输和接收信号。由于过去的 2G、3G、4G 网络使用的频率都在 3 GHz 以下，可用的低频段频谱资源非常有限，因此 5G 网络建设采用了两个不同的频段，即低频段和高频段。低频段指的是 3 GHz 至 6 GHz 的频率范围，而高频段则是指大于 30 GHz 的毫米波移动通信技术。由于高频段导致网络覆盖面积减少，因此为了增大网络的覆盖范围，需要采用高密集度的组网建设方式。

（三）5G 网络在 V2X 中的应用

基于 D2D 技术的 5G 网络将实现车辆与车辆、车辆与道路、车辆与行人、车辆与公共设施之间的多通道通信。5G 通信技术在智能网联汽车上的应用将解决目前网络资源有限的问题。

5G 大容量传输可用于采集海量的道路环境数据或车辆与云端之间的环境感知数据传输。低延迟直接连接可以实现 V2X 车辆与车辆、车辆与道路、车辆与人、人与道路的协同通信，解决通信数据安全和用户隐私信息保护问题，提高 V2X 通信的利用率。5G 网络在 V2X 中的应用如图 3-1-5 所示。

智能网联汽车通过结合大数据和通信技术，利用 5G 网络实现车辆与外界物体的通信。这种汽车在实现智能化的基础上，具备自动识别和被识别的功能，包括自动感知环境、处理数据做出决策以及控制车辆等方面。

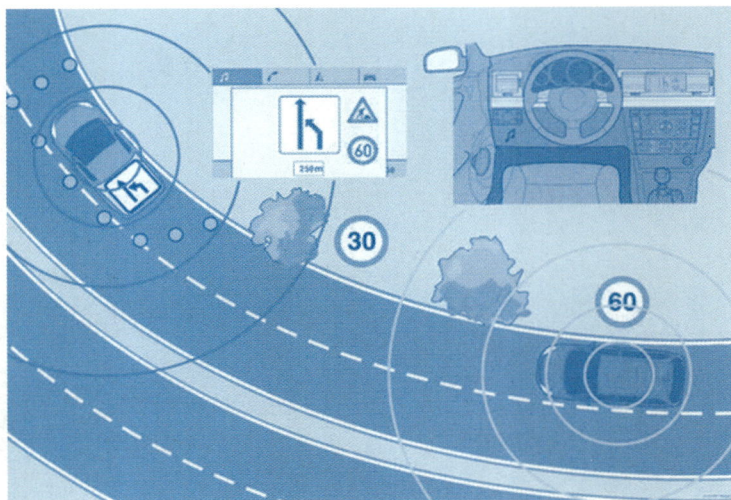

图 3-1-5　5G 网络在 V2X 中的应用

智能网联汽车技术面临的主要挑战是安全问题。5G 技术的应用目标是解决车辆安全驾驶问题，以最大程度地减少交通事故的发生，保护车辆数据的安全，并且收集和整合数据，以实现最高级别的安全性。

任务 2　物联网无线通信技术

无线通信系统一般由发射设备、传输介质和接收设备组成。其中，传输介质为电磁波，发射设备和接收设备上需要安装天线，以完成电磁波的发射与接收。无线通信系统组成框图如图 3-2-1 所示。

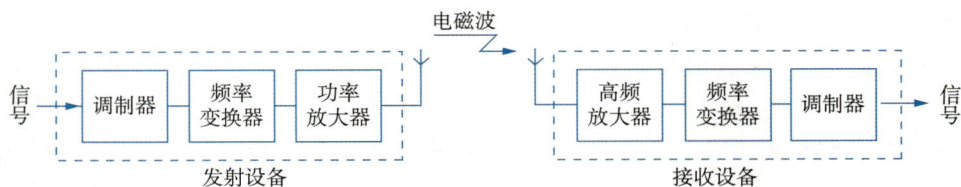

图 3-2-1　无线通信系统组成框图

发射设备的作用是将原始的信号转化为适合在特定传输介质上传输的信号。这个转化过程包括调制、频率变换和功率放大。调制器将低频信号调制到高频载波信号上，频率变换器将信号转换为发射电波所需的特定频率（如短波频率、微波频率等）。经过功率放大器的放大后，信号通过天线发射出去进行传输。

接收设备是将接收到的信号还原成原始的信息后再送至接收端,完成无线通信。信号还原的过程主要包括信号放大、频率变换和解调。

根据通信距离的不同,无线通信系统可以划分为远距离和短距离两种类型。远距离无线通信技术包括蜂窝移动通信、微波通信和卫星通信等。而短距离无线通信技术则包括蓝牙、ZigBee、Wi-Fi、UWB、60 GHz、IrDA、RFID、NFC、VLC 和专用短程通信等。短距离无线通信技术具有成本低、功耗低和对等通信的特点。车联网中常用的通信技术包括蜂窝移动通信技术、卫星通信技术和专用短距离无线通信技术。

一、蜂窝移动通信技术

(一)蜂窝移动通信技术的概念

蜂窝移动通信(cellular mobile communication)技术是指以蜂窝无线网络作为基础,将无线通信技术作为信息传输的媒介,实现不同的用户能够在移动的过程中进行有效沟通与联络的技术体系。蜂窝移动通信是一种移动通信硬件架构,它将一个移动通信服务区划分成许多以正六边形为基本几何图形的覆盖区域,在每个小区域内设一个基站,形成形状酷似"蜂窝"的结构,因此把这种移动通信方式称为蜂窝移动通信方式,如图 3-2-2 所示。

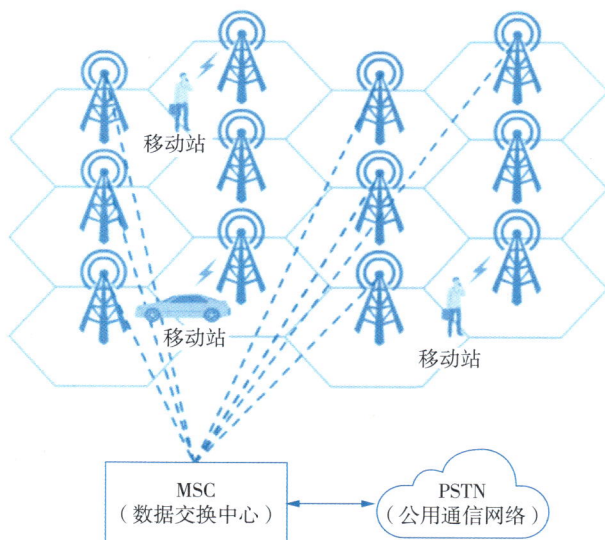

图 3-2-2　蜂窝移动通信方式

(二)蜂窝移动通信系统的组成

蜂窝移动通信系统通常由移动台(MS)、基站子系统(BSS)、移动业务交换中心(MSC)等组成(图 3-2-3)。

移动台(MS)是移动通信系统的用户设备,手机、对讲机或车载终端等都可作为移动台。移动台通常由收发信机、天线、电源等组成。

基站子系统(BSS)是移动通信系统的重要组成部分,直接与无线蜂窝网络相关。它由收发

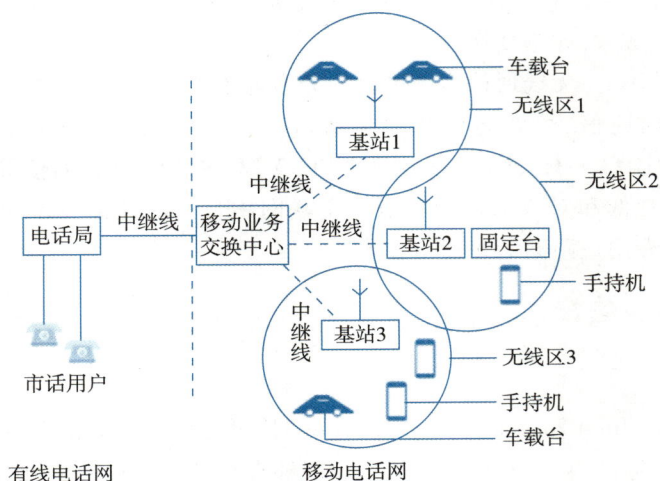

图 3-2-3　蜂窝移动通信系统的组成

信机、天线设备、馈线和电源等组件组成,其主要功能是传输无线信号。基站之间通过无线信道进行连接,负责管理无线资源和进行无线通信。主基站通过有线信道与移动交换中心(MSC)连接,实现移动用户之间或移动用户与固定用户之间的通信。

移动业务交换中心(MSC)是整个网络的核心,主要由交换设备和控制设备组成。它的主要功能不仅是交换无线电信号,还是控制和管理整个移动通信系统,充当呼叫路由的中心。此外,移动业务交换中心还可以通过中继线与市话局相连,实现移动用户与市话用户之间的通信,形成有线和无线相结合的综合通信网络。

(三)蜂窝移动通信网的区域覆盖方式

蜂窝移动通信网的区域覆盖方式可分为大区制和小区制两类。

大区制是指一个基站(发射功率为 50~100 W)覆盖整个服务区,该基站负责服务区内所有移动台的通信与控制。大区制的覆盖半径一般为 30~50 km。大区制采用单基站制,没有重复使用频率的问题,只需根据所覆盖的范围确定天线的高度和发射功率的大小,并根据业务量大小确定服务等级及应用的信道数。此制式下,要想增加通信用户量,就要增加基站的信道数,但信道数的增加量是有限的。因此,大区制只适用于小容量的通信网(如用户数在 1000 以下的服务区)。大区制的控制方式简单,设备成本低,适用于中小城市、工矿区等用户数较少的专用通信网。

小区制是指将整个服务区划分为若干个小区,在每个小区内设置一个基站,负责本小区内移动台的通信与控制。小区制的覆盖半径一般为 2~10 km,基站的发射功率一般限制在一定的范围内,以减少信道干扰。同时还要设置移动业务交换中心,负责小区间移动用户的通信连接及移动网与有线网的连接,以保证移动台在整个服务区内的任何一个小区内都能够正常进行通信。又因为采用的是多基站系统,各小区之间可以频率复用,但此种制式下易出现同频干扰问题。所谓频率复用,即在相隔一定距离的小区内可重复使用相同的频率,用有限的频率数就可以服务多个小区,以提高系统的频率利用率和系统容量。小区频率重复再用如图 3-2-4 所示。小区制的网络结构复杂,投资巨大,但是为了获得系统的大容量,在大容量公用移动通信网中仍普遍采用小区制结构。

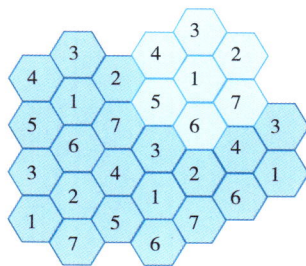

图 3-2-4 小区频率重复再用

根据服务对象和地形的不同,小区制的移动通信系统的频率复用和覆盖方式有带状服务覆盖区和面状服务覆盖区两种。

带状服务覆盖区是按横向排列覆盖整个服务区,整个系统由许多细小的无线小区相连而成。基站天线使用全向辐射,覆盖区形状是圆形,可进行频率复用,但为防止同频干扰,相邻区域不能使用同一频率,可采用双频组、三频组或四频组的频率配置。双频组和三频组的频率设置示意如图3-2-5所示。带状服务覆盖区一般应用在铁路、公路、沿海和内河航道的移动通信系统中。带状服务覆盖区的适用范围如图 3-2-6 所示。

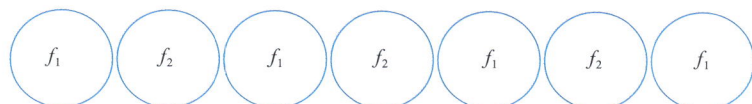

(a)双频组频率配置

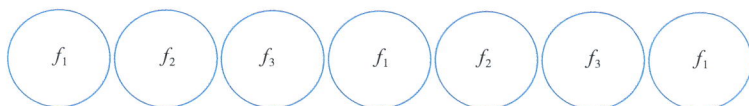

(b)三频组频率配置

图 3-2-5 双频组和三频组的频率设置示意

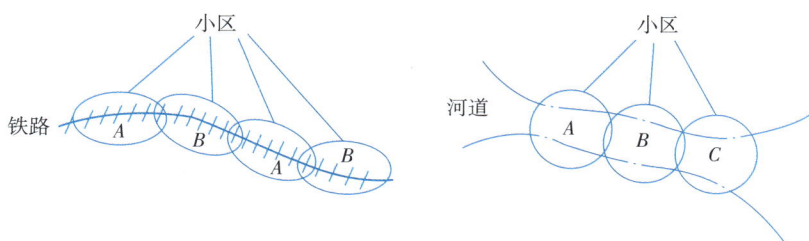

图 3-2-6 带状服务覆盖区的适用范围

面状服务覆盖区是地面移动通信服务区的主要形式。全向天线辐射的覆盖区是圆形,为了不留空隙地覆盖一个面状服务区,各圆形辐射区之间一定会有一些重叠区域,去除重叠区域之后,每个辐射区的有效覆盖区是一个多边形。若每个小区相间 120°,设置三个邻区,则有效覆盖区为正三角形;若每个小区相间 90°,设置四个邻区,则有效覆盖区为正方形;若每个小区相间 60°,设置六个邻区,则有效覆盖区为正六边形。面状服务覆盖区的小区形状如图 3-2-7 所示。其中正六边形具有最大的中心间隔和覆盖面积,而重叠区域宽度和重叠区域的面积又最小,所以小区制一般都采用正六边形小区结构。正六边形构成的网络形同蜂窝,因此,把小区形状为六边形的小区制移动通信网称为蜂窝网。

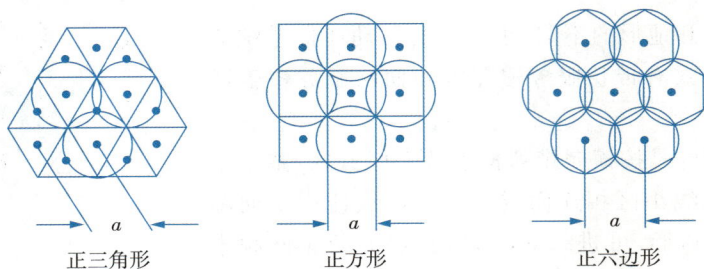

图 3-2-7　面状服务覆盖区的小区形状

(四)蜂窝移动通信技术的发展及应用

蜂窝移动通信技术的发展历程如图 3-2-8 所示。

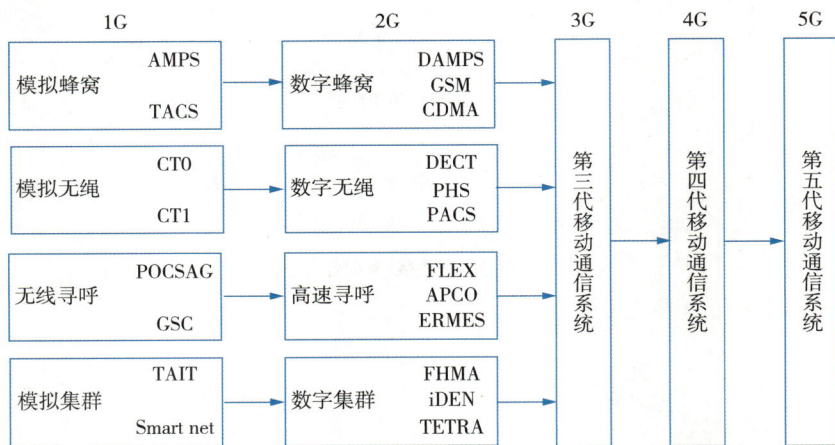

图 3-2-8　蜂窝移动通信技术的发展历程

1G(the first generation)表示第一代移动通信技术,主要解决语言通信问题,其代表为现已淘汰的模拟移动网;

2G(the second generation)表示第二代移动通信技术,以数字语音传输技术为核心,可支持窄带的分组数据通信,最高理论速率为 236 kbit/s,其代表为 GSM。2.5G 是 2G 与 3G 之间的过渡类型,在速度、带宽上比 2G 有所提高,可使现有 GSM 网络轻易地实现与高速数据分组的简便接入;

3G(the 3rd generation)表示第三代移动通信技术。3G 在 2G 的基础上发展了图像、音乐、视频流等高宽带的多媒体通信,提高了语音通话的安全性,解决了部分移动互联网相关网络及高速数据传输的问题,最高理论速率为 14.4 Mbit/s。

4G(the 4th generation)表示第四代移动通信技术。它是专为移动互联网而设计的通信技术,传输速率可达 100 Mbit/s,甚至更高,在网速、容量、稳定性上都有了跳跃式的提升;

5G(5G network)表示第五代移动通信网络。5G 的数据传输速率可达 10 Gbit/s,端到端时延缩短,单位面积移动数据流量比 4G 增长了约 1000 倍。

蜂窝移动通信的数据传输能力及其支持的车联网通信场景见表 3-2-1 所列。

表 3-2-1　蜂窝移动通信的数据传输能力及其支持的车联网通信场景

制式	下行峰值传输速率	车联网通信场景
2G	GPRS:115 kbit/s CDMA:153 kbit/s	车云通信(V2C):车辆与车联网服务平台之间的通信
3G	CDMA 2000:3.1 Mbit/s WCDMA:14.4 Mbit/s TD-SCDMA:1.68 Mbit/s	车云通信:车辆与车联网服务平台之间的通信
4G	TD-LTE:100 Mbit/s FDD-LTE:100 Mbit/s	①车云通信:车辆与车联网服务平台、交通运输管理云平台、地图云平台和自动驾驶算法训练云平台之间的通信。 ②路云通信(I2C):交通运输管理云平台与路侧设备之间的通信。 ③LTE-V2X 协同通信:行人、车辆和路侧设备之间的通信
5G	20 Gbit/s	①车云通信:车辆与车联网服务平台、交通运输管理云平台、地图云平台和自动驾驶算法训练云平台之间的通信。 ②路云通信:交通运输管理云平台与路侧设备之间的通信。 ③5G 的 V2X 协同通信:行人、车辆和路侧设备之间的通信

二、卫星通信技术

卫星通信是指利用人造地球卫星作为中继站转发无线电信号,在两个或多个地面站之间进行的通信。地面站是指在地球表面(包括地面、海洋和大气)上的无线电通信站。卫星通信技术是在地面微波中继通信和空间技术的基础上发展起来的,通信卫星的作用相当于离地面很高的微波中继站。

卫星通信技术在智能交通中有许多应用,包括智能交通系统、道路电子收费系统和交通运输管理等。在交通运输管理方面,卫星通信技术可以通过结合 GPS 导航系统、GIS(地理信息系统)电子地图、无线电通信网络和计算机车辆管理信息系统,实现车辆跟踪和交通管理等多种功能,如车辆跟踪、提供出行路线规划和导航、信息查询、语音服务、紧急援助等。

三、专用短距离无线通信技术

短距离无线通信技术指的是通过无线电波进行数据传输的通信方式,适用于传输距离较短的情况。专用短距离无线通信技术是一种特定的应用于道路环境的通信技术,用于车辆与车辆、车辆与基础设施、基础设施与基础设施之间,可进行有限距离通信。这是智能网联汽车中非常关键的通信方法之一。专用短距离无线通信技术主要包括 DSRC 和 LTE-V 两类。

【微课】
短距离无线通信技术

（一）DSRC

DSRC，即专用短程通信技术（dedicated short range communications，DSRC），是一种高效的无线通信技术。该技术能在特定的小范围内（通常为数十米）对高速运动中的移动目标进行精确识别和双向通信。作为智能交通系统（ITS）的重要基石之一，DSRC 技术具有高速的数据传输能力，同时能确保系统的稳定性与可靠性，是专为车辆通信所设计的技术。

1. DSRC 结构体系

DSRC 系统主要由车载单元（on‐board unit，简称 OBU）、路侧单元（road‐side unit，简称 RSU）及专用通信链路三部分组成。通信系统模型如图 3‐2‐9 所示。

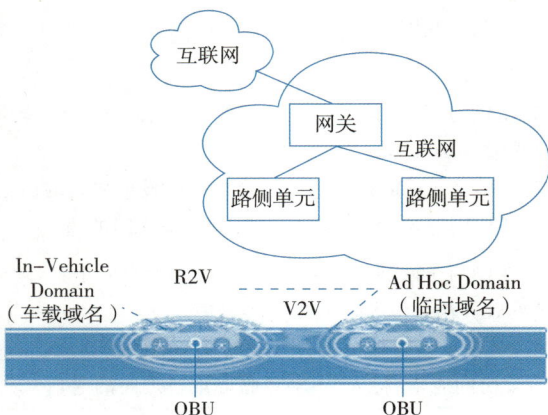

图 3‐2‐9　通信系统模型

经过严谨设计与制造的车载单元（OBU），是一种集微波通信技术和信息存储能力于一体的移动识别设备。该设备通过专用的通信链路，严格遵循既定的通信协议，与路侧单元（RSU）进行高效、稳定的信息交互。

路侧单元（RSU），即位于车道旁或上方的通信与计算机设备集合体，其核心构成涵盖设备控制器、天线、抓拍系统、计算机系统及其他辅助设施。其关键职责在于与车载单元（OBU）维持实时且高效的数据交换，实现对过往车辆的自动识别、特定目标的精准监测以及图像信息的迅速捕捉。

专用通信链路是 OBU 和 RSU 保持信息交互的通道，它由两部分组成：下行链路和上行链路。从 RSU 到 OBU 是下行链路，其主要实现 RSU 向 OBU 的信息写入功能；从 OBU 到 RSU 是上行链路，其用于 RSU 对 OBU 信息的读取，并完成车辆的自主识别功能。

2. DSRC 协议

DSRC 协议主要是为实现 OBU 和 RSU 之间通信交互而制定的通信接口规范。针对专用短程通信设备的应用需求，DSRC 协议体系遵循 OSI（开放系统互联）参考模型制定了三层结构，分别是物理层、数据链路层和应用层（图 3‐2‐10）。

① DSRC 协议的物理层位于最底层，负责规范传输媒体及其上、下行链路的物理特性参数。它提供同步和定时功能，控制信道的激活、保持、切换和释放。此外，物理层还定义了与数据链层的接口

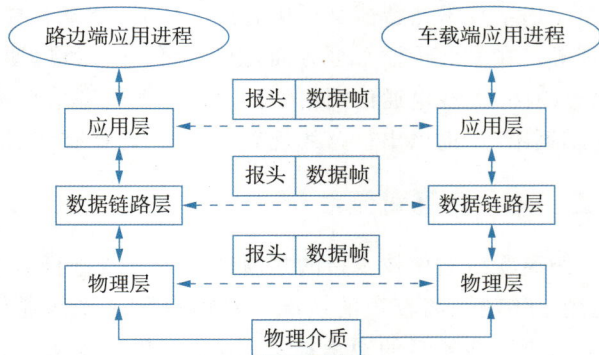

图 3‐2‐10　DSRC 协议体系结构

参数，这些参数包括载波频段、通信速率、调制方式、通信系统和误码率等。这些定义确保了

DSRC 协议在物理层上的稳定、可靠和高效运行。

② DSRC 协议中的数据链路层,位居中间层级,由 LLC(逻辑链路控制)子层和 MAC(介质访问控制)子层构成。该层的核心功能涵盖流量控制、链路的建立与拆除以及差错控制等关键任务。此外,该层还负责定义数据传输帧的精确结构。

LLC 子层主要进行 PDU(协议数据单元)的初始化,解释收到的命令 PDU,并生成相应的响应 PDU,执行数据流的控制和差错校正控制。

MAC 子层主要进行帧控制,对 LPDU(逻辑链路数据单元)进行分段和重组,确认 PDU 的收发并校验 CRC(循环冗余检验)等。

③ 应用层作为 DSRC 协议的最高层级,由三个关键组件构成,分别是初始化核心单元(I-KE)、广播核心单元(B-KE)及传输核心单元(T-KE)。这三个核心单元共同承担着初始化流程、广播信息传输及协议数据单元传输的重要任务。

应用层核心单元结构如图 3-2-11 所示。其中,初始化核心单元(I-KE)负责车载单元与路侧单元建立通信的初始化工作;广播核心单元(B-KE)利用车载单元与路侧单元的广播数据集中区来收集、广播并发布与各应用相关的信息;传输核心单元(T-KE)负责进行通信双方对等服务用户之间的信息传输工作。

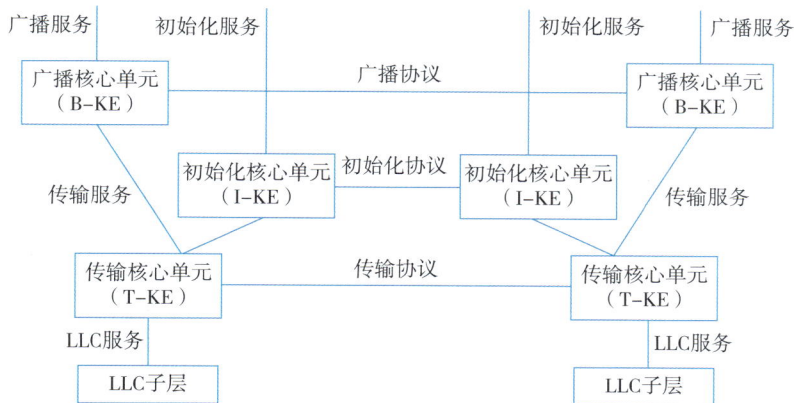

图 3-2-11　应用层核心单元结构

3. DSRC 协议的通信流程

① 第一步,建立连接。

a. 路侧单元(RSU)利用物理层的下行链路循环不断地发送帧控制信息;

b. 车载单元(OBU)驶入有效发射区域后,接收该控制信息,并回复相应的请求(图 3-2-12);

c. 路侧单元(RSU)收到请求后作出响应并将响应动作传回车载单元(OBU);

d. 车载单元(OBU)进行响应确认,路侧单元(RSU)收到确认信息后进行核实,核实完成后连接建立成功。

② 第二步,信息交互。

利用之前建立好的连接,针对应用服务类型进行数据交换。此过程中最重要的是差错控制,可通过重传计数器、控制重传等待时间等方式进行差错控制。

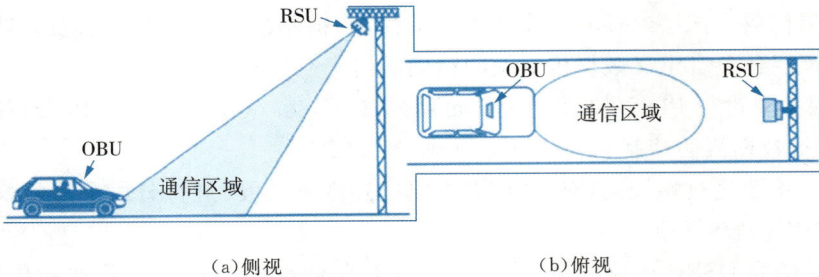

（a）侧视 （b）俯视

图 3 - 2 - 12　典型专用短程通信系统的有效通信区域

③ 第三步,连接释放。

路侧单元(RSU)向车载单元(OBU)发送释放连接信息,车载单元(OBU)接收信息后,确认释放连接,并设定连接释放计数器,由连接释放计数器释放连接。

4. DSRC 技术的应用

目前,DSRC 技术在智能交通领域中的应用主要体现在以下七个方面。

① 电子收费:当车辆经过特定的 ETC 车道时,通过 OBU 与 RSU 的通信,无须停车和收费人员采取任何操作,自动完成收费过程。DSRC 技术的车—路应用如图 3 - 2 - 13 所示。除了ETC 系统应用以外,DSRC 技术还可应用于收费停车场,对场内车辆进行自动计时和收费,使收费过程更加方便、快捷、安全和易于管理。

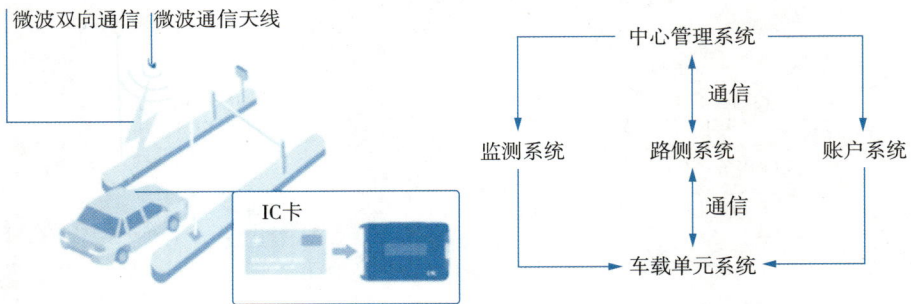

图 3 - 2 - 13　DSRC 技术的车—路应用

② 道路交通信息供给:借助 DSRC 系统的双向通信功能,实时收集并向交通信息中心传递各类交通信息,经中心分析处理后,向驾驶人员准确传达道路状况、交通流量及其他相关资讯,以确保行车安全与顺畅。

③ 车辆监管及防盗:在主要路口、收费站安装路侧设备,并对车辆的车主、车型、牌照等相关信息进行登记记录,当被盗车辆通过这些路口时,将被 DSRC 系统识别,实现车辆监管及防盗。

④ 公共交通管理:通过采用 DI 编码技术,能够实现运营车辆的精准定位,并将车辆位置数据实时传输至公交调度中心,使得运营车辆与指挥调度中心之间建立了高效的实时通信机制。

基于车辆运营状态的信息,DSRC 技术能够实现车辆的优化调度和管理,确保公共交通服务的顺畅运行;为乘客提供详细的乘车线路、车票费用及发车时间等信息,帮助他们更好地规划出行。同时,DSRC 技术为驾驶员提供与公交运营相关的实时交通拥堵信息、可用的停车空间等关键数据,以提升他们的驾驶效率和安全性。

⑤ 安全行驶支持:将 DSRC 技术应用于交通安全领域,能够提高交通的安全系数,减少交通事故,降低直接和非直接的经济损失。例如,当前面车辆检测到障碍物或车祸等情况时,会向后发送警告信息,提醒后面的车辆潜在的危险。DSRC 技术的车—车应用如图 3-2-14 所示。

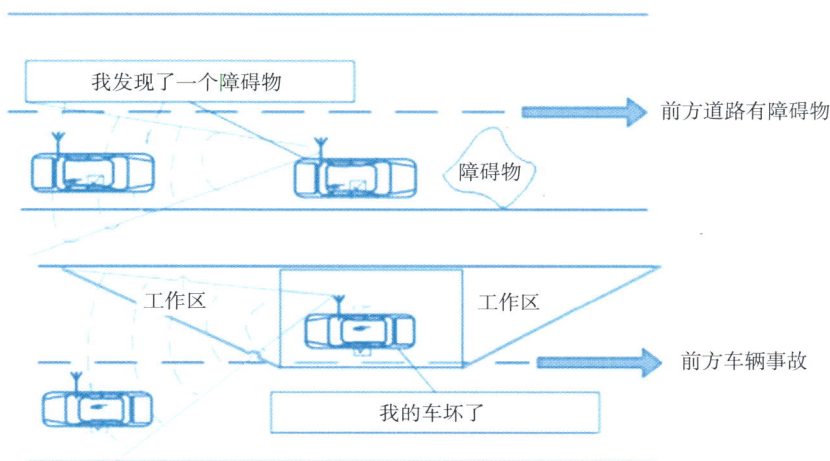

图 3-2-14　DSRC 技术的车—车应用

⑥ 特种车辆管理与紧急救援机制:通过精确识别车辆属性,实现对特种车辆(如警车、救护车及消防车等)的高效动态管理。在紧急状况发生时,借助 DSRC 系统,能够实时采集并处理交通信息与路况数据,确保紧急救援车辆在最短时间内以最快速度抵达事故现场。

⑦ 城市及道路规划交通数据提供:在需要调查的路段安装路侧设备后,DSRC 系统就可以在不停车的状况下对不同类型车辆进行实时定点、通行记载和交通量统计工作。

(二)LTE-V

LTE-V,即长期演进-V2X,是 4G-LTE 技术的延伸与拓展,专为车辆间通信设计。它在保持 4G-LTE"接入网—用户终端"通信机制的基础上,创新性地引入了"用户终端—用户终端"的直接通信能力。这一特性使得 LTE-V 更能满足智能网联汽车在局部范围内快速通信的需求,为 V2X 高可靠性、低时延的通信要求提供了坚实的技术支撑。

1.LTE-V 的两种工作模式

LTE-V 有"广域集中式蜂窝通信"(LTE-V-Cell)和"短程分布式直通通信"(LTE-V-Direct)两种模式。LTE-V 技术图解如图 3-2-15 所示。

LTE-V-Cell,作为一种"接入网—终端"的通信模式,其核心在于利用基站作为分布中心,进而实现终端间的通信连接。该模式是对现有蜂窝技术的进一步拓展,其主要功能在于承载传统的车联网业务,同时确保系统与终端间大数据量的顺畅传输。

LTE‐V‐Direct 是"用户终端—用户终端"的车车间直接通信模式,它不需要通过基站即可完成终端之间的通信。LTE‐V‐Direct 主要用于实现 V2V、V2I 直接通信,承载了车辆主动安全业务,主要用于满足终端之间通信低时延、高可靠性的要求。

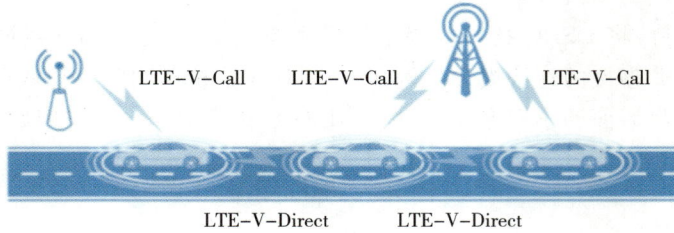

图 3‐2‐15 LTE‐V 技术图解

2. LTE‐V 的协议栈框架结构

LTE‐V 的协议栈框架结构如图 3‐2‐16 所示。

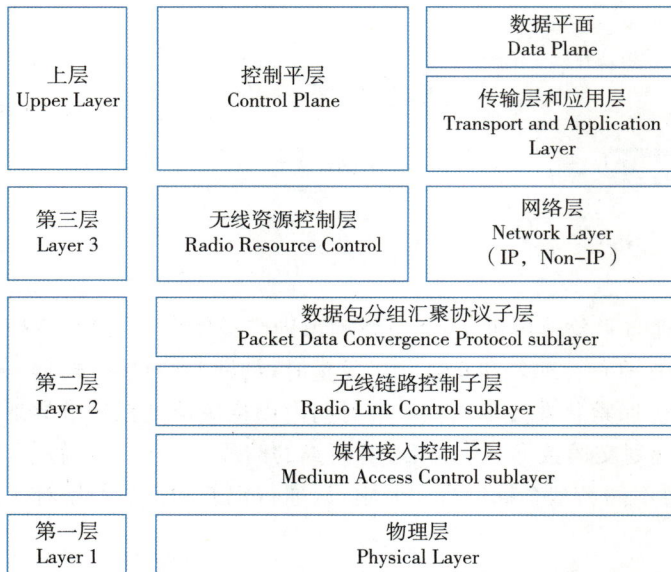

图 3‐2‐16 LTE‐V 的协议栈框架结构

LTE‐V 协议栈的上层与 OSI 模型的上层基本相同,包括应用层、传输层和网络层。

在 LTE 中,网络层之下被细分为两层,分别被命名为"第一层"与"第二层"。其中,"第一层"特指物理层,而"第二层"则涵盖了媒体接入控制子层(MAC)、无线链路控制子层(RLC)及数据包分组汇聚协议子层(PDCP)这三个子层。

3. LTE‐V 的业务需求

按业务模式,LTE‐V2X 可以分为以下四类,LTE‐V2X 的通信模式如图 3‐2‐17 所示。

① V2N(vehicle‐to‐network)通信:动态地图下载,自动驾驶相关线路规划、远程控制等,优先级最高。

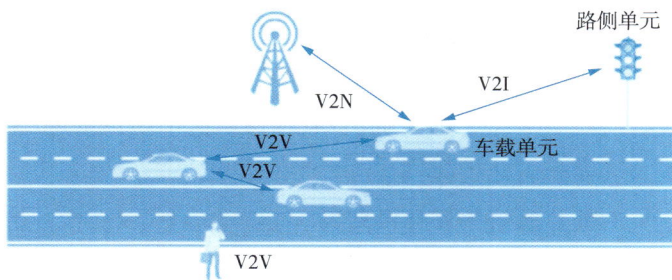

图 3 - 2 - 17　LTE - V2X 的通信模式

② V2V(vehicle - to - vehicle)通信:核心防碰撞、避拥塞等安全类应用,优先级取决于技术路线,但 V2V 安全类应用不受限于网络覆盖。

③ V2P(vehicle - to - pedestrian)通信:车与人之间通信,主要用于行人安全,优先级低。

④ V2I(vehicle - to - infrastructure)通信:用于车与道路设施之间通信,提供或接受本地道路交通信息,优先级低。

目前,3GPP(第三代合作伙伴计划)针对 LTE - V2X 和 5G 的 eV2X 分别定义了 27 种(依据 3GPP TR 22.885)和 25 种(依据 3GPP TR 22.886)应用场景。其中,3GPP TR 22.885 的 27 种应用场景主要依据应用业务进行分类,重点实现辅助驾驶功能,涵盖安全预警、交通效率等多个方面;而 3GPP TR 22.886 则主要着眼于自动驾驶功能的实现,包括高级驾驶、车辆编队行驶、离线驾驶、扩展传感器等应用场景。

在业务需求方面,在标准项目中,SA1 定义了 LTE - V2X 支持的最大移动速度、时延、消息发送频率、数据包大小、安全等通用的业务要求,具体如下。

移动速变:最高绝对速度为 160 km/h,最大相对速度为 280 km/h。

数据包大小:典型的周期性数据包为 50～400 B,事件触发数据包最大到 1200 B。

消息发送频率:1～10 Hz。

时延:100～1000 ms,预碰撞感知场景下为 20 ms。

安全:通信设备需要被网络授权才能支持 V2X 业务,要支持用户的匿名性并保护用户隐私。

资源管理:网络覆盖内资源可控,网络覆盖外通过预配置方式。

通信范围:TTC(time to collision)为 4 s 的通信距离。

V2V 通信场景主要聚焦于交通安全领域,对时延的要求极为严格。在多数场景中,时延需控制在 100 ms 以内,以确保通信的实时性和有效性。而在某些特殊场景下,时延要求更是高达 20 ms 以内,以满足更为紧迫的通信需求。此外,对于定位精度,要求达到 2 m 以内的精确度,以确保位置信息的准确传输。在数据包大小方面,需控制在 1200 B 以内,以确保通信效率和稳定性。

4. LTE - V 的优缺点

LTE - V 的优点:①部署简单,基于现有的移动蜂窝网络,不需要额外建设基站,只要在原有的 LTE 基站中增加一些设备即可;②覆盖范围广,且可实现无缝覆盖;③传输可靠,半静态的调度使得资源分配更加合理,降低了竞争冲突丢包的可能性;④随着3GPP的持续演进,未来可满足更高级的车路协同业务需求;⑤网络运营模式灵活,盈利模式多样化。

LTE‑V的缺点:①当前的技术成熟度相比DSRC而言较低;②LTE‑V应用于汽车主动安全与车辆智能驾驶的V2X时,其网络通信性能还需要充分的测试验证。

(三)DSRC和LTE‑V技术对比

DSRC和LTE‑V的部分通信参数对比见表3‑2‑2所列。

表3‑2‑2　DSRC和LTE‑V的部分通信参数对比

业务类别	DSRC	LTE‑V‑Cell	LTE‑V‑Direct
数据速率/Mbps	27	500	12
传输距离/m	200~500	1000	500~600
时延/ms	<50	E2E时延约100	<50,MODE4典型值为15
最大车速/(km/h)	200	500	500
网络部署	需部署RSU	基于现网基站	现网基站升级
技术成熟度	相对成熟,部分商用	技术成熟	相对成熟,验证中
商业模式	无法闭环,RSU及其服务买单方不明确	成熟商业模式	依托LTE大网,商业模式相对成熟
主要支持者	NXP(高通)	华为、爱立信、大唐、高通等	
商用节奏	2017年美国	计划2019年启动商用节奏	

三、其他无线短距离通信技术

除了专用短距离无线通信技术,蓝牙、ZigBee、Wi‑Fi、UWB、60 GHz、IrDA、RFID、NFC等无线短距离通信技术在车联网领域的应用也愈加广泛。各类无线短距离通信技术的传输距离、特点及其在车联网领域的应用见表3‑2‑3所列。

表3‑2‑3　各类无线短距离通信技术的传输距离、特点及其在车联网领域的应用

技术	传输速率/(Mbit/s)	通信距离	特点	应用
蓝牙	3	0.1~10 m,增加发射功率后可达到100 m	①全球范围适用;②同时可传输语音和数据;③可以建立临时性的对等连接;④抗干扰能力强;⑤模块体积小,便于集成;⑥功耗低;⑦接口标准开发;⑧成本低	①车载蓝牙电话;②车载蓝牙音响;③车载蓝牙导航;④车载蓝牙防盗;⑤蓝牙后视镜;⑥车辆解锁(汽车虚拟钥匙)

（续表）

技术	传输速率/ （Mbit/s）	通信距离	特点	应用
ZigBee	0.02～ 0.25	10～100 m， 增加发射 功率后可达 到 1～3 km	①功耗低； ②成本低； ③速率（20～250 kbit/s）低； ④时延短，响应速度快； ⑤容量大； ⑥安全性高； ⑦可靠性高； ⑧免执照频段	①精确定位与导航； ②交通运行信息提示； ③胎压监测（用于汽车传感网络）； ④采集用户信息，并进行数据处理和 传输（用于智能网联汽车）
Wi-Fi	600	300～900 m	①覆盖半径大； ②传输速率高； ③健康安全； ④无须布线； ⑤组建容易	①车载影音娱乐（视频播放、车载导 航、同屏传送、收发邮件、网络登录、网 络下载等）； ②搭建移动热点； ③使用移动设备远程查看车辆位置、 轮胎气压、油量与里程等，接收车辆性 能、诊断等预警信息
UWB	500～ 1000	<10 m	①传输速率高（几百兆至 1Gbit/ s）； ②隐蔽性好； ③多径分辨能力强； ④定位精度高； ⑤抗干扰能力强； ⑥穿透能力强； ⑦体积小，功耗低	UWB 技术可以对目标进行快速搜索 与准确定位。在智能交通中，可以利 用该技术研发雷达系统，有效提升雷 达系统的防障碍物性能；在汽车中安 装该系统，可以为车辆驾驶员提供智 能化服务，在车辆行驶过程中帮助驾 驶员避开障碍物，还可以对汽车进行 定位测量、获取相关道路信息等
60 GHz	>1000	1～10 m	①频谱资源丰富； ②传输速率高； ③抗干扰性强； ④安全性高； ⑤方向性强； ⑥易于实现频率复用； ⑦最大发射功率限制小； ⑧无线尺寸小，电路可集成化	汽车防撞报警系统（可利用 60 GHz 技 术，实现汽车雷达的快速设备和数据 的高速传输）
IrDA	16	0.1～1 m	①稳定性好； ②私密性强； ③功率低； ④成本低廉； ⑤灵活性差，端口设备之间不能有 阻挡物（IrDA 技术是两个具有 IrDA 端口的设备之间的数据传输）； ⑥红外线发射角度一般不超过 30°，可控性小，发送方和接收方 位置要相对固定，移动性差； ⑦需严格控制红外线发射强度， 以免损害人类眼睛或皮肤	①汽车夜视辅助系统； ②遥控钥匙

（续表）

技术	传输速率/(Mbit/s)	通信距离	特点	应用
RFID	0.001	受读写器功率、模块性能、天线大小、标签尺寸、环境等多种因素影响	①读取方便快捷； ②识别速度快； ③数据容量大； ④穿透性强和无屏障阅读； ⑤使用寿命长，应用范围广； ⑥标签数据可动态更改； ⑦安全性高； ⑧动态实时通信	①交通信息采集（如采集机动车流量、车辆平均速度、道路拥挤状况等）； ②智能交通控制（交通信号优化控制、公交信号优化控制、特定区域出入管理等）； ③违章、违法行为检测； ④汽车防伪查询； ⑤高速公路自动收费系统； ⑥无钥匙系统； ⑦车牌自动识别系统
NFC	0.424	主动通信模式：0～20 cm。被动通信模式：0～10 cm	①安全性高； ②处理速度快； ③连接快速	①提高车内应用的易用性和功能性； ②将智能手机用作智能钥匙来解锁车门； ③结合蓝牙和智能手机，查看油量状况、更换机油时间、轮胎气压、车辆位置等

无线短距离通信技术有多种类型。智能网联汽车选用何种无线短距离通信技术要根据有关标准，综合考虑使用条件、传输性能、成本等多种因素，还要考虑不同品牌汽车之间的无线通信的兼容性。

任务 3　光纤通信技术在智能网联汽车中的应用

一、光纤通信技术概述

光纤通信，作为一种先进的通信方式，其核心在于利用光纤作为传输介质，实现光信号的传输。光纤通信系统架构如图 3-3-1 所示，主要包含发送单元、传输单元和接收单元三大单元。

发送单元中的电端机负责处理来自信源的信号，包括模数转换、多路复用等关键步骤。而光端机的发送端则通过光源（如激光器 LD）将电信号转换为光信号，以实现信号的光学表示。

在传输单元中，光纤作为光信号传输的主要介质，承载着信息从发送端传输至接收端的重要任务。其基本传输原理：发送端的电端机将信号（如话音信号）进行模数转换，转换后的数字信号经调制后由激光器 LD 发送。当数字信号为"1"时，发送一个携带信息的"传号"光脉冲；当数字信号为"0"时，发送一个"空号"（即不发光）。

接收单元中的光端机接收来自光纤的光信号,并通过光检测器(如光电二极管 PD)将光信号还原为电信号。经过放大、整形、再生等处理后,电信号被送入电端机的接收端。对于长距离的光纤通信系统来说,还需要有中继器,其作用是把经过长距离光纤的衰减和畸变后的微弱光信号放大、整形后再生成一定强度的光信号进行传输,以保证良好的通信质量。

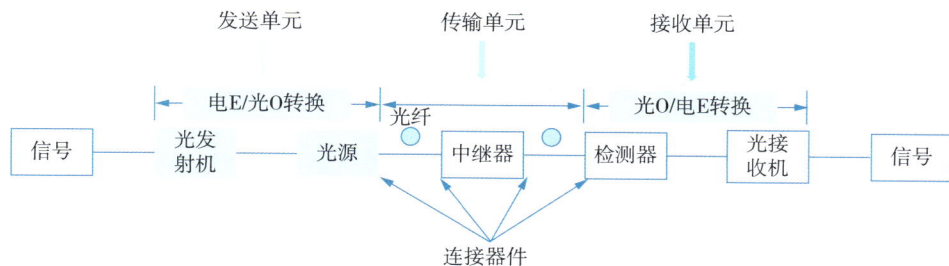

图 3-3-1　光纤通信系统架构

二、光纤通信技术的特点

与电缆或微波通信技术相比,光纤通信技术具有许多优点,表现如下。

1. 通信容量大

理论上,如头发丝粗细的光纤可同时传输 1000 亿路语音。实际应用中可同时传输 24 万路,这比传统的电缆或微波通信技术高出了几十倍,甚至上千倍。

2. 中继距离长

目前,光纤的衰减率已被有效控制在每公里 0.19 dB 以下,其极低的衰减系数显著提升了通信的中继距离,使其能够达到数百公里。据相关数据显示,已经成功实施了光弧子通信试验,实现了在无须中继的情况下,传输 120 万话路、覆盖 6000 km 的距离。相较之下,电缆和微波通信的中继距离分别仅为 1.5 km 和 50 km。由此可见,光纤通信在构建通信干线和长途网络方面具有显著优势,是极为理想的选择。

3. 保密性能好

光波信号在光纤中传输的时候,只在光纤的"纤芯"中进行,无光泄漏,因此保密性好。

4. 适应能力强

光纤通信不受外界的电磁干扰,而且耐腐蚀、可挠性强(弯曲半径大于 25 cm 时性能不受影响)。

5. 可节省大量的金属材料

据测算,使用 1000 km 的光缆,可节省 150 t 铜、500 t 铅。

6. 体积小,质量轻,便于施工和维护

光纤具有轻盈的特点,例如专为军用设计的轻质光缆,其单位质量仅为 5 kg/km。此外,光缆的施工方式灵活多样,为安装和维护提供了极大的便利。

光纤通信也存在一些不足,主要表现为:

光直接放大难,弯曲半径不宜太小,分路耦合不方便,需要高级的切断接续技术等。

三、光纤通信系统的分类

1. 按波长分类
按照波长,可以将光纤通信系统分为短波长光纤通信系统、长波长光纤通信系统和超长波长光纤通信系统。

2. 按光纤模式分类
按照光纤模式,可以将光纤通信系统分为多模光纤通信系统和单模光纤通信系统。

3. 按传输信号的类型分类
按照传输信号的类型,可以将光纤通信系统分为光纤模拟通信系统和光纤数字系统。

4. 按传输的速率分类
按照传输信号的类型,可以将光纤通信系统分为低速光纤通信系统和高速光纤通信系统。

四、光纤通信关键技术

1. 波分复用技术
在特定区域内,单模光纤通信系统在以最低消耗为评价依据时,显现出不足。然而,采用波分复用技术可以更有效地解决这一问题,将已消耗的资源转化为宽带资源,并对其进行合理的利用。

2. 光源波长稳定技术
在运用此项技术时,波分复用技术是一种被广泛采用的技术手段。然而,由于其依赖于半导体激光刺激器光源来构建光发送设备,因此需要持续优化和完善相关的应用手段和形式。

3. EDFA
经过精心设计与制造,我们成功研发出 EDFA(接铒光纤放大器),其目的在于提升和优化波分复用技术,以进一步增强波分复用光纤的传输速率、扩容能力及传输距离,从而实现更高效、更稳定的通信应用。

五、光纤通信技术的应用

光纤通信技术在智能网联汽车中的应用主要包括以下几个方面。

1. 车辆互联
光纤通信技术可以实现车辆间的信息互联互通,这包括车辆间的即时通信、数据高效传输及精确的车辆间距测量等功能。此举不仅能显著提升道路交通的流畅性与效率,还能有效降低交通事故的发生概率。此外,光纤通信技术还能促进车辆间的协同合作,从而进一步增强行车安全性。

2. 车辆与道路设施的互联
光纤通信技术能够实现车辆与道路设施之间的互联互通,涵盖车辆与交通信号灯、路障以及高速公路收费站等关键交通设施的通信联系。通过此种方式,驾驶员可以获取实时的交通路况及道路条件信息,从而更有效地预防潜在交通事故的发生。

3. 车辆与云端的互联
光纤通信技术能够高效地将车内数据(包括车辆位置、行驶状态及健康状况报告等),上传至云端系统。云端系统对这些数据进行深入分析,可以精准诊断车辆故障,并为维修人员提供有针对性的建议。同时,云端系统还能为驾驶员提供实时的导航和路线规划等多元化服务。

六、汽车多媒体和导航——MOST

MOST 表示"多媒体传输系统",是一种专门针对车内使用而开发的、服务于多媒体应用的数据总线技术。

1. MOST 的数据类型

MOST 利用一个低价的光纤网络传输同步数据、异步数据和控制数据三种数据。MOST的数据类型如图 3-3-2 所示。

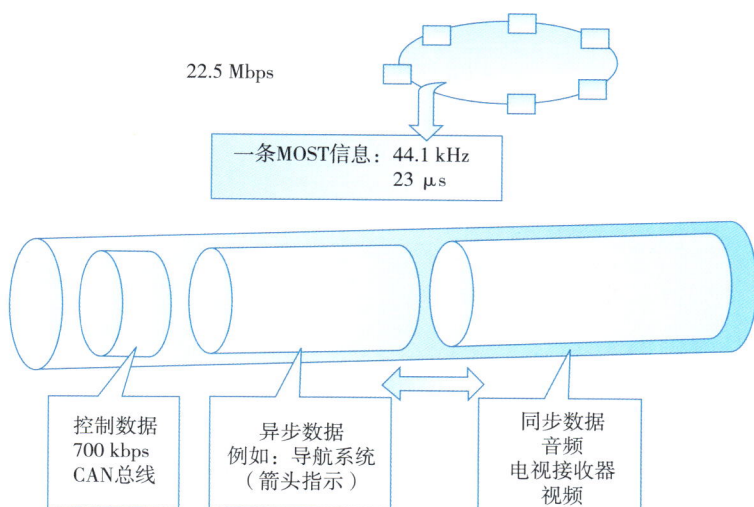

22.5 Mbps

一条MOST信息：44.1 kHz
23 μs

控制数据
700 kbps
CAN总线

异步数据
例如：导航系统
（箭头指示）

同步数据
音频
电视接收器
视频

图 3-3-2　MOST 的数据类型

2. MOST 节点结构

MOST 节点结构如图 3-3-3 所示。

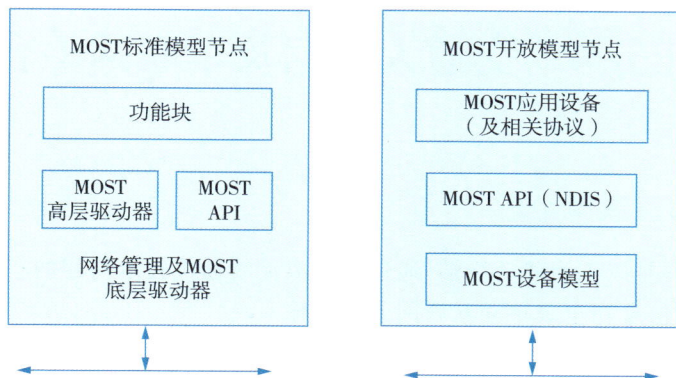

MOST标准模型节点

功能块

MOST
高层驱动器

MOST
API

网络管理及MOST
底层驱动器

MOST开放模型节点

MOST应用设备
（及相关协议）

MOST API（NDIS）

MOST设备模型

图 3-3-3　MOST 节点结构

3. MOST 设备的硬件结构

MOST 设备的硬件结构如图 3-3-4 所示。

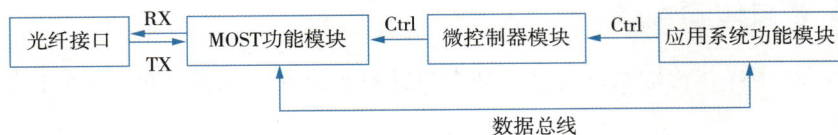

图 3-3-4　MOST 设备的硬件结构

4. MOST 总线系统的布置形式

MOST 总线系统的显著特点是它的环形结构（图 3-3-5）。

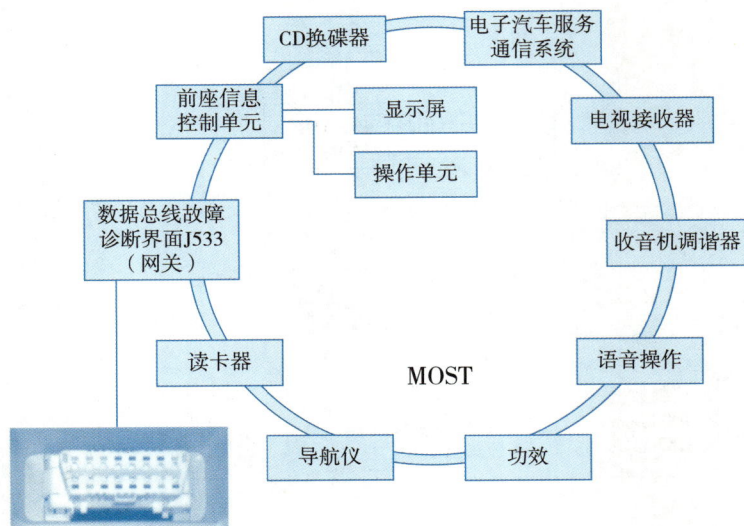

图 3-3-5　MOST 总线系统的环形结构

任务 4　交通大数据及车联网平台

一、车载移动互联网组成

车载移动互联网是以车为移动终端，通过远距离无线通信技术构建的车与互联网之间的网络，实现车辆与服务信息在车载移动互联网上的传输。

车载移动互联网的组成如图 3-4-1 所示。它主要由车载终端、基站、业务提供平台等组成。它是先通过短距离通信技术在车内建立无线个域网或无线局域网，再通过 4G/5G 等远距离无线通信技术与互联网连接。

图 3-4-1　车载移动互联网的组成

知识拓展

一、车联网

车联网(internet of vehicle,IOV)是智能交通系统中的一种技术,它是物联网的延伸。它利用车内网、车际网和车载移动互联网来实现车辆之间的无线通信和信息交换,从而实现智能化交通管理、智能动态信息服务和车辆智能化控制。车内网通过使用一种成熟的总线技术来建立一个标准化的整车网络。

车际网是基于特定无线局域网络的动态网络。车联网的发展趋势是将自身与车载移动互联网和车际网这三个网络融合在一起,形成一个统一的网络系统。车联网如图3-4-2所示。

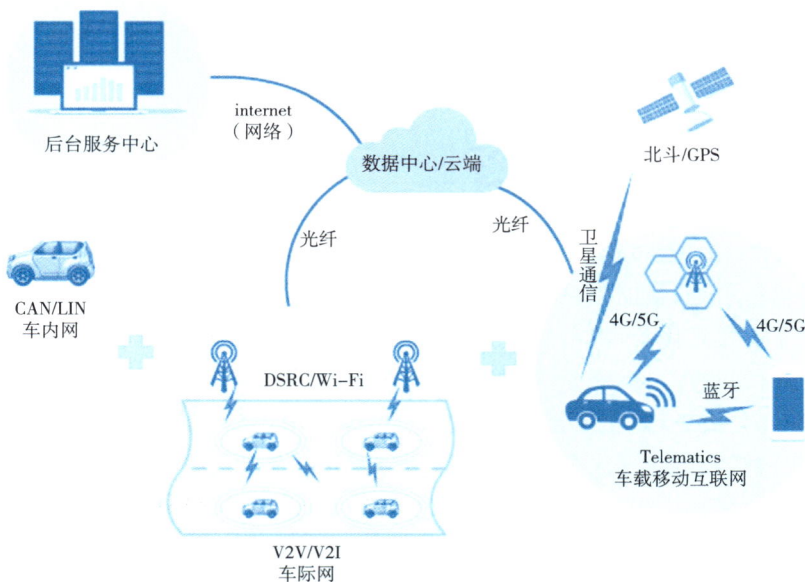

图 3-4-2　车联网

车联网是将智能交通系统与互联网技术结合起来的产物,它是智能交通系统的重要组成部分。目前,车联网主要应用于导航和娱乐系统,但在主动安全和节能减排方面的应用仍需进一步开发。

二、智能交通系统

智能交通系统(intelligent traffic system,ITS)又称智能运输系统,是将先进的科学技术,综合运用于交通运输、服务控制和车辆制造的综合运输系统。它将先进的科学技术(信息技术、计算机技术、数据通信技术、传感器技术、电子控制技术、自动控制理论、运筹学、人工智能等)有效地综合运用于交通运输、服务控制和车辆制造中,有效地连接车辆、道路和使用者,以实现安全、高效、环保和节能的综合运输系统。智能交通系统是车联网发展的最终目标。图3-4-3展示了智能交通系统的形式。

图3-4-3 智能交通系统的形式

二、车载移动互联网的应用

智能网联汽车依托车载移动互联网,得以实现多样化应用。其中,多样化应用包括导航及位置服务,如利用GPS卫星导航定位技术为用户提供准确的位置信息;实时交通信息服务,如实时交通流量信息汇报,帮助用户规避拥堵路段;网络信息服务,如网页浏览和视频观看,为用户提供丰富的车内娱乐体验;汽车使用服务,如通过远程监测车况、远程升级和故障诊断,提升用户的使用便捷性;汽车出行服务,如智能公交系统、出租车电召系统和共享汽车,优化用户的出行方式;商务办公服务,如视频会议和收发邮件,满足用户在车内的办公需求。这些功能的应用,体现了智能网联汽车在现代交通出行中的重要作用。

本节以智能公交系统和出租车电召系统为例对车载移动互联网的典型应用进行介绍。

(一)智能公交系统

智能公交系统是一个集"人—车—路—环境"于一体的综合性系统。它通过整合信息技术、通信技术、计算机技术、传感技术和控制技术等多种高新技术,致力于提升公交系统的运行效率和服务品质,增强系统的可靠性和安全性,同时降低能源消耗和减少对环境的污染。在具体应用层面,该系统集成了车辆定位、地理信息系统、公交运营优化与评价、计算机网络、通信和智能卡等先进技术,构建了一个集智能化调度、公交电子收费、信息服务、安全管理和自动交通信号控制于一体的先进公共交通管理系统。

1. 系统组成

智能公交系统一般由中心管理平台、前端采集设备、传输网络和监控中心四部分组成。智能公交系统拓扑图如图 3-4-4 所示。

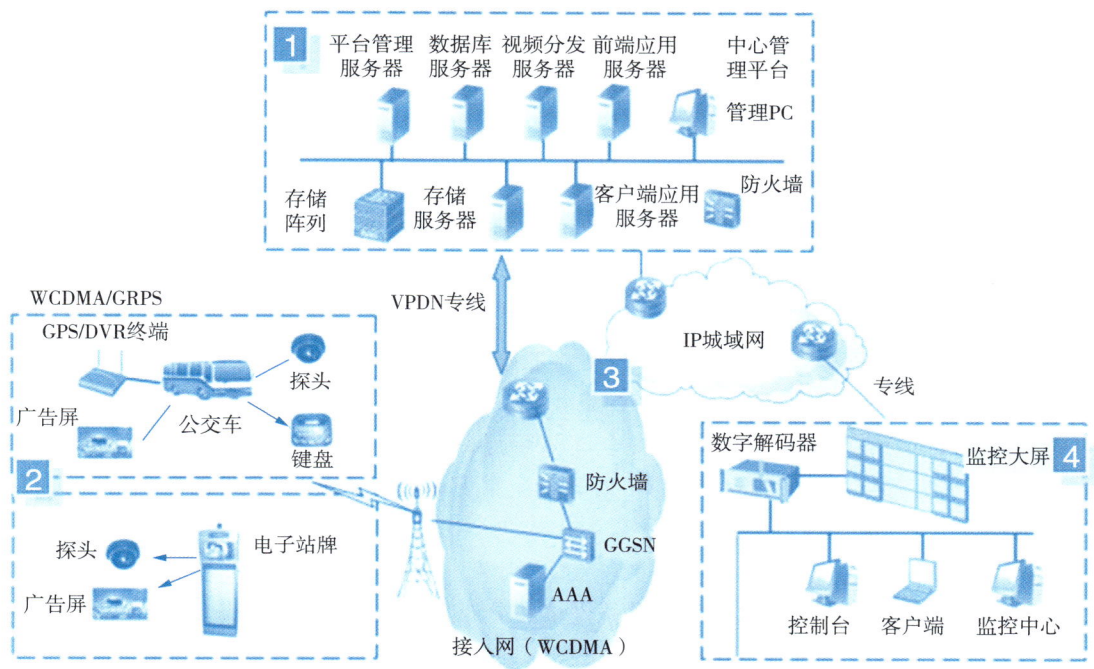

1. 中心管理平台　2. 前端采集设备　3. 传输网络　4. 监控中心
图 3-4-4　智能公交系统拓扑图

中心管理平台作为本系统的核心枢纽,负责执行日常监控、公交调度及应急指挥等关键任务。该系统通过无线网络技术,实现对车载前端系统的精确控制,进而实现视频和音频监控、GPS 定位信息接收、车辆线路管理、车辆调度、语音对讲、报警处理等多项功能。此外,中心管理平台还具备强大的数据存储、汇总能力,可生成详尽的后台管理报表,为车辆维修管理、线路运营管理等提供有力支持。

前端采集设备是一个综合性的系统,其核心组件包括摄像头、车载主机、人机界面(含键盘与显示器)、报站 LED 屏、报站器及媒体显示屏等。此外,该设备还具备 GPS 定位、无线传输及磁盘录像等多项先进功能。

传输网络包含无线移动通信传输链路和固网专线传输链路两部分。通信基站接收到来自前端公交车的数据信息之后,经网关送入固网专线,供监控中心使用。

监控中心主要由电视墙、键盘、视频切换器、视频矩阵等设备组成,可实现监控信息的接收、显示、切换、存储和回看。

2. 系统功能

① 为提升公交运营效率，根据线路、站点及客流量等因素，需科学合理地规划公交线路。同时，结合计划排班与滚动排班两种模式，实现更加智能化、实时化和科学化的车辆运营调度，以进一步提升整体运营效率。

② 可通过公交调度监控系统，实现对车辆营运数据的实时采集和对车辆的自动定位，更加科学、有效地管理公交车辆。

③ 通过自动报站系统，实现车站信息的自动播报，对换乘站点和注意事项进行提示。

④ 通过导乘系统，车辆 LED/LCD（液晶显示器）导乘屏实时显示当前线路、站点信息。

⑤ 通过全面的视屏监控系统，提供公交车内、公交站点及公交场站视频数据，为实现平安、智能公交提供依据。

⑥ 该系统能够通过手机应用、实体电子站牌等多种渠道，向公众提供精确、便捷的公交线路和车辆实时信息。同时，系统将大大提升公交服务的品质和安全性，使其成为最经济、舒适的出行选择。

（二）出租车电召系统

出租车电召系统是综合性服务平台，旨在将散布在各地的出租车公司与车辆整合至统一的网络平台上，实现城市出租车辆的即时电召服务、实时监控及灵活调度。此系统通过高效的信息匹配与资源调度，确保司机与乘客的安全，同时为出租车企业提供多元化、定制化的服务方案。此外，此系统还能有效降低运营成本，助力企业实现现代化管理，并为出租车监控部门提供智能化、高效化的管理工具。

1. 系统组成

① 总体结构：出租车电召系统采用基于网络的分布式控制结构，可实现分级、分组调度，分为主控中心子系统、分控中心子系统和终端设备。出租车电召系统组织结构如图 3-4-5 所示。

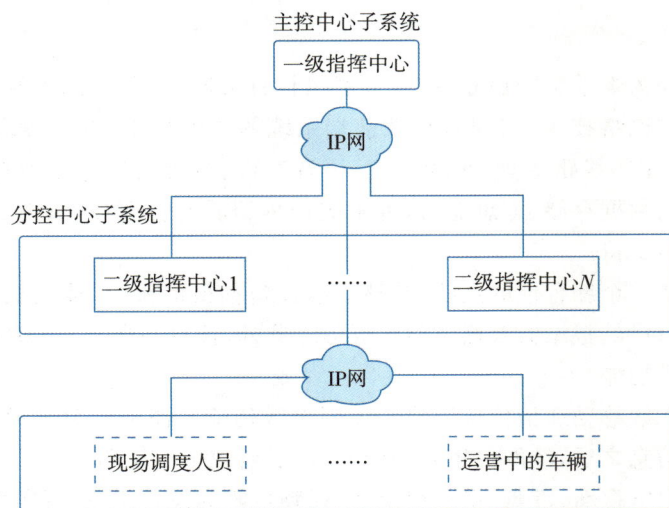

图 3-4-5　出租车电召系统组织结构

② 网络结构:出租车电召系统分为多级网络结构。出租车电召系统网络拓扑结构如图 3-4-6所示。

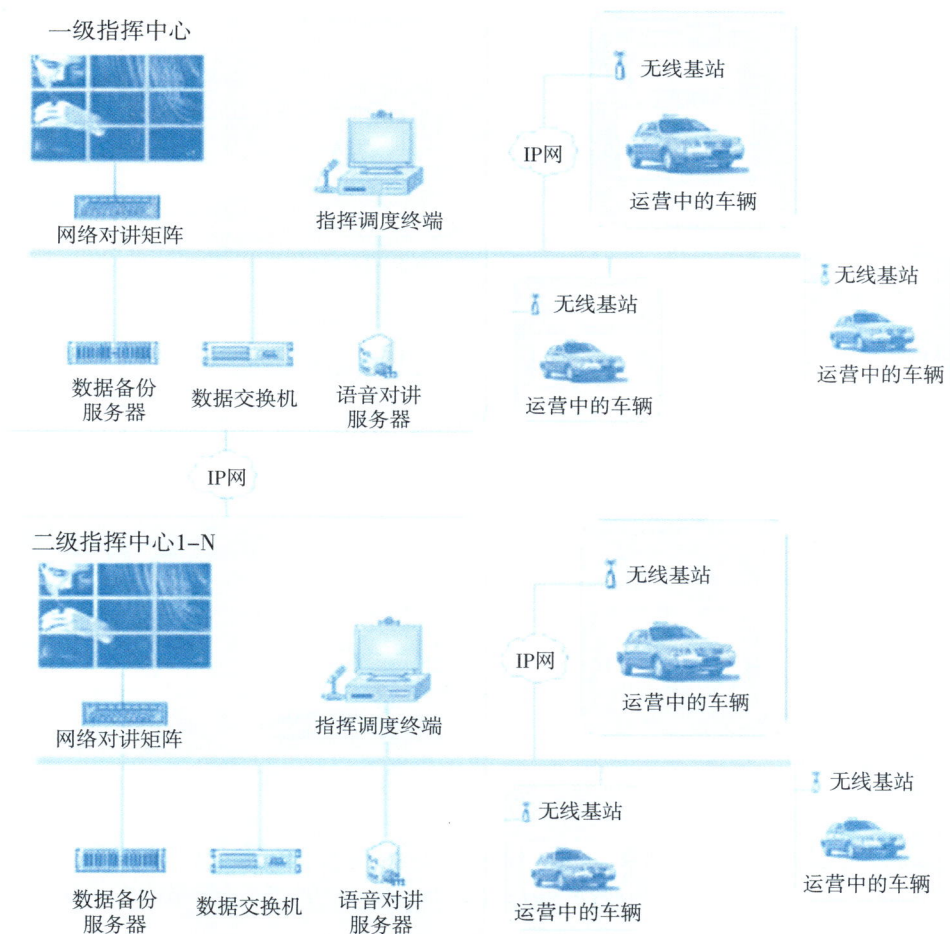

图 3-4-6　出租车电召系统网络拓扑结构

③ 终端设备:出租车电召系统终端设备为车载机(图 3-4-7)。

2. 系统功能

① 电召服务:支持多种电召调度模式,且可以多种模式并存、并用,如单点电召、区域电召和全体电召等。电召调度的工作流程如图3-4-8所示,而单点电召、全体电召和区域电召的区别主要在于电召信息的发送群体不同。单点电召的电召信息仅发送至选定的司机,区域电召的电召信息会发送至选定

图 3-4-7　出租车电召系统终端设备

区域内的所有司机,而全体电召的电召信息则会发送至所有空载车辆。电召工作流程如图 3-4-9所示。

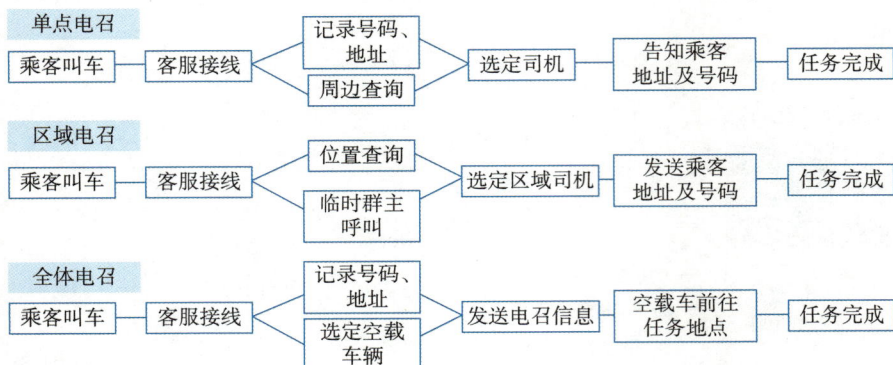

图 3 - 4 - 8 电召调度的工作流程

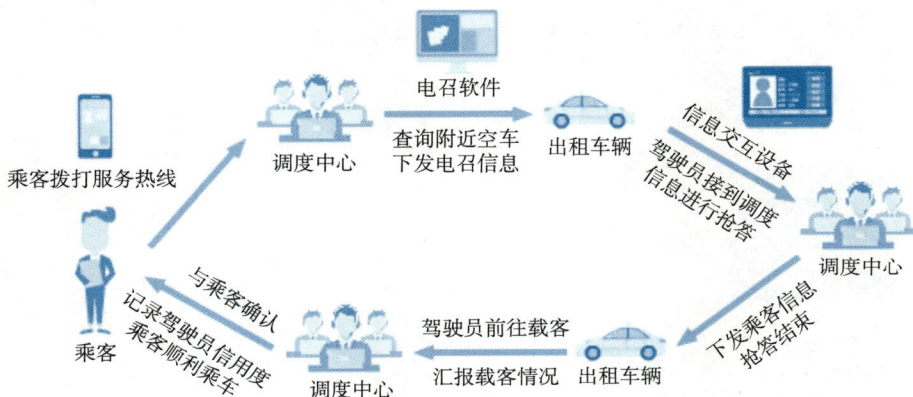

图 3 - 4 - 9 电召工作流程

② 出城预警:夜晚车辆驶离城区时,控制中心的电脑会发出声、光告警提示,如"京 B T6000 已出城区。请及时联系与处理"。同时该出租车上,有洪亮声音传出:"您已驶出城区,110 接警中心提醒,请及时做好出城登记。"出城预警能对犯罪分子产生震慑作用,最大限度地保证出租车和驾驶员的安全。

③ 紧急告警:如果车辆遇劫,或遭到威胁等意外情况,驾驶员可以通过隐形按钮报警,管理中心电脑上会发出声、光提示:"京 B T6000 遇险。"管理人员可第一时间通知 110 处理。若车上装有 LED 广告屏,LED 屏上也会同时出现"我被打劫,请报警"的闪烁字样。

④ 车辆运营实时状态监控:系统基于当地的实际运价,精确计算每辆车每月的收入金额、行驶里程、空驶里程、载客里程等详细数据;同时,系统实时展示每辆车的运行状态及行驶轨迹,确保对车辆运营情况的全面掌控。

⑤ 组名扫描:系统能够自动展示本车所属的小组名称,实时掌握相关组员的当前活动状态;此外,终端还将自动显示车辆的行驶速度和方向,确保随时掌握车辆动态。

⑥ 全体禁言、单车禁言:系统具备来电显示功能,显示发起呼叫的车牌号。若有不文明用语或其他不良社会现象,中心可随时禁言特定车辆,或 1 s 内禁言所有车辆。此举旨在规范文明

用语,净化语言环境,预防和遏制出租车聚众闹事事件。

⑦ 区域车辆检索:例如,当某一路口某一时间内发生车祸、事故等案件,需要寻找目击证人时,系统能把这一特定地点、特定时间段内经过车辆全部列出,方便案件的侦破。

⑧ 快速服务响应机制:当驾驶过程中遇到需要协助的情况或特殊状况时,驾驶者只需按下服务按钮,服务中心就会立即接收到该车辆的服务需求,并迅速与其建立联系,提供所需的帮助与支持。

⑨ 突发事件的应急处理与通知:例如,当遇突发事件,职能管理部门要对各负责人、车辆下发紧急通知时,系统可在 1 s 内将通知发送至所有运营中的车辆。

⑩ 超速报警功能:在特定限速区域内,若车辆行驶速度超出预设限制,系统将自动触发警报,提示驾驶员"您已超速,请减速行驶以确保安全"。此外,系统还具备车辆运行轨迹回放分析功能,为车辆事故处理提供关键证据。

任务 5 车载自组织网络技术

一、车载自组织网络的定义

无线自组织网络是一种与传统无线通信网络不同的技术。传统无线蜂窝网络需要固定设备(如基地站)来转发数据和控制用户服务,而无线自组织网络则不需要,节点(即用户终端)可以自行组网,并通过其他用户节点转发数据。这种网络形式突破了传统无线蜂窝网络的地理限制,部署更快速、便捷和高效,适用于紧急场合的通信需求,如战场单兵通信系统。然而,无线自组织网络也存在带宽受限、实时业务支持不足和安全性不高等问题。

车载自组织网络(VANET)是由车载节点、路边基础设施和服务器构成的自组织无线多跳网络,具有低成本、易部署和操作的优点。从技术角度看,VANET 可以方便地建立实时或非实时的短距离通信,通过交换车辆和路况信息,提高车辆效率和安全性。VANET 主要应用于智能交通系统的安全预警、驾驶辅助、分布式交通信息发布、车辆控制以及办公和娱乐等方面。

二、车载自组织网络结构与通信方式

车载自组织网络主要由车、设施(包括路边基站、信号灯等)、卫星(提供 GPS 定位服务)、互联网(实现部署功能)等部分组成,在网络结构上主要分为 V2V、V2I 和 V2P 三部分的通信。车载自组织网络结构如图 3-5-1 所示。

V2V 通信使用 GPS 定位建立无线多跳连接,实现暂时数据通信,提供行车信息和安全服务。V2I 通信接入互联网,提供更丰富的信息与服务。V2P 通信主要通过智能手机特种芯片提供行人和交通状况信息。

根据节点间通信是否需要借助路侧单元,可以将车载自组织网络结构分为车间自组织型、

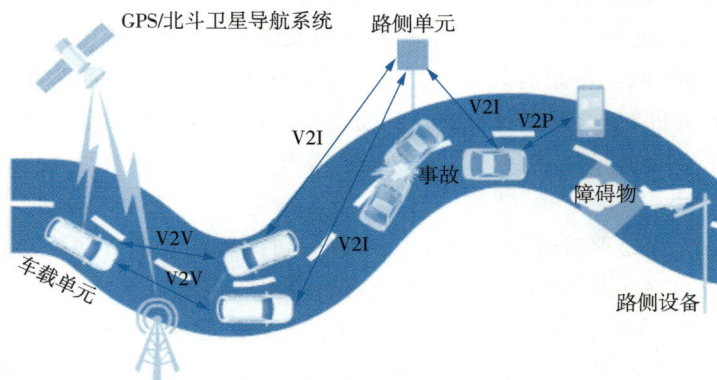

图 3-5-1　车载自组织网络结构

无线局域网/蜂窝网络型和混合型。

① 车间自组织型：车辆间形成自组织网络，无须路侧单元，类似于 V2V 和传统移动自组织网络。

② 无线局域网/蜂窝网络型：车载节点间不能直接通信，需通过路侧单元进行，称为 V2I 通信模式，成本较高。

③ 混合型：车辆可根据情况选择车间自组织型或无线局域网/蜂窝网络型通信方式。

三、车载自组织网络路由协议类型

路由协议是两个通信实体间进行通信和信息交流的标准。它分为路由建立协议、路由选择协议和路由维护协议三个部分。

路由建立协议基于网络和节点信息生成的路径；路由选择协议根据需求和算法选择已建立的路径；路由维护协议是对选定路径的维护，并在路径断裂时采取恢复策略。路由选择算法是为转发节点找到下一路径的算法，分为两步：选择到达目的节点的路径，并在节点间交换信息；将消息发送到目的节点，包括路由表和动态更新。理想的路由选择算法应准确、简单、自适应和最优。

车载自组织网络路由协议按接收数据包的节点数量分为单播、广播和多播三种路由协议。单播路由协议仅向一个目标节点转发数据，广播路由协议向所有节点转发数据，多播路由协议则向多个目标节点转发数据。

车载自组织网络路由协议还可以分为基于拓扑的路由协议、基于地理位置的路由协议、基于移动预测的路由协议、基于路侧单元的路由协议和基于概率的路由协议。

（一）基于拓扑的路由协议

移动自组织网络初期的路由协议主要基于拓扑结构，节点通过广播路由信息选择下一跳转发数据包。基于拓扑的路由协议分为先应式、反应式和混合式三类。

① 典型的先应式路由协议包含目的节点序列距离矢量路由协议（DSDV）和优化链路状况路由协议（OLSR），基于距离矢量或链路状态策略选择路由。节点无论是否通信，都会定期广

播和交换路由信息,维护到达其他节点的路由表。但网络结构频繁变化时,维护未使用路径会占用带宽,降低效率。

② 典型的反应式路由协议包括动态源路由协议(DSR)和自组织网按需距离矢量路由协议(AODV)。反应式路由协议会按需维护和更新路径,仅当部分路径被使用时,可减小网络负担,降低路由开销。

③ 混合式路由协议是将先应式和反应式路由协议的特点相结合而得到路由协议。该协议是在局部范围内采用先应式路由协议,而对局部范围外节点的路由查找采用反应式路由协议,进而减少全网广播带来的路由开销。

(二)基于地理位置的路由协议

基于地理位置的路由协议实时获取车辆位置信息,通过路由广播获取邻居节点位置,并根据分组转发策略选择下一跳。这种协议适用于动态变化的车载自组织网络,具有更好的可扩展性和适应性。主要协议包括 GPSR、GSR 和 GPCR 等。

(三)基于移动预测的路由协议

车载自组织网络中,节点移动速度快,导致网络拓扑结构频繁变化,链路稳定性差。传统的自组织网络路由协议不适用于车载网络。基于移动预测的路由协议(如 PBR、Taleb、Wedde、Abedi 等),通过预测通信链路生命周期,发掘链路潜在信息,有效避开失效链路,建立可靠链接。这些协议具有高可靠性、低延迟的特点,但车辆数量多时需要快速实时计算和较大信息开销。

(四)基于路侧单元的路由协议

借助于道路的路侧单元(RSU),可以解决因车辆稀疏而导致节点链路中断的问题。RSU 为路边可靠的固定节点,具有高带宽、低误码率和低延迟传输特点。当车载节点出现链路中断问题时,RSU 作为主干链路,将采用存储转发策略来发送数据包。该思路在实际运用中最为可靠、丢包率最低,但部署费用非常昂贵,且 RSU 易受自然灾害(如台风、地震等)的损害,严重的自然灾害甚至还可能导致网络瘫痪,维护成本较高。

(五)基于概率的路由协议

基于概率的路由协议是由相关学者根据车辆运行的规律提出的。该协议用概率描述车载节点在特定时间内链路存在的可能性,需要基于网络特性建立模型和统计变量分布信息。它在特定交通条件下具有较高的有效性和可靠性,当无法满足特定条件时,该路由协议性能将直线下降,甚至会出现数据包大量丢失的情况。此外,由于判断标准基于概率,存在误差,因此选择的路径可能不是最佳的。

四、车载自组织网络的特点

(一)优点

1. 拥有丰富的外部辅助信息

随着 GPS 和 GIS 的普及,车载自组织网络中的节点能获取位置信息和地理信息。GPS 提供精确定位和时钟信息;而 GPS 和 GIS 结合则能获取区域地理信息,并利用路径规划简化车载自组织网络路由策略。

2. 无能量约束

网络中车载节点可使用车辆电池作为电源,不像其他移动自组织网络和传感器网络那样存在严格的能量约束。

3. 优质高效的硬件设施保证

车辆的承载空间较大,可以容纳各种尺寸和规模的通信设备(如天线、路由器等),保证强大的计算和存储能力。

4. 车载节点运动有规律性

道路静态形状限制了车辆移动,因此车辆轨道通常可预测。在车辆同向行驶的情况下,拓扑结构较为稳定;而当车辆反向行驶时,拓扑变化迅速,链路寿命短暂。结合车速和街道形状,我们可以对路径状态进行预测。这意味着不同的运动场景对车辆运动的规律有显著影响。然而,在大多数情况下,具有相似运动规律的车辆可以被视为一个整体,这有助于减少因个体特殊运动行为而导致的分析误差,从而提高分析结果的准确性。

(二)缺点

1. 网络拓扑结构变化快

汽车快速移动导致无线覆盖半径变小,尤其是在高速公路上,车辆行驶路线多变,网络成员频繁变动,城市交通高峰期时网络规模迅速增大,使得汽车无线自组织网络拓扑结构快速变化,给路由管理带来不便,对网络路由算法的扩展性提出高要求。

2. 无线信道质量不稳定

由于车载节点具有高速移动性,且受路侧建筑物、道路情况、车辆类型、车辆相对速度等因素影响,数据在传输过程中受干扰严重,因此无线信道质量不稳定。

3. 信道带宽严重低于理论值

车辆分布集中,对无线信道的竞争频繁,负载过于集中,使得车辆终端得到的实际带宽远小于理论值。

4. 受地理位置影响

VANET 的数据通信往往与地理位置有关,有一定的方向性。例如,VANET 中安全消息具有后向传递性,在事故预警时,消息总是向来车的方向进行传播。

5. 链路层公平性问题

车载自组织网络主流采用 IEEE 802.11 标准,但存在一些问题。在狭窄道路中,冲突可能更多,原有避免策略效果不佳。此外,IEEE 802.11 的退避机制可能加剧冲突,对紧急传输的事故告警信息不利。

【微课】
交通信息发布及
诱导系统

五、车载自组织网络的应用

车载自组织网络的应用主要包括四个方面:行驶安全预警、协助驾驶、分布式交通信息发布和基于通信的纵向车辆控制。①行驶安全预警:通过车辆间状态信息的交换,提前向司机传递安全预警信息,以提高驾驶安全性。②协助驾驶:帮助驾驶员快速、安全地通过盲区,例如在高速路出入口或交通十字路口处的车辆协调通行。③分布式交通信息发布：让车辆从车载自组织网络中获取实时交通信息，以提高路况信息的实时性，例如更新电子地图以更高效地规划路径。④基于通信的纵向车辆控制：通过与前方车辆建立通信并协同驾驶，形成更为和谐的车辆行驶队列，减少交通事故的发生。

车载自组织网络的典型应用场景主要有碰撞预警、紧急制动警告、并线警告、避免交通拥堵、交叉路口违规警告等方面。

（一）碰撞预警

在图 3-5-2 中，车辆"0"与车辆"4"相撞，车辆"0"发送一个碰撞预警信息，车辆"1"通过直接连接收到碰撞预警信息，并及时刹车避免碰撞；车辆"2"和"3"通过间接连接收到碰撞预警信息，避免碰撞。

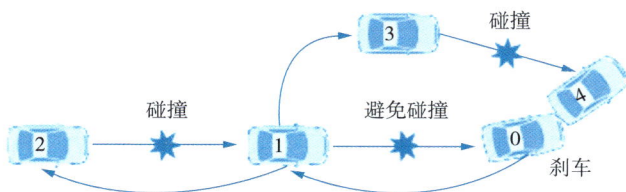

图 3-5-2　协作转发碰撞预警应用场景

这里若没有间接连接，即不能多跳转发信息，则车辆"2"、车辆"3"与前面车辆的距离小于安全距离时，车辆"2"和车辆"3"的碰撞是不可避免的。

（二）紧急制动警告

当前方车辆紧急制动时，紧急制动警告（EBW）将会提醒驾驶员。但是，若制动车辆被其他车辆遮挡，而不能被后车司机觉察时，EBW 可利用车载自组织网络系统的非视距特点，将车辆制动信息传送给后方车辆，防止追尾事故的发生。紧急制动警告应用场景如图 3-5-3 所示。

（三）并线警告

并线警告应用场景如图 3-5-4 所示。车载自组织网络可建立 V2V 通信。基于 V2V 通信，并线警告系统可获取周边车辆信息并进行路径预测。通过预测，并线警告系统判断 3 s 至 5 s 内驾驶员要到达的车道是否会被占用，若占用则发出警告。

图 3-5-3　紧急制动警告应用场景

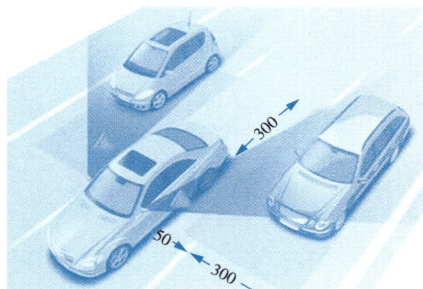

图 3-5-4　并线警告应用场景

(四)避免交通拥堵

避免交通拥堵应用场景如图 3-5-5 所示。车辆"1"收到了车辆"0"的节点发送出的交通拥堵消息,车辆"1"存储该消息,与车辆"2"~车辆"5"建立通信并转发拥堵消息。此时,车辆"2"~车辆"5"也知道了前方拥堵的情况,这些车辆可以选择辅助道路行驶,从而避免交通堵塞,节省时间。

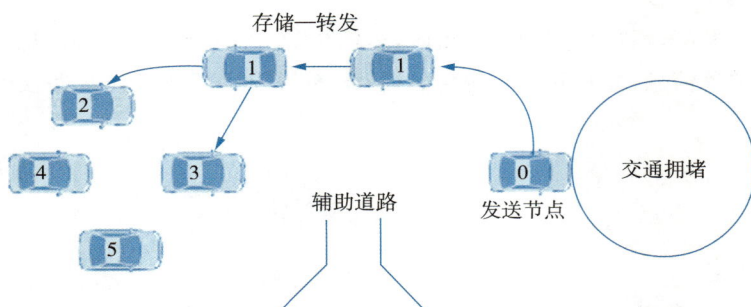

图 3-5-5　避免交通拥堵应用场景

(五)交叉路口违规警告

交叉路口违规警告应用场景如图 3-5-6 所示。路侧单元广播交通信号灯信息(包括位置、红绿灯阶段、时间、几何形状等),并通过车载自组织网络传送给附近车辆。IVW(交叉路口违规警告)系统比较车辆预期路径与信号灯信息,预测交通违规风险。如有交通违规风险,IVW 会提醒驾驶员,并发送警告消息至红绿灯和周围车辆。

图 3-5-6　交叉路口违规警告应用场景

随着车载自组织网络技术的发展,其应用范围越来越广泛,主要涉及安全、驾驶、公共服务、商用、娱乐等。

拓展阅读

智能网联汽车包括智能化与网联化两个技术层面,其分级也可对应地按照智能化和网联化两个层面进行区分。

一、智能化等级

在智能化方面,美国汽车工程师学会(SAE)、美国高速公路安全管理局(NHTSA)、德国汽车工业联合会(VDA)等组织已经给出了各自的分级方案。本书以美国 SAE 的定义为基础,并考虑到中国道路交通的复杂性,加入了对应级别下智能系统能够适应的典型工况特征。智能化等级见表 3-5-1 所列。

【微课】
智能网联汽车技术等级

表 3-5-1　智能化等级

智能化等级	等级名称	等级定义	控制	监视	失效应对	典型工况
人监控驾驶环境						
1(DA)	驾驶辅助	系统根据环境信息执行转向和加减速中的一项操作,其他驾驶操作都由人完成	人与系统	人	人	车道内正常行驶,高速公路无车道干涉路段和停车工况
2(PA)	部分自动驾驶	系统根据环境信息执行转向和加减速操作,其他驾驶操作都由人完成	人与系统	人	人	高速公路及市区无车道干涉路段,换道、环岛绕行、拥堵跟车等工况
自动驾驶系统(系统)监控驾驶环境						
3(CA)	有条件自动驾驶	系统完成所有驾驶操作,根据系统请求,驾驶人需要提供适当的干预	系统	系统	人	高速公路正常行驶工况,市区无车道干涉路段
4(HA)	高度自动驾驶	系统完成所有驾驶操作,特定环境中系统会向驾驶人提出响应请求,驾驶人可以对系统请求不进行响应	系统	系统	系统	高速公路全部工况及市区有车道干涉路段
5(FA)	完全自动驾驶	系统可以完成驾驶人能够完成的所有道路环境中的操作,不需要驾驶人介入	系统	系统	系统	所有行驶工况
注:"车道干涉"是指交叉路口、匝道驶出、匝道驶入等多车道汇合工况						

二、网联化等级

在网联化层面,按照网联通信内容的不同将网联化等级划分为网联辅助信息交互、网联协调感知、网联协调决策与控制3个层次。网联化等级见表3-5-2所列。

表3-5-2　网联化等级

网联化等级	等级名称	等级定义	控制	典型信息	传输需求
1	网联辅助信息交互	基于车—路、车—后台通信,实现导航等辅助信息的获取以及车辆行驶与驾驶人操作等数据的上传	人	地图、交通流量、交通标志、油耗、里程等信息	传输实时性、可靠性要求较低
2	网联协调感知	基于车—车、车—路、车—人、车—后台通信,实时获取车辆周边交通环境信息,与车载传感器的感知信息融合,作为自车决策与控制系统的输入	人与系统	周边车辆/行人/非机动车位置、信号灯相位、道路预警等信息	传输实时性、可靠性要求较高
3	网联协调决策与控制	基于车—车、车—路、车—人、车—后台通信,实时并可靠获取车辆周边交通环境信息及车辆决策信息,车—车、车—路等各交通参与者之间信息进行交互融合,形成车—车、车—路等各交通参与者之间的协调决策与控制	人与系统	车—车、车—路的协同控制信息	传输实时性、可靠性要求最高

三、智能化与网联化间的关系——发展阶段

智能网联汽车包括智能化与网联化两个技术层面,根据智能化与网联化程度的不同可将智能网联汽车分为自主驾驶辅助、网联驾驶辅助、自主自动驾驶、网联自动驾驶4个阶段。智能化与网联化间的关系如图3-5-7所示。

根据智能网联汽车智能化等级和网联化等级的要求,提出智能网联汽车的发展目标与里程碑,具体包括智能网联乘用车与商用车的分阶段发展目标与里程碑。

阶段一:实现驾驶辅助(DA)级智能化,包括自动紧急制动(AEB)、车道保持辅助(LKA)、自适应巡航(ACC)等功能。

阶段二:实现部分自动驾驶(PA)级智能化,主要依靠自主环境感知并提供网联智能化信息引导,包括车道内自动驾驶、全自动泊车(APA)、换道辅助(LCA)等功能。

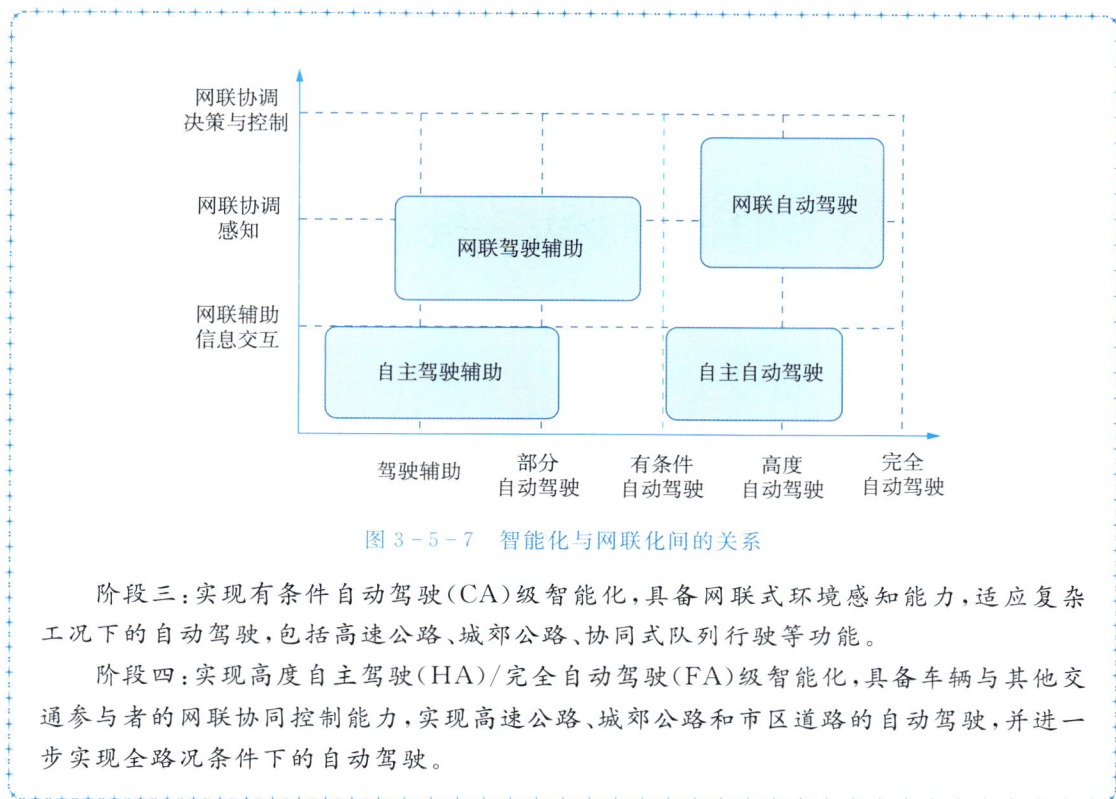

图 3 - 5 - 7　智能化与网联化间的关系

　　阶段三：实现有条件自动驾驶(CA)级智能化,具备网联式环境感知能力,适应复杂工况下的自动驾驶,包括高速公路、城郊公路、协同式队列行驶等功能。

　　阶段四：实现高度自主驾驶(HA)/完全自动驾驶(FA)级智能化,具备车辆与其他交通参与者的网联协同控制能力,实现高速公路、城郊公路和市区道路的自动驾驶,并进一步实现全路况条件下的自动驾驶。

项目 4 智能网联汽车整车联调与路试

不同车载传感器的原理、功能各异,在不同的场景下发挥着各自优势,其获取的信息各不相同,不能相互替代。由于每个传感器存在差异,仅通过增加单一传感器数量并不能从根本上解决问题。通过多个传感器相互配合,共同构成自动驾驶汽车的感知系统,从而实现车辆的自动驾驶。

任务 1   智能网联实训车多传感器融合调试

一、多传感器数据融合定位系统原理

多传感器数据融合定位系统输入来自 GNSS - RTK、惯性导航和地图匹配。经过预处理、数据配准和融合,系统输出汽车的速度、位置和姿态信息。多传感器数据融合定位流程示意如图 4 - 1 - 1 所示。

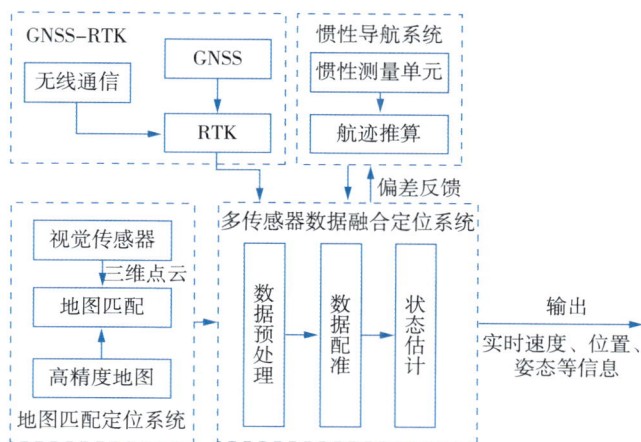

图 4 - 1 - 1   多传感器数据融合定位流程示意

数据预处理涵盖传感器初始化和校准。传感器初始化相对于系统坐标独立地校准每一个传感器。之后,通过各传感器采集的共同目标数据,进行数据配准。数据配准即将传感器观测或点迹数据与已知或已确认事件匹配,确保每个事件集合的观测与点迹数据来自同一实体的概率高。具体来说,就是将每批目标的观测或点迹数据与数据库中各自的航迹配对。在传感器配准中,收集足够数据点以计算系统偏差,并利用这些偏差进一步处理调整后的传感器数据。传感器的配准主要涉及时间配准和空间配准两方面。

(一)时间配准

时间配准,即同步不同传感器对同一目标的量测信息到同一时刻。由于传感器独立工作且采样周期不同,各传感器向处理中心报告的时刻也不同。此外,通信网络的延迟导致传感器与融合处理中心之间的信息传输时间各异,产生时间差。因此,在融合处理前,需将不同步的信息配准到相同时刻。

时间配准的一般做法是将各传感器数据统一到扫描周围较长的一个传感器数据上,目前,常用的方法包括最小二乘法和内插外推法。这两种方法都对目标的运动模型做了匀速运动的假设,对于做变加速运动的目标,配准效果往往很差。

(二)空间配准

空间配准是利用多传感器对共同目标的测量结果来估计和补偿传感器偏差。对于采用不同坐标系的传感器,定位时需要将它们的数据转换到同一坐标系中。对于多个不同子系统,也需要将它们的信息转换到同一量测坐标系中,处理后再将结果转换回各子系统坐标系,并传送给各个子系统。

目标误差如图 4-1-2 所示。由于传感器 1(传感器 2)存在斜距和方位角偏差 Δr_1、$\Delta \theta_1$(Δr_2、$\Delta \theta_2$),导致在系统平面上出现两个目标,而实际上只有一个真实目标,所以需要进行空间配准。在系统平面上的偏差估计配置如图 4-1-3 所示。

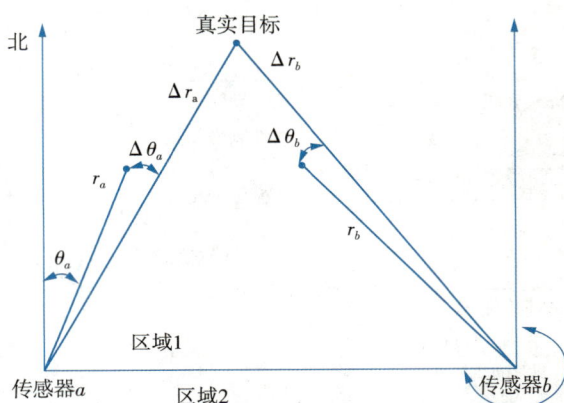

图 4-1-2 目标误差

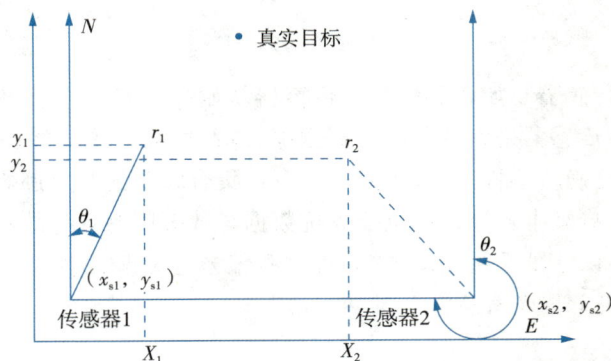

图 4-1-3 在系统平面上的偏差估计配置

在图 4-1-3 中,r_1、θ_1 分别表示传感器 1 的斜距和方位角量测值;r_2、θ_2 分别表示传感器 2 的斜距和方位角量测值;$(x_{s1}、y_{s1})$表示传感器 1 在导航坐标平面上的位置;$(x_{s2}、y_{s2})$表示传感器 2 在导航坐标平面上的位置;$(x_1、y_1)$表示传感器 1 在导航坐标系中的测量值;$(x_2、y_2)$表示传感器 2 在导航坐标系中的测量值。从图 4-1-3 可以推导出如下基本方程:

$$\begin{cases} x_1 = x_{s1} + r_{1\sin\theta_1} \\ y_1 = y_{s1} + r_{1\cos\theta_1} \\ x_2 = x_{s2} + r_{2\sin\theta_2} \\ y_2 = y_{s2} + r_{2\cos\theta_2} \end{cases} \qquad (4-1-1)$$

若忽略噪声,则有

$$\begin{cases} r_1 = r'_1 + \Delta r_1 \\ \theta_1 = \theta'_1 + \Delta\theta_1 \\ r_2 = r'_2 + \Delta r_2 \\ \theta_2 = \theta'_2 + \Delta\theta_2 \end{cases} \qquad (4-1-2)$$

式中,r'_1、θ'_1 分别表示目标相对于传感器 1 的真实斜距和方位角;r'_2、θ'_2 分别表示目标相对于传感器 2 的真实斜距和方位角;Δr_1、$\Delta\theta_1$ 表示传感器 1 的斜距和方位角偏差;Δr_2、$\Delta\theta_2$ 表示传感器 2 的斜距和方位角偏差。将式(4-1-2)代入式(4-1-1)中,并且将所得到的方程相对于 Δr_1、$\Delta\theta_1$ 和 Δr_2、$\Delta\theta_2$ 进行一阶泰勒级数展开,可得

$$\begin{cases} x_1 - x_2 \approx \sin\theta_1 \Delta r_1 - \sin\theta_2 \Delta r_2 + r_1 \cos\theta_1 \Delta\theta_1 - r_2 \cos\theta_2 \Delta\theta_2 \\ y_1 - y_2 \approx \cos\theta_1 \Delta r_1 - \cos\theta_2 \Delta r_2 - r_1 \sin\theta_1 \Delta\theta_1 + r_2 \sin\theta_2 \Delta\theta_2 \end{cases} \qquad (4-1-3)$$

式(4-1-3)为与目标运动航迹无关的偏差估计方法提供了基础。

常用的与目标运动航迹无关的偏差估计方法主要有实时质量控制法(real time quality control,RTQC)、最小二乘法、极大似然法(maximum likelihood,MIL)和基于卡尔曼滤波器的空间配准算法等。在给出的几种算法中,实时质量控制法和最小二乘法完全忽略了传感器测量噪声的影响,公共坐标系中的误差来源于传感器配准误差(传感器偏差)。基于卡尔曼滤波器的空间配准算法虽然考虑了传感器测量噪声的影响,但只有在测量噪声相对小时,才会产生好的性能。为了克服前两种局限性,提出了精确极大似然(exact maximum likelihood,EML)空间配准算法。

尽管前面已经介绍了多种不同的配准算法,但它们都是基于立体投影在一个二维区域平面上实现的。更确切地说,首先通过立体投影技术把传感器测量投影到与地球正切的局部传感器坐标上,然后变换到区域平面,并利用不同传感器测量之间的差异来估计传感偏差。虽然立体投影能够减轻单个配准算法的计算复杂度,但这一方法还有一些缺点。首先,立体投影给局部传感器和区域平面的测量都引入了误差。尽管更高阶的近似可以将变换的精度保证到几米,但由于地球本身是一个椭圆形球而不是一个圆球,因此地球非正圆球体造成的误差仍然存在。其次,立体投影扭曲了数据,值得注意的是立体投影的保角性只能保留方位角,而不能保留斜距。由此可以断定系统偏差将会依赖于测量,而不再是不变的。这样,在区域平面上的二维配准模型就不能正确地表示实际的传感器模型。这时,一种直接在三维空间中对传感器偏差进行估计的基于地心坐标系的空间配准(earth centered earth fixed,ECEF)算法被提出,以解决上述问题。

二、多传感器融合特点

（一）信息的冗余性

通过多个传感器或多个不同时刻的单个传感器获取环境特征的多份信息，这些信息冗余且可靠性不同。融合处理这些信息可以提取更准确可靠的信息。此外，信息的冗余性可以提高系统稳定性，避免单个传感器失效对整个系统造成影响。

（二）信息的互补性

不同传感器提供不同性质的信息，这些信息描述不同的环境特征，具有互补性。定义一个由所有特征构成的坐标空间，每个传感器提供的信息只属于整个空间的一个子空间，与其他传感器形成的空间相互独立。

（三）信息处理的及时性

各传感器的处理过程相互独立，整个处理过程可以采用并行导入处理机制，从而使系统具有更快的处理速度，提供更加及时的处理结果。

（四）信息处理的低成本性

多个传感器可以以较低成本提供与单传感器相同的信息量。然而，若不利用单传感器提供的信息实现其他功能，则单传感器和多传感器的总成本相当。

三、多传感器融合过程

多传感器融合利用多传感器特点，减小单一传感器局限性，采集多种传感器观测信息。通过合理支配与使用这些数据和信息，利用其在空间或时间上的冗余或互补信息，基于优化算法进行分析、综合、支配和使用，获得被观测对象的一致性解释或描述。

具体地说，传感器融合过程如下：

① 多个（种）传感器独立工作获得观测数据；

② 对各传感器数据（RGB图像、点云数据等）进行预处理；

③ 对处理数据进行特征提取变换，并对其进行模式识别处理，获取对观测对象的描述信息；

④ 在数据融合中心按照一定的准则进行数据关联；

⑤ 使用足够优化的算法对各传感器数据进行融合，获得对观测对象的一致性描述和解释。

四、多传感器融合误差分析

在多传感器融合系统中，需要将多个传感器的数据变换到相同的时空参照系中。然而，由于存在量测误差，直接变换很难保证精度，难以发挥多传感器的优势。因此，需要寻求传感器配准算法来处理多传感器数据，但配准误差也会随之而来。

多传感器配准误差的主要来源如下：

① 传感器的误差，也就是传感器本身因制造误差带来的偏差；

② 各传感器参考坐标中量测的方位角、高低角和斜距偏差。通常是因量测系统解算传感

器数据而造成的误差;

③ 相对于公共坐标系的传感器的位置误差和计时误差,位置误差通常由传感器导航系统的偏差引起,而计时误差由传感器的时钟偏差所致;

④ 各传感器采用的定位算法不同,从而引起单系统内局部定位误差;

⑤ 各传感器本身的位置不确定,为融合处理而进行坐标转换时产生偏差;

⑥ 坐标转换的精度不够,为了减少系统的计算负担而在投影变换时采用了一些近似方法(如将地球视为标准的球体等)所导致的误差。

由于不同传感器定位同一目标会产生固定偏差,这种偏差不同于单传感器定位时的随机误差。对于单传感器,固定偏差对所有目标相同,仅产生固定偏移,不影响系统定位性能。但对于多传感器系统,同一目标的航迹因相互偏差大而被视为不同目标,导致航迹关联和融合困难,降低融合后的系统航迹定位精度,失去多传感器处理的优势。

实践任务　智能网联实训车多传感器融合系统调试

任务目标

1. 能掌握相机数据包播放、相机内参标定和相机标定结果查看的操作方法;

2. 能完成相机融合标定的数据包采集任务;

3. 能完成离线数据包话题检查,进行相机融合标定,并掌握相机融合标定质量的判断方法;

4. 能完成相机到相机融合及标定;

5. 能正确使用自动驾驶车辆维修手册、传感器标定方法使用手册和工作页等参考资料独立规范地完成多传感器融合及标定;

6. 能掌握 7S 管理规范,并按照规范完成实训任务,养成良好的职业习惯。

【微课】
多传感器融合系统调试

实施计划

请在表格中写出本次任务的实施计划:

任务准备

请在表格中勾选出本次任务需要使用的物品：

设备	□自动驾驶低速车套件	□毫米波雷达
	□IMU	□数据/电源线缆
工具	□笔记本电脑一台	□汽车维修工具套件
	□防静电手套	□卷尺
软件	□camera_calibration	□ROS 相机标定工具
	□Xshell	□Lsc16 上位机

任务实施

产品信息记录			
查阅《传感器标定方法使用手册》，记录产品信息			
车辆定位状态		选择场景中多少米处的景物	
ins_stat_topic		long_image_topic	
odometry_topic		short_image_topic	

一、实训操作前准备

1. 相机标定工具驱动安装

在装有 Ubuntu 系统的电脑中，运行终端，进行相机标定工具驱动安装。

2. 实训数据包下载

在计算机中打开终端，输入命令，进行实训数据包的下载。

3. Xshell 软件安装

在计算机中找到 Xshell 软件，并安装

相机标定工具驱动安装	在装有 Ubuntu 系统的笔记本电脑中，运行终端，输入相机标定工具驱动安装命令：_____ _____
	当终端显示_____时表示相机标定工具驱动安装成功
实训数据包下载	进入终端界面，输入命令：_____。将当前目录切换到 apollo 源码所在目录
	执行启动 Docker 容器脚本命令：_____
	执行进入 Docker 容器脚本命令：_____
	输入实训数据包下载命令：_____ _____。
	当终端显示_____时，表示数据包下载成功
	在终端中输入_____命令，可以查看到数据包已经在 apollo 目录下

（续表）

Xshell 安装步骤	步骤 1	启动安装程序,在弹出的 _____ 的对话框中选择 _____ ,并点击"下一步"
	步骤 2	然后"自定义"用户名,点击"下一步"
	步骤 3	点击 _____ 自定义安装目标文件夹,点击"下一步"
	步骤 4	点击"安装",安装完成

二、相机内参标定

1. 运行 roscore

① 在相机到相机的融合标定过程中,需进行场地选择,一个理想的标定场地可以显著提高标定结果的准确度;

② 将自动驾驶低速车移至户外环境丰富的场地,如有树木、电线杆、路灯、交通标志牌、静止的物体和清晰的车道线;

③ 打开终端,输入"roscore",运行 roscore,进入 master 主节点

2. 相机数据包回放

打开终端,进行相机数据包回放,并检查数据包发布主题

相机数据包回放	步骤 1	将相机数据包 camera_calibration_demo.bag 放置在 _____ 目录下,新建终端输入命令: _____ 。检查相机数据包 camera_calibration_demo.bag 是否存在
	步骤 2	在终端中输入命令: _____ 。进行相机数据包回放
	步骤 3	新建终端,输入命令: _____ 。检查回放数据包发布的主题是否包含 roscore 标定工具需要的 _____ 主题

3. 相机标定

新建终端,运行相机标定工具,进行相机内参标定

相机标定步骤	步骤 1	新建终端,输入相机标定工具运行命令: _____ _____ _____
	步骤 2	标定工具运行成功后弹出标定窗口,窗口中将突出显示 _____ 。移动棋盘格,使棋盘格填充到摄像机整个视图框中,并上下左右倾斜。在每个步骤中,需保持棋盘格 _____ ,直到图像在校准窗口中突出显示,以获得良好的校准
	步骤 3	当标定软件采集到足够数据时, _____ 标定按钮亮起显示
	步骤 4	点击 _____ 按钮,进行相机标定。当 _____ 按钮亮起时,点击"save",保存标定数据,终端将会打印出保存路径。在当前终端中输入"ctrl+c",退出标定

（续表）

| 相机标定步骤 | 步骤 5 | 输入命令＿＿＿＿＿＿＿＿进入 tmp 目录，查看标定文件。在终端/tmp 目录中输入命令＿＿＿＿＿＿＿＿，查看相机内参标定结果压缩包，输入压缩包解压命令＿＿＿＿＿＿＿＿＿＿＿＿＿＿，其中"ost. yaml"为相机的内参标定文件 |
| | 步骤 6 | 在当前目录终端中输入命令＿＿＿＿＿＿＿＿，查看相机的＿＿＿＿＿＿＿＿、＿＿＿＿＿＿＿＿、＿＿＿＿＿＿＿＿、相机修正、相机投影等信息 |

三、数据包采集

1. 自动驾驶低速车功能模块离线验证

读取自动驾驶低速车计算单元 IP 地址，并使用 Xshell 软件进行自动驾驶低速车功能模块离线验证

| 自动驾驶低速车计算单元 IP 地址 | IP 地址：＿＿＿＿＿＿＿＿＿＿＿＿＿＿＿＿＿＿＿＿＿＿＿＿＿＿＿ |
| | 子网掩码：＿＿＿＿＿＿＿＿＿＿＿＿＿＿＿＿＿＿＿＿＿＿＿＿＿＿＿ |

功能模块离线验证步骤	步骤 1	使笔记本电脑连接自动驾驶低速车的 4G 路由器无线网络
	步骤 2	打开 Xshell 软件，新建会话，创建会话名称，以"apollo"为例，输入的车载计算单元的 IP 地址：＿＿＿＿＿＿＿＿＿＿＿＿＿＿＿＿＿＿＿＿＿＿＿＿＿
	步骤 3	输入车载计算单元的用户名＿＿＿＿＿＿＿＿和密码＿＿＿＿＿＿＿＿；点击"确定"进行用户身份认证，选择会话"apollo"，点击"连接"，进入终端界面
	步骤 4	输入＿＿＿＿＿＿＿＿命令，将当前目录切换到 apollo 源码所在目录
	步骤 5	执行进入 Docker 容器脚本命令：＿＿＿＿＿＿＿＿＿＿＿＿＿＿＿＿＿
	步骤 6	执行 apollo 引导命令：＿＿＿＿＿＿＿＿＿＿＿＿＿＿＿＿＿＿＿＿＿
	步骤 7	若界面中显示"Dreamview is running at http://localhost:8888"，能用谷歌浏览器成功访问＿＿＿＿＿＿＿＿＿＿＿＿＿＿＿，则表示 apollo Dreamview 已正常启动
	步骤 8	返回终端，执行：＿＿＿＿＿＿＿＿＿＿＿＿＿＿＿＿＿＿＿＿＿＿＿＿
	步骤 9	进入 apollo Dreamview
	步骤 10	在 Module Controller 界面"Modules"内分别启动＿＿＿＿＿＿＿＿、＿＿＿＿＿＿＿＿、＿＿＿＿＿＿＿＿模块
	步骤 11	若数据回放正常，则自动驾驶功能模块状态正常

2. 数据包录制

进入 Module Controller 界面，进行数据包录制

数据包录制步骤	步骤 1	进入 Module Controller 界面，在 Modules 内选择所需要的话题模块，点击启动标定工具：＿＿＿＿、＿＿＿＿、＿＿＿＿和＿＿＿＿模块
	步骤 2	观察左侧 Hardware 的状态，等待 GPS、IMU、LSLIDAR 和 Camera 由＿＿＿＿＿＿＿＿变为＿＿＿＿＿＿＿＿
	步骤 3	返回终端，输入数据录制命令＿＿＿

（续表）

数据包 录制步骤	步骤 4	通过遥控器控制车辆行驶,行驶过程中不要发生_____,尽量保持匀速低速行驶。当数据录制完成时,在终端界面通过"ctrl＋C"快捷方式结束_____
	步骤 5	将以上数据录制过程重复 3 次,以确保录制足够多的数据用于融合标定

四、融合标定

1. 数据包话题检查

打开终端,进行离线数据包话题检查,确认离线数据包发布的话题满足相机到相机所需要的话题

检查离线话题 数据包是否 正常步骤	步骤 1	进入终端界面,输入命令_____,将当前目录切换到 apollo 源码所在目录
	步骤 2	输入命令_____,执行启动 Docker 容器
	步骤 3	输入命令_____,执行进入 Docker 容器
	步骤 4	输入命令_____,检查数据包的话题是否包含相机融合标定所需话题
	步骤 5	输入命令 roscore,启动 roscore
	步骤 6	新建终端,输入命令_____,执行进入 Docker 容器
	步骤 7	输入命令_____,开始回放数据
	步骤 8	新建终端,输入命令"/apollo/docker/scripts/dev_into. sh",执行进入 Docker 容器
	步骤 9	输入数据查看命令_____,检查传感器有数据输出,表示广角相机数据发布正常,输入"ctrl＋c"退出数据查看
	步骤 10	输入命令_____,检查传感器有数据输出,表示长焦相机数据发布正常,输入"ctrl＋c"退出数据查看
	步骤 11	输入命令_____,检查是否有信息输出,Pos_type 显示数值为 56 时,表示车辆定位状态正常,输入"ctrl＋c"退出数据查看
	步骤 12	输入命令_____,检查有数据输出,表示车辆里程数据发布正常,输入"ctrl＋c"退出数据查看

2. 相机融合标定

（1）启动标定工具;
（2）广角相机对长焦相机外参文件检查

启动融合 标定工具	步骤 1	在当前终端输入命令_____,启动 camera to camera 标定工具
	步骤 2	在终端界面显示_____时,表示标定成功
广角相机对 长焦相机外 参文件检查	在终端中输入_____,查看长焦相机与广角相机的外参文件 其中 translation 为广角相机相对长焦相机的平移距离关系,rotation 为旋转矩阵的四元数表达形式	

3. 相机标定结果检查

（1）融合标定质量判断方法

在进行相机融合标定过程中,根据长焦相机投影到短焦相机的融合图像进行融合质量判断。绿色通道为短

焦相机投影后的图像，红色和蓝色通道为长焦相机投影后的图像，目视检验判断对齐情况。在融合图像的融合区域中，选择场景中距离较远的景物进行对齐判断（建议选择 50 m 以外的场景景物）。

在正常情况下，场景近处的景物因受视差影响，在水平方向存在错位，且距离越近错位量越大，此为正常现象，垂直方向不受视差影响。良好的相机到相机标定结果如图 4-1-4 所示。错误的相机到相机标定结果如图 4-1-5 所示。

图 4-1-4　良好的相机到相机标定结果　　　图 4-1-5　错误的相机到相机标定结果

若长焦相机投影到短焦相机的融合图像能够重合，则相机融合精度高；若长焦相机投影到短焦相机的融合图像中出现粉色或绿色重影（错位），则相机融合精度低，存在误差；当误差大于一定范围时（范围依据实际使用情况而定），标定失败，需重新标定

相机融合标定质量判断方法	① 在进行相机融合标定过程中，_____ 为短焦相机投影后的图像，_____为长焦相机投影后的图像； ② 目视查看长焦相机投影到短焦相机融合图像的对齐情况，若长焦相机投影到短焦相机的融合图像_____，则相机融合精度_____；若长焦相机投影到短焦相机的融合图像中出现_____，则相机融合精度_____，存在误差；当误差大于一定范围时，标定失败，需重新标定

（2）标定质量判断

打开终端，启动 camera to camera 融合标定工具，进行相机标定质量判断

相机融合标定质量判断步骤	步骤 1	新建终端，输入命令_____，进入融合标定参考图像输出路径
	步骤 2	在当前终端下，输入命令_____，查看融合标定工具输出的参考图像，分别为_____
	步骤 3	在当前终端目录下，输入命令_____，查看融合图像，从而判断融合标定质量结果
	步骤 4	绿色通道为广角相机投影后的图像，红色和蓝色通道是长焦投影后的图像，目视检查对齐情况，融合图像未出现重影，表明融合标定的外参文件符合精度要求，融合标定成功
	步骤 5	操作完成，关闭电脑，车辆下电

任 务 总 结

请对本任务的完成情况及思考做出总结并填写：

评 价 与 反 馈

智能网联实训车多传感器融合系统调试			实训日期：			
姓名：		班级：		学号：		指导老师签字：
序号	评分项	得分条件		分值	评分要求	得分
1	安全/7S/态度	□① 能进行工位 7S 操作 □② 能确认设备工具是否正常 □③ 能进行高压安全防护操作 □④ 能进行工具清洁、校准、存放操作 □⑤ 能进行"三不落地"操作		10 分	未完成 1 项 扣 2 分	

（续表）

序号	评分项	得分条件	分值	评分要求	得分
2	专业技能	实训操作前准备： □① 能完成相机标定工具驱动安装 □② 能完成实训数据包下载 □③ 能完成 Xshell 软件安装 相机内参标定： □① 能完成 roscore 的运行 □② 能完成相机数据包回放 □③ 能完成相机标定 数据包采集： □① 能完成自动驾驶低速车功能模块离线验证 □② 能完成数据包录包 融合标定： □① 能完成数据包话题检查 □② 能完成相机融合标定 □③ 能完成相机标定结果检查	55 分	未完成 1 项扣 5 分	
3	设备及软件的使用能力	□① 能正确使用自动驾驶低速车开发套件 □② 能正确使用 camera_calibration 和 Xshell 操作软件	10 分	未完成 1 项扣 5 分	
4	资料、信息查询能力	□① 能正确使用自动驾驶车辆维修资料、工艺文件等资料 □② 能在规定时间内完成与实训相关的资料查询	10 分	未完成 1 项扣 5 分	
5	数据判读和报告的撰写能力	□① 能根据相机融合标定结果判断相机融合标定的质量 □② 能正确记录多传感器融合及标定信息，并撰写实训报告	10 分	未完成 1 项扣 5 分	
6	表单填写	□① 字迹清晰 □② 语意通顺 □③ 无错别字 □④ 无大面积涂改 □⑤ 填写内容完整	5 分	未完成 1 项扣 1 分	
总分					

任务 2　智能网联实训车自动巡航

任务目标

1. 能合理完成毫米波雷达、激光雷达传感器、双目摄像头传感器和车载卫星导航定位系统所需物料等的准备工作；

2. 能掌握 CAN 总线分析仪驱动安装的操作要点，能完成 GNSS 接收机设备的安装，完成准备工作；

3. 能掌握毫米波雷达、激光雷达传感器、双目摄像头传感器和车载卫星导航定位系统等系统的参数配置；

4. 能正确使用自动驾驶车辆维修手册、车载卫星导航定位系统手册和工作页等参考资料独立规范地完成功能模块离线验证；

5. 能正确使用自动驾驶车辆维修手册、毫米波雷达设备手册和工作页等参考资料独立规范地完成功能测试；

6. 能掌握 7S 管理规范，并按照规范完成实训任务，养成良好的职业习惯。

实施计划

请在表格中写出本次任务的实施计划：

任务准备

请在表格中勾选出本次任务需要使用的物品：

设备	□毫米波雷达	□双目摄像头传感器
	□激光雷达传感器	□自动驾驶低速车
	□车载导航	
工具	□笔记本电脑	□三角反射器
	□CAN 总线分析仪	□汽车维修工具
	□数字万用表	□直流稳压电源
量具	□激光测距仪	□水平测量仪
	□卷尺	□游标卡尺
耗材	□记号笔	□静电手套
软件	□CANtest	□Xshell 软件
	□ARS_408	□Smarteye
	□Apollo 平台	

任务实施

一、毫米波雷达传感器参数配置

1. CAN 总线分析仪终端电阻配置

本实训使用的毫米波雷达传感器模块 ARS 408 未配置 120 Ω 终端电阻,但配套的测试线束中已配置 120 Ω 电阻。根据 ISO11898-2CAN 总线规范,在 CAN 网络两端的 ECU 需要配置 120 Ω 终端电阻。因此,本实训中的 CAN 总线分析仪也需要配置 120 Ω 终端电阻。

CAN 总线分析仪共有 2 路通道,分别为 CAN1 高速通道、CAN2 容错通道,可以通过底部拨码开关配置 CAN_H 与 CAN_L 间的电阻值

终端电阻配置 步骤记录	步骤 1	将 CAN1 通道拨码_____调节
	步骤 2	测量 CAN1 通道 CAN_H、CAN_L 间的电阻,其值为_____

2. 毫米波雷达传感器上电测试

① 将毫米波雷达传感器上电,将数字万用表调整到电压 20 V DC 挡位,检查 CAN_H、CAN_L 线束标识是否正确。

a. 将数字万用表红表笔与雷达线束 CAN_H 端对接,黑表笔与电源负极对接,观察电压表读数,若电压值为 2.5~3.5 V,则说明此端为 CAN_H;

b. 将数字万用表红表笔与雷达线束 CAN_L 端对接,黑表笔与电源负极对接,观察电压表读数,若电压值为 1.5~2.5 V,则说明此端为 CAN_L。

② 使用 CAN 总线分析仪的配套 USB 线束将 CAN 总线分析仪和笔记本电脑相连。

③ 将毫米波雷达传感器线束插件与雷达本体相连。

④ 将毫米波雷达传感器 CAN_H 线束端与 CAN 总线分析仪 CAN_H 线束相连,毫米波雷达传感器 CAN_L 线束端与 CAN 总线分析仪 CAN_L 线束相连。

（续表）

⑤ 开启直流稳压电源，将直流稳压电源输出电压调整到 12 V。

⑥ 毫米波雷达传感器正极端线束与直流稳压电源正极柱对接，毫米波雷达传感器负极端线束与直流稳压电源负极柱对接。图 4-2-1 为线束连接示意图。

图 4-2-1　线束连接示意图

⑦ 打开毫米波雷达上位机软件 ARS_408，点击"操作"，点击"启动"，启动毫米波雷达上位机。若此时上位机界面未报错且能显示探测到的目标物信息，则说明毫米波雷达传感器工作正常。

⑧ 退出上位机软件 ARS_408，打开 CANtest 软件，点击"确定并启动 CAN"，点击"DBC"，进入"FrameAnalyzer"界面，点击"加载协议"，选择文件名为"ARS408_can_database_ch0-new"的 dbc 文件并打开，此时可以看到解析后的 CAN 报文。

⑨ 点击名为"RadarState"的报文，查看毫米波雷达传感器的状态信息。如果没有错误状态显示，那么说明毫米波雷达传感器功能正常

CAN_H、CAN_L 线束标识 验证记录	测试项目	电压表读数	标准值/V	线束标识是否正确
	CAN_H 线束判别		2.5~3.5	□正确　□不正确
	CAN_L 线束判别		1.5~2.5	□正确　□不正确
上位机软件 ARS_408 操作记录	毫米波雷达上位机 ARS_408 软件（□有　□无）报错，（□能　□否）显示探测到的目标物信息			
CANtest 软件 操作记录	在"RadarState"的报文信息中，（□有　□无）报错，说明毫米波雷达传感器功能（□正常 □不正常）			

3. 毫米波雷达传感器参数配置

打开上位机 ARS_408 软件，点击"操作"菜单栏，在弹出的下拉菜单中，点击"启动"。成功启动后，上位机 ARS_408 软件坐标系将会有被探测到的物体信息显示。

★ 下述配置中各参数说明请参考《德国大陆毫米波雷达使用说明》。

（1）雷达配置

① 毫米波雷达传感器"雷达配置"参数要求如下。

● 永久存储：valid。

● 排序方式：no sorting。

● 跟踪目标扩展信息：valid。

（续表）

- 目标质量信息：valid。
- 检测模式：objects。
- 雷达功率：standard。
- 雷达 ID：01。
- 最大检测距离：204。
- 继电器：invalid。
- 雷达灵敏度：invalid。

② 配置步骤如下：

- 点击"雷达配置"菜单，弹出"雷达配置"窗口，在弹出的窗口中根据"雷达参数配置要求"，在"配置项目"栏中，找到相应的配置参数；
- 点击对应的"是否配置"，使能滑块变为绿色，在"值"列下拉菜单中修改相应的值。全部修改成功后，点击"发送配置"；
- 在"雷达配置"窗口底部将会显示配置进度，当显示"设置成功！"时，雷达参数配置成功。图 4-2-2 为"雷达配置"设置示意图。

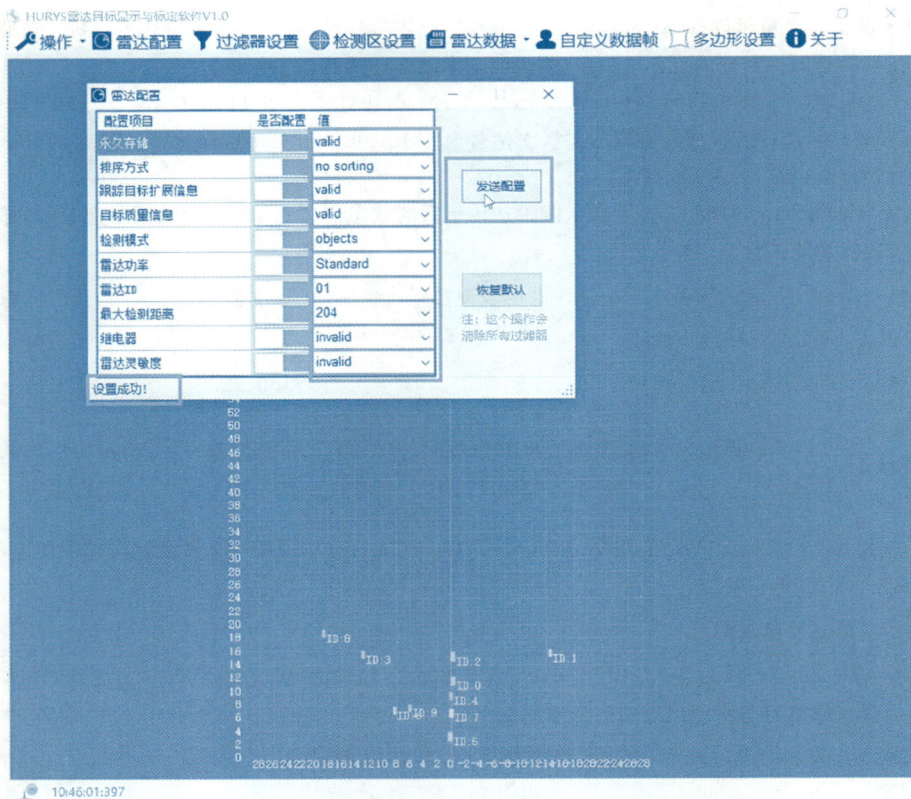

图 4-2-2 "雷达配置"设置示意图

（2）过滤器设置

① 过滤器设置是指配置毫米波雷达传感器检测项目的范围。

② 毫米波雷达传感器过滤器设置参数要求如下。

（续表）

- 径向距离:最小值为 15.0,最大值为 25.0。
- 存在可能性:最小值与最大值都为 1。
- 其他过滤器项目的参数最小值和最大值都设置成 0。

③ 配置步骤如下:

- 点击"过滤器设置"菜单,弹出"过滤器设置"窗口;
- 在弹出的窗口中根据"过滤器参数设置要求",在"过滤器项目"栏中,找到相应的项目名;
- 点击对应的"是否配置",使能滑块变为绿色,修改相应的最小值与最大值,修改成功后,点击"发送"。图 4-2-3 为"过滤器设置"示意图。

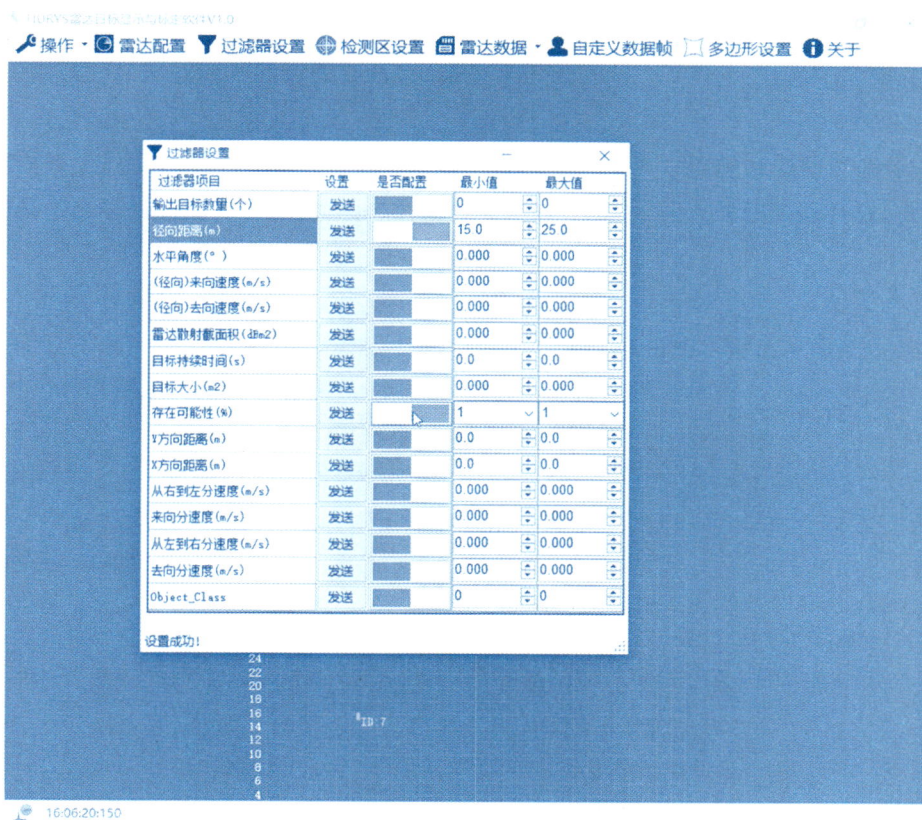

图 4-2-3　"过滤器设置"示意图

（3）多边形设置

① 多边形设置是指设置毫米波雷达检测的感兴趣区域。

② 毫米波雷达传感器"多边形设置"参数要求如下。

- 使能 CAN TX 为 Active 与 Valid。
- P4x:50。P4y:6。P3x:50。P3y:-6。P1x:0。P1y:6。P2x:0。P2y:-6。

③ 配置步骤如下:

点击"多边形设置"菜单,弹出"Polygon"窗口,在弹出的窗口中根据"多边形参数设置要求",找到相应的参数名进行参数修改,配置成功后,点击"发送配置"。图 4-2-4 为"多边形设置"示意图。

（续表）

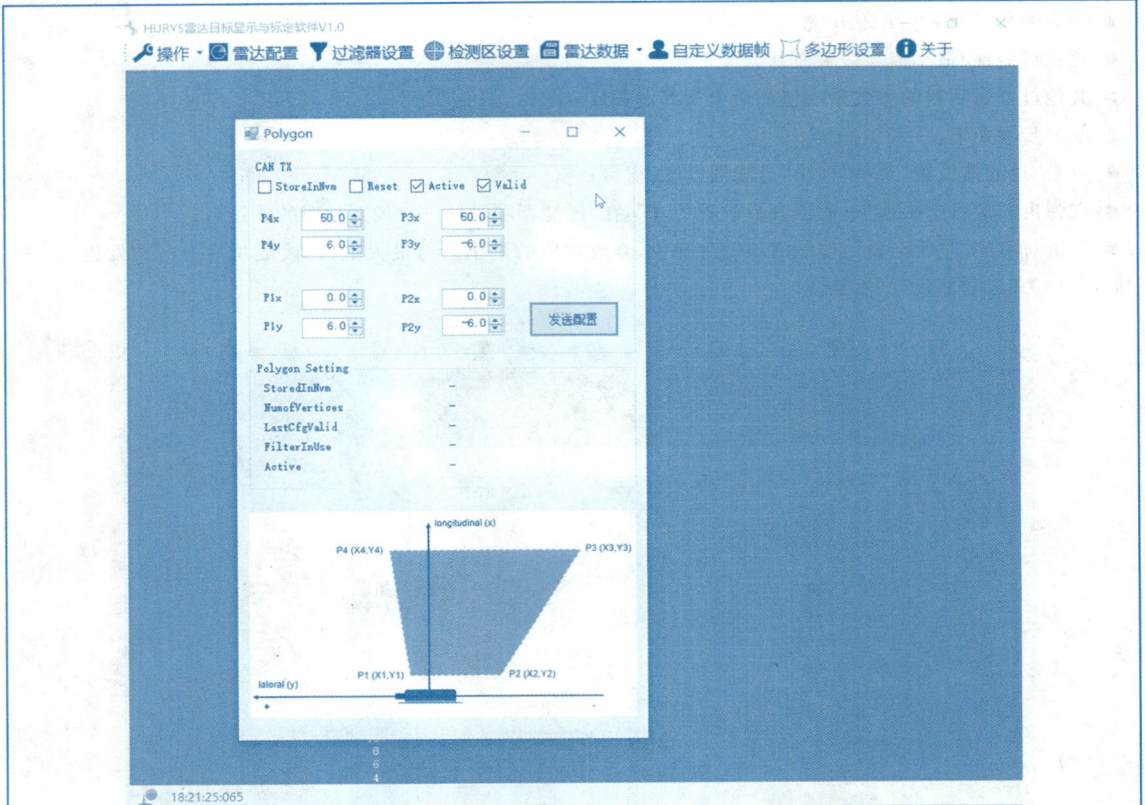

图 4-2-4 "多边形设置"示意图

（4）配置验证

① 将毫米波雷达传感器下电，再重新上电；

② 启动上位机 ARS_408 软件；

③ 分别点击"雷达配置""过滤器设置""多边形设置"菜单栏，查看相应的参数信息是否与设置要求一致

实操记录	"雷达配置"操作是否成功	□成功 □不成功
	"过滤器设置"操作是否成功	□成功 □不成功
	"多边形设置"操作是否成功	□成功 □不成功

二、激光雷达传感器网络配置

① 双击打开 Wireshark 软件，选择"本地连接"；

② 在"Source"列中读取激光雷达传感器的本地 IP 地址；

③ 在"Destination"列中读取激光雷达传感器的目标 IP 地址；

④ 打开控制面板中"网络和共享中心"；

⑤ 点击"本地连接"；

⑥ 在弹出的状态框中点击"属性"，双击"TCP/IP4 协议版本"；

⑦ 在"常规"窗口中选择"使用下面的 IP 地址"，然后输入相应的激光雷达传感器的目标 IP 地址、子网掩码、默认网关；

(续表)

⑧ 点击"确定"完成激光雷达传感器的网络配置及目标 IP 地址的设置	
激光雷达传感器网络配置 IP 地址读取	"Source"列本地 IP 地址：＿＿＿＿＿＿＿＿＿＿＿ "Destination"列目标 IP 地址：＿＿＿＿＿＿＿＿＿
激光雷达传感器目标 IP 的设置	IP 地址：＿＿＿＿＿＿＿＿＿＿＿ 子网掩码：＿＿＿＿＿＿＿＿＿＿ 默认网关：＿＿＿＿＿＿＿＿＿＿

三、双目摄像头传感器的装配与调试

1. 双目摄像头传感器安装

① 将自动驾驶低速车下电；

② 取下电气盒盖板；

③ 移动双目摄像头传感器并固定；

④ 整理双目摄像头传感器线束并用扎带固定；

⑤ 将双目摄像头传感器与整车电源配电盒相连；

⑥ 用千兆以太网网线将双目摄像头传感器和 4G 路由器连接，并用扎带固定

安装步骤	拆卸电气盒盖板上螺丝使用的工具是＿＿＿＿＿＿＿＿＿＿＿＿＿＿＿＿＿＿＿＿＿＿
	双目摄像头需移动至＿＿＿＿＿＿＿＿＿＿＿＿＿＿＿＿＿＿＿＿＿＿再固定

2. 双目摄像头传感器联调

将自动驾驶低速车上电，判断双目摄像头与整车的联通状态

	步骤 1	进入 Ubuntu 操作系统，右击桌面"打开终端"
实操记录	步骤 2	输入＿＿＿＿＿＿＿＿＿＿＿＿＿＿命令，将当前目录切换到 apollo 源码所在目录
	步骤 3	执行＿＿＿＿＿＿＿＿＿＿＿＿＿＿＿＿＿＿＿＿＿＿＿＿命令
	步骤 4	执行＿＿＿＿＿＿＿＿＿＿＿＿＿＿＿＿＿＿＿＿＿＿＿＿命令
	步骤 5	apollo Dreamview（□是　□否）正常启动
	步骤 6	进入 apollo Dreamview
	步骤 7	选择车型＿＿＿＿＿＿＿＿＿＿＿＿＿＿＿＿＿＿＿＿＿＿＿＿
	步骤 8	在 Module Controller 界面"Modules"中点击"Camera"，运行 camera 模块
	步骤 9	打开"Others"操作栏中"Camera sensor"，双目摄像头（□是　□否）弹出拍摄画面
	步骤 10	双目摄像头与整车的联通状态（□是　□否）正常

（续表）

四、车载卫星导航定位系统参数配置

1. 车载卫星导航定位系统杆臂值测量

（1）Y轴方向杆臂误差值测量

注意事项：

Y 轴方向杆臂误差值是指后天线中心点垂直于 GNSS 接收机中心点 X 轴的距离。

① 将激光测距仪垂直向下放置在后天线固定点下方，激光测距仪在自动驾驶低速车上生成的激光点即后天线固定点在车身上的投影，用记号笔标记投影点 a（图4-2-5）；

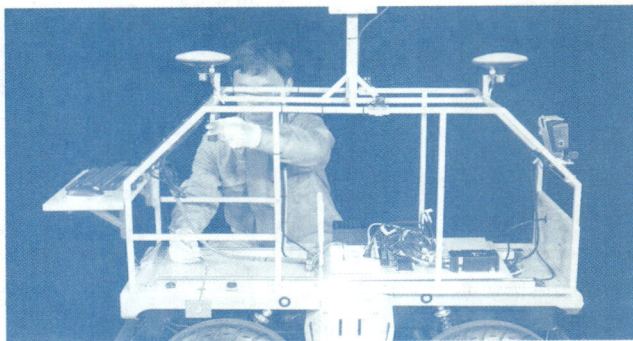

图4-2-5　激光测距仪在自动驾驶低速车上生成的激光点 a

② 在后天线固定点 Y 轴方向的车身支架上另选一点，使用激光测距仪确定其在车身上的投影，用记号笔标记投影点 b，激光测距仪在自动驾驶低速车上生成的激光点 b（图4-2-6）；

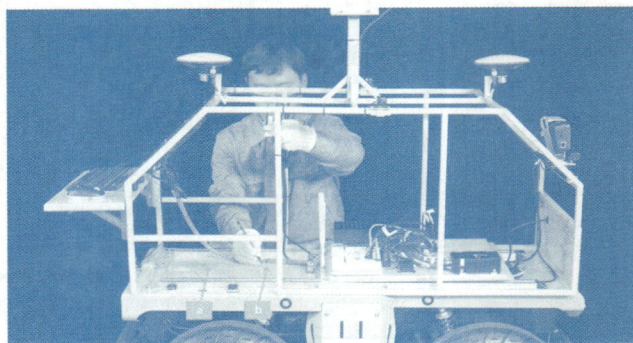

图4-2-6　激光测距仪在自动驾驶低速车上生成的激光点 b

③ 使用直尺和记号笔将两个投影点 a、b 连成一条线段；

④ 作出一条过 a 点且垂直于线段 ab 的直线 ac；

⑤ 使用卷尺测量 GNSS 接收机中心点到直线 ac 的垂直距离 L_1；

⑥ 测量并记录后天线中心点到固定点的水平距离 L_2；

⑦ L_1 与 L_2 的距离之和即 Y 轴方向杆臂误差值，记录该数值。

（2）X轴方向杆臂误差值测量

注意事项：X 轴方向杆臂误差值是指后天线中心点垂直于 GNSS 接收机中心点 Y 轴方向的距离。

使用卷尺测量 GNSS 接收机中心点到线段 ab 延长线的垂直距离 L_3，该距离即 X 轴方向杆臂误差值，记录该数值。

（3）Z 轴方向杆臂误差值测量

注意事项：Z 轴方向杆臂误差值是指后天线中心点到 GNSS 接收机中心点的垂直高度。

① 使用直尺测量 GNSS 接收机在 Z 轴方向的高度，高度的一半即 GNSS 接收机几何中心距其上表面的距离 H_1；

② 使用卷尺测量 GNSS 接收机上表面到天线安装高度所在平面的垂直高度 H_2；

③ 使用卷尺测量安装支架固定点到后天线几何中心的高度 H_3；

④ H_1、H_2、H_3 三者的高度之和即 Z 轴方向杆臂误差值，记录该数值

Y 轴方向杆臂误差值	在图 4-2-7 中标出 L_1 和 L_2 的测量位置：
	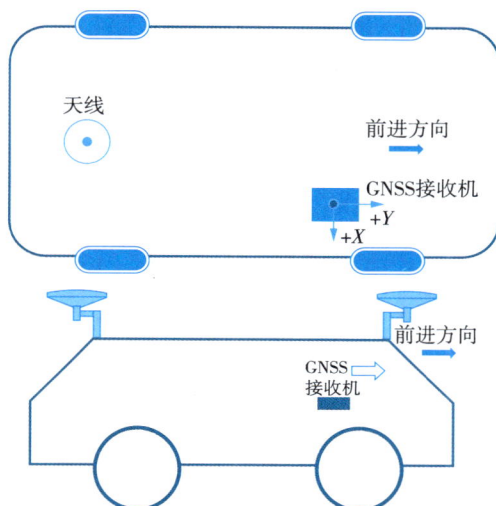图 4-2-7　Y 轴方向杆臂误差测量示意
	实际测得的 GNSS 接收机中心点到直线 ac 的垂直距离 L_2 是＿＿＿＿＿＿＿＿＿
	实际测得的后天线中心点到固定点的距离 L_2 是＿＿＿＿＿＿＿＿＿
	Y 轴方向杆臂误差值计算公式：$L_1 + L_2 =$ Y 轴方向杆臂误差值
	实际计算的 Y 轴方向杆臂误差值是＿＿＿＿＿＿＿＿＿
X 轴方向杆臂误差值	在图 4-2-8 中标出 L_3 的测量位置：
	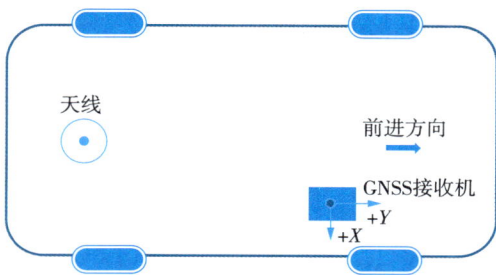图 4-2-8　X 轴方向杆臂误差测量示意
	实际测得的 GNSS 接收机中心点到线段 ab 延长线的垂直距离 L_3 是＿＿＿＿＿＿＿＿＿
	X 轴方向杆臂误差值是＿＿＿＿＿＿＿＿＿

（续表）

	在图 4-2-9 中标出 H_1、H_2 和 H_3 的测量位置： 图 4-2-9　Z 轴方向杆臂误差测量示意
Z 轴方向 杆臂误差值	实际测量的 GNSS 接收机在 Z 轴方向的高度是＿＿＿＿＿＿＿。GNSS 接收机几何中心距其上表面的距离 H_1 是＿＿＿＿＿＿＿
	实际测量的 GNSS 接收机上表面到天线安装高度所在平面的垂直高度 H_2 是＿＿＿＿＿
	实际测量安装支架固定点到后天线几何中心的高度 H_3：＿＿＿＿＿＿＿
	Z 轴方向杆臂误差值计算公式：$H_1＋H_2＋H_3＝Z$ 轴方向的杆臂误差值
	Z 轴方向杆臂误差值是＿＿＿＿＿＿＿

2. 车载卫星导航定位系统参数配置

(1)准备工作

① 将车辆开至合适位置；

② 连接相关线束；

③ 电脑设备管理器数据正常。

(2)导航模式配置设置

① 在 GNSS 接收机的产品手册中查阅并记录 GNSS 接收机的通信速率。

② 打开 COMCenter 软件，选择"COM6"串口，选择与设备相匹配的通信速率"115200bps"。

注意事项：

不要选择"16 进制收""16 进制发"模式。

③ 根据导航模式设置要求，在控制台中输入配置命令。

● 精对准设置命令：$ cmd,set,navmode,finealign,off * ff。

● 粗对准设置命令：$ cmd,set,navmode,corsealign,off * ff。

● 动态对设置命令：$ cmd,set,navmode,dynamicalign,on * ff。

● 卫星定位设置命令：$ cmd,set,navmode,gnss,double * ff。

● 车载模式设置命令：$ cmd,set,navmode,carmode,on * ff。

（续表）

- 零速模式设置命令：$ cmd,set,navmode,zupt,on * ff。
- 固件索引设置命令：$ cmd,set,navmode,firmwareindex,0 * ff。
④ 当发送完配置命令后,若反馈配置状态字段为"$ cmd,config,ok * ff",说明配置成功。
⑤ 对配置进行保存,输入设置指令："$ cmd,save,config * ff"。
⑥ 配置保存完成后,需要对 GNSS 接收机重新上电。
（3）车载卫星导航定位系统协议输出配置
① 以 GNSS 接收机全状态数据线上的 USB 端口作为导航数据输出端口,对其进行配置。
② 根据协议输出配置要求在控制台中输入配置命令：
$ cmd,output,usb0,rawimub,0.010 * ff；
$ cmd,output,usb0,inspvab,0.010 * ff；
$ cmd,through,usb0,bestposb,1.000 * ff；
$ cmd,through,usb0,rangeb,1.000 * ff；
$ cmd,through,usb0,gpsephemb,1.000 * ff；
$ cmd,through,usb0,gloephemerisb,1.000 * ff；
$ cmd,through,usb0,bdsephemerisb,1.000 * ff；
$ cmd,through,usb0,headingb,1.000 * ff。
③ 配置成功后,需要输入保存设置的指令"$ cmd,save,config * ff",对配置进行保存。
④ 输入当前协议输出配置状态命令"$ cmd,get,output * ff"验证协议,检查输出配置是否配置成功。
（4）车载卫星导航定位系统杆臂误差值及差分数据配置
① 将自动驾驶低速车上电,进入"Ubuntu"系统。
② 右击桌面上"打开终端",输入命令"ifconfig"查看以太网端口"eth0"。
③ 读取自动驾驶低速车计算单元的 IP 地址(为"192.168.1.9"),子网掩码是"255.255.255.0"。
④ 将笔记本电脑连接自动驾驶低速车的 4G 路由器无线网络。
⑤ 打开 Xshell 软件,新建会话,创建会话名称,以"apollo"为例,输入车载计算单元的 IP 地址。
⑥ 输入车载计算单元的用户名及密码,"点击确定"进行用户身份认证,选择会话"apollo",点击"连接",进入终端界面。
⑦ 输入"cd/apollo"命令,将当前目录切换到 apollo 源码所在目录。
- 执行"docker/scripts/dev_into. sh"命令。
- 执行". /scripts/bootstrap. sh"命令。
⑧ 用谷歌浏览器访问"http://localhost:8888"网址。点击"Setup Wizard"菜单,在"车辆配置界面"中点击"下一步",进入"GPS 接收机配置"界面,对接收机的参数进行配置。
⑨ RTK 的配置参数是由差分数据服务商提供的,本实训采用的服务是"千寻厘米级定位服务"。
- RTK 基站地址：203.107.45.154。
- RTK 基站端口：8002。
- RTK 基站用户名：＊＊＊＊＊＊。
- RTK 基站密码：＊＊＊＊＊＊。
- RTK 基站挂载点：RTCM32_GGB。
- HeadOffset 是指天线角度补偿设置,默认配置为"0"。如果天线不是前后安装的,而是左右安装的,那么需要进行天线角度补偿设置;此处设置为"0.0000"。

（续表）

- 配置 GNSS 接收机 IP 地址,使用车载 4G 无线路由器 IP 网段未被占用的 IP 地址。
- 配置 GNSS 接收机 IP 子网掩码。
- 配置 GNSS 接收机 IP 网关为车载 4G 无线路由器的默认 IP 地址"192.168.1.1"。

⑩ 杆臂值参数按照"车载卫星导航定位系统杆臂值测量"操作步骤中记录的数值进行填写。

⑪ 参数填写完成后,按照 Apollo 配置引导界面,点击"下一步",完成配置,将车载计算单元关机并进行整车下电再上电

准备工作	将自动驾驶低速车(□是　□否)移至能接收到较强的卫星定位信号的封闭场地
	将车辆上的 RS232 转接线 USB 端口(□是　□否)连接至笔记本电脑
	打开电脑设备管理器,查看 RS232 转接线的设备端口号,端口号为＿＿＿＿＿＿＿
导航模式配置设置记录	产品手册提供的 GNSS 接收机的通信速率是＿＿＿＿＿＿＿＿＿＿
	打开 COMCenter 软件,选择＿＿＿＿串口,选择与设备相匹配的通信速率＿＿＿＿＿
	(□是　□否)按照正确的设置命令要求,在控制台中输入配置命令
	发送完配置命令后,反馈配置状态字段为＿＿＿＿＿＿＿＿。配置(□是　□否)成功
车载卫星导航定位系统协议输出配置记录	(□是　□否)按照正确的设置命令要求,在控制台中输入配置命令
	发送完配置命令后,反馈配置状态字段为＿＿＿＿＿＿＿＿。配置(□是　□否)成功
	(□是　□否)输入车载卫星导航定位系统的导航状态命令,检查导航配置(□是　□否)成功;配置导航(□是　□否)成功
	(□是　□否)按照正确的设置命令要求,在控制台中输入配置命令
车载卫星导航定位系统杆臂误差值及差分数据配置记录	在进行车载卫星导航定位系统杆臂误差值及差分数据配置之前,(□是　□否)将与笔记本电脑连接的 RS232 转接线 USB 端口断开,重新连接至车载 USB 集线器
	读取的自动驾驶低速车计算单元的 IP 地址为＿＿＿＿＿,子网掩码是＿＿＿＿＿＿
	打开 Xshell 软件,输入的车载计算单元的 IP 地址是＿＿＿＿＿＿＿＿＿＿

五、自动驾驶系统功能模块离线验证

① 将自动驾驶低速车上电,进入 Ubuntu 系统;

② 右击桌面上"打开终端",输入命令"ifconfig"查看以太网端口"eth0"。

③ 读取自动驾驶低速车计算单元的 IP 地址,IP 地址为"192.168.1.9",子网掩码是"255.255.255.0"。

④ 使笔记本电脑连接自动驾驶低速车的 4G 路由器无线网络。

⑤ 打开 Xshell 软件,"新建"会话,创建会话名称,以"apollo"为例,输入车载计算单元的 IP 地址。

⑥ 输入车载计算单元的用户名及密码,点击"确定"进行用户身份认证,选择会话"apollo",点击"连接",进入终端界面。

⑦ 输入"cd /apollo"命令,将当前目录切换到 apollo 源码所在目录:

- 执行"docker/scripts/dev_into.sh"命令。
- 执行"./scripts/bootstrap/sh"命令。

⑧ 若界面中显示"Dreamview is running at http://localhost:8888",用谷歌浏览器能成功访问"http://localhost:8888",则表示 apollo Dreamview 已正常启动。

⑨ 返回终端,执行"rosbag play demo_2.5.bag",进入"apollo Dreamview"。

（续表）

⑩ 在 Module Controller 界面上"Modules"中分别启动"Control""Perception""Prediction""Planning"模块。

⑪ 若数据回放正常,则说明自动驾驶系统功能模块状态正常

自动驾驶系统功能模块离线验证记录	将自动驾驶低速车上电,进入_____系统
	读取的自动驾驶低速车计算单元的 IP 地址为_____,子网掩码是_____
	使笔记本电脑连接自动驾驶低速车的_____
	打开 Xshell 软件,输入车载计算单元的 IP 地址:_____
	(□是　□否)输入车载计算单元的用户名及密码
	(□是　□否)输入"cd /apollo"命令,将当前目录切换到 apollo 源码所在目录,执行相关命令
	数据(□是　□否)回放正常,自动驾驶功能模块状态(□是　□否)正常

六、车载卫星导航定位系统整车联调及常见故障排查

1. 整车联调测试

① 通过笔记本 Xshell 软件远程进入 Dreamview,用谷歌 Chrome 浏览器登入 Dreamview web 网址"192.168.1.9:8888",访问 Dreamview 界面;

② 进入"Module Controller"栏,在"modules"中启动"GPS"和"IMU"模块;

③ 观察左侧"Hardware - GPS"状态,若其由"ERROR"变为"OK",则 GPS 已启动;

④ 返回终端,输入"rostopic echo /apollo/sensor/gnss/best_pose",查看 GPS 后台数据,如果有数据显示,说明 GPS 与自动驾驶系统通信正常

联调测试记录	(□是　□否)用谷歌 Chrome 浏览器登入 Dreamview web 网址"192.168.1.9:8888",访问 Dreamview 界面
	(□是　□否)进入"Module Controller"界面,在"modules"中分别启动_____模块
	观察左侧"Hardware - GPS"状态,"ERROR"(□是　□否)变为"OK"
	输入命令"rostopic echo /apollo/sensor/gnss/best_pose",(□是　□否)有惯性测量单元后台数据显示,如果有数据显示,说明_____

2. 录制地图

遥控自动驾驶低速车,开始录制地图

录制地图记录	步骤 1	(□是　□否)返回 dreamview"Module Controller"界面
	步骤 2	(□是　□否)关闭"Ultrasonic"
	步骤 3	启动_____3 个模块
	步骤 4	进入"Tasks"界面,点击右侧"Start record map"
	步骤 5	通过遥控器控制车辆行驶,行驶过程中(□是　□否)出现倒车现象。若出现倒车,需_____
	步骤 6	自动驾驶车辆到达目标地点后,(□是　□否)在"Tasks"界面右侧点击"Stop"命令,结束地图录制
	步骤 7	遥控车辆返回录制起点

（续表）

3. 基于车载卫星导航定位系统的循迹功能验证		
进行车载卫星导航定位系统的循迹功能验证		
循迹功能 验证记录	步骤 1	选择录制的地图,刷新界面
	步骤 2	进入"Module Controller"界面,启动_____ _____模块
	步骤 3	进入"Routing adding"界面,(□是　□否)在地图路径上标记终点位置,(□是　□否)点击"Send Routing Request",定义目标终点是_____
	步骤 4	遥控车辆,车辆位置和方向与地图路径的起点位置(□是　□否)吻合,此时地图路径上显示的终点及路径规划信息是_____
	步骤 5	返回"Module Controller"界面,启动_____模块
	步骤 6	返回"Tasks"界面,开启"Start Auto"功能,观察界面右侧,右侧的现象:_____
	步骤 7	(□是　□否)将自动驾驶遥控器由手动控制状态切换为自动驾驶状态
	步骤 8	自动驾驶低速车按照预定路径自动行驶,说明:_____ _____

任 务 总 结

请对本任务的完成情况及相关思考进行总结并填写:

任务 3　自动紧急制动系统

自动紧急制动(AEB)系统是基于前向碰撞预警系统(FCW)发展的一种主动控制类驾驶辅助系统。FCW 利用雷达和摄像头监测前方车辆,评估碰撞风险,并在有潜在危险时警告驾驶员。AEB 相比于 FCW 则更进一步,当 FCW 发出警告后,若驾驶员未采取足够制动措施,AEB 将自动增加制动压力,以预防或减少交通事故。AEB 系统工作过程如图 4-3-1 所示。

【微课】
自动紧急制动系统

图 4-3-1　AEB 系统工作过程

一、AEB 系统的组成及原理

AEB 系统是一个"感知—决策—执行"循环的闭环过程。AEB 系统架构如图 4-3-2 所示。相应的可将其组成划分为行车环境信息采集单元、电子控制单元和执行单元这三大部分。

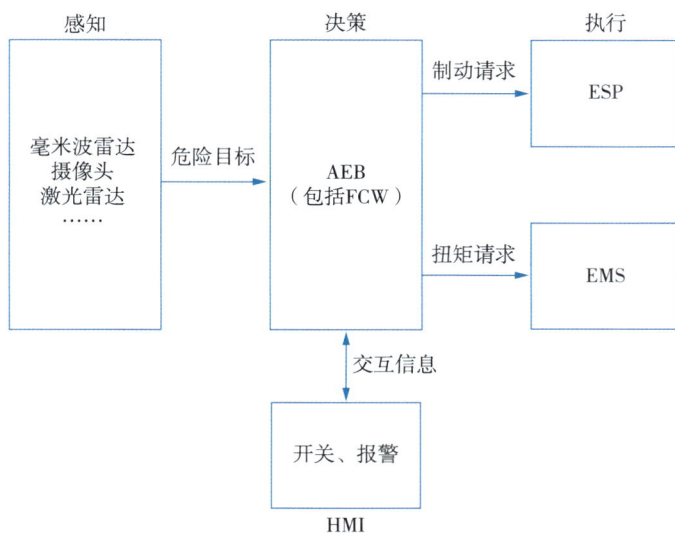

图 4-3-2　AEB 系统架构

(一)行车环境信息采集单元

行车环境信息采集单元包括测距传感器、车速传感器、油门传感器、制动传感器和转向传感器,可以实时检测行车环境并获取相关行车信息。不同系统所需采集的信息不同,但所有采集到的信息都将被送往电子控制单元。

测距传感器用来检测本车与前方目标的相对距离及相对速度,常见的测距技术有超声波测距、毫米波雷达测距、激光测距、红外线测距和视频传感器测距等;车速传感器用来检测本车的速度;油门传感器用来检测驾驶员在收到系统提醒报警后,是否及时松开油门对本车进行减速操作;制动传感器用来检测驾驶员是否踩下制动踏板,对本车实施制动;转向传感器用来检测车辆目前是否正处于弯道路面上或超车状态中,以判断是否需要进行报警抑制。

测距传感器是 AEB 系统的核心,常用的有摄像头、毫米波雷达和激光雷达。考虑到成本,国内主要使用前两者。摄像头方案成本低,识别物体多样,优势在于能够进行物体尺寸识别,车道线和行人识别准确度高,但距离和精度较低,易受环境影响。毫米波雷达测距精度高,受环境干扰小,能探测目标速度,但难以识别车道线和交通标志。结合摄像头和雷达技术将是 AEB 系统的重要发展趋势。摄像头与毫米波雷达对比见表 4-3-1 所列,摄像头与雷达技术的融合方案的优势见表 4-3-2 所列。

表 4-3-1 摄像头与毫米波雷达对比

性能	传感器类型	
	摄像头	毫米波雷达
作用距离/m	100～200	150～250
测距精度	近距 0.1 m,远距 1 m	0.3 m(远近一致)
光线与天气影响	显著	很小
物体高度与宽度测量	精度高	精度低
车道线与标识识别	有	无
行人识别准确度	高	低
成本	低	较高

表 4-3-2 摄像头与雷达技术的融合方案的优势

可靠性	目标真实,可靠性高
互补性	全天候应用与远距离提前预警
高精度	大视角、全距离条件下的高性能定位
识别能力	复杂对象的分类与处理
成本	性价比高,选择的灵活性好

(二)电子控制单元

电子控制单元接收行车环境信息采集单元的检测信号后,综合收集到的数据信息,依照一定的算法程序对车辆行驶状况进行分析计算,判断车辆所适用的预警状态模型,同时对执行单元发出控制指令。

在实际的驾驶过程中,从驾驶员发现危险到制动停车可分为以下四个阶段。安全距离分析示意如图 4-3-3 所示。

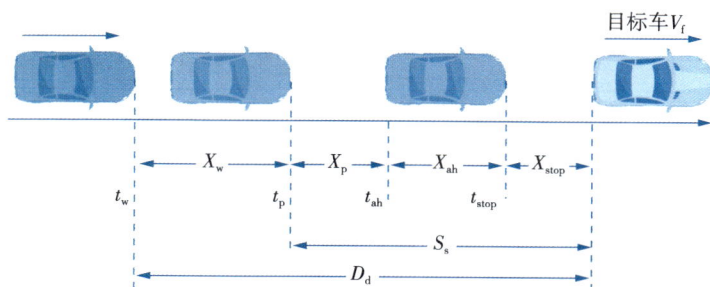

图 4-3-3　安全距离分析示意

① 反应阶段:假设在 t_w 时刻驾驶员意识到有碰撞危险,t_p 时刻驾驶员刹车,t_p-t_w 为驾驶员反应时间,驶过的距离为 X_W。

② 预压阶段:油压从零增至最大稳定油压,$t_{ah}-t_p$ 为预压建立时间,驶过距离为 X_p。

③ 全压减速阶段:车辆以最大刹车减速度制动,$t_{stop}-t_{ah}$ 为全压刹车时间,驶过距离为 X_{ah}。

④ 刹车停止后跟随阶段:设定结束刹车后的车间距离 X_{stop}。

当自车与前车的距离达到 D_d 时,考虑驾驶员意志优先,AEB 系统仅进行报警,没有控制动作;当实际车间距离达到 S_s 时,若驾驶员仍然没有采取制动动作,AEB 系统将判定汽车进入危险状态,同时向 ESC(电子稳定控制系统)发出制动指令,使车辆在瞬间获得一个较大的制动减速度,帮助驾驶员完成制动,避免发生碰撞。

(三)执行单元

执行单元可以由多个模块组成,如声光报警模块、LED 显示模块、自动减速模块和自动制动模块等。它用来接收电子控制单元发出的指令,并执行相应的动作,达到预期的预警效果,实现相应的刹车功能。不同车速下 AEB 系统的触发时间如图 4-3-4 所示。

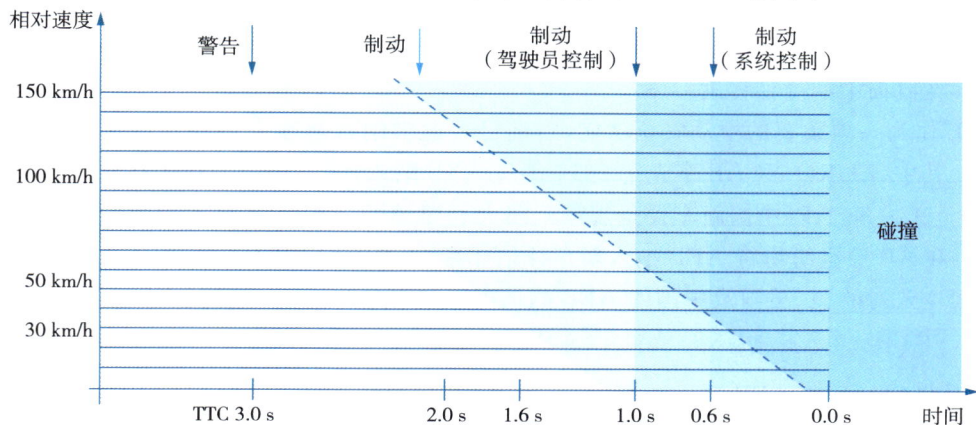

图 4-3-4　不同车速下 AEB 系统的触发时间

二、AEB 系统的分类

欧盟新车安全评鉴协会(EURO NCAP)将 AEB 系统分为城市 AEB 系统、城际 AEB 系统和行人 AEB 系统三类。各系统适用于不同的道路和车速条件。但需注意,只有在两车速度差小于 50 km/h 时,AEB 系统才能完全避免碰撞。

(一)城市 AEB 系统

城市 AEB 系统适用于城市道路,车速限于 20 km/h 内。它使用前置激光雷达监测前方 6～8 m 的道路和其他车辆状况。检测到潜在风险后,预制动机制将触发,以获取最大制动减速度。若驾驶人在设定时间内未采取避障操作,系统将紧急制动或采取其他方式避免碰撞。若驾驶人采取避障操作,系统将停止工作。

(二)城际 AEB 系统

城际 AEB 系统主要适用于高速公路,车速范围为 50～80 km/h。它使用微波雷达探测前方 200 m 范围内的车辆,包括预警、预制动和紧急制动三种工作方式。与城市 AEB 系统相比,城际 AEB 系统更注重高速公路的安全驾驶。

➢ 预警方式:当存在潜在风险时,预警方式触发,提醒驾驶人注意避让。

➢ 预制动方式:在预警方式的基础上,在设定时间内,驾驶人未做出应有响应,预制动机制触发,收紧安全带。

➢ 紧急制动方式:在预制动的基础上,在设定时间内,驾驶人仍未做出应有响应,系统将采取紧急制动。

(三)行人 AEB 系统

行人 AEB 系统旨在保护行人和骑行者等道路使用者。该系统通过雷达、摄像头、红外线等传感器或多传感器信息融合技术,识别并跟踪行人或骑行者,评估碰撞风险。一旦检测到潜在危险,系统会向驾驶人发出警告,并自动减速停车。

三、AEB 系统的性能测试

新车碰撞测试(NCAP)是评估汽车安全性的重要措施。该测试最早在美国实施,现在美国、日本、中国等都有相关法规,应对新生产及进口新车进行正面和侧面碰撞测试,以评估驾驶员和乘客在碰撞中的受伤程度。

AEB 作为一项重要的主动安全功能,目前已普遍被纳入全球主要汽车市场的碰撞安全评分体系。其中,EURO NCAP 率先于 2014 年将 AEB 纳入评分体系,此后 IIHS(美国公路安全保险协会)、C - NCAP(中国新车评价规程)、澳大利亚 ANCAP(澳大利亚新车安全评鉴协会)、日本 J - NCAP 等也纷纷将 AEB 纳入新车评估体系,不具有 AEB 系统的车辆很难获得高的评分。下面主要对欧盟、美国及中国的 AEB 测试内容进行介绍。

(一)EURO NCAP 的 AEB 测试

EURO NCAP 的 AEB 测试包括 AEB City(市区)和 AEB Inter - Urban(城间)两部分。AEB City 是测试汽车低速(10～50 km/h)行驶时 AEB 的工作情况,这部分仅评价自动制动的功能;而 AEB Inter‑Urban 则是测试汽车中高速(30～80 km/h)行驶时 AEB 的工作情况,评价内容包括自动制动和前方碰撞预警两项。为了客观地检验 AEB 系统在现实的行驶道路中的工作情况,EURO NCAP 一共模拟了四种情况进行测试:①接近一辆静止的车辆;②接近一辆慢速移动的车辆(前车以 20 km/h 的速度行驶);③前车突然急停(两车时速均为 50 km/h,前后车距为 12 m);④碰撞远侧成人(行人距离测试车中心线 6 m,在 1.5 m 内加速至 8 km/h,沿与车辆行驶方向垂直的方向向测试车移动,测试车速度为 10～60 km/h)。

2018 版 EURO NCAP 的 AEB 测试项目包括 AEB CCR(车辆追尾自动紧急制动系统)和 AEB VRU(行人自动紧急制动系统)两部分。AEB CCR 涵盖 CCRs、CCRm 和 CCRb 三大场景。与 C‑NCAP 只考虑成年人不同,EURO NCAP 的 AEB VRU 还考虑儿童和骑自行车的人,测试场景包括远端成年人、近端成年人、近端儿童、前方成年人和前方骑自行车的人。

2020 年的 EURO NCAP 的 AEB 测试项目依旧分为“成人乘员(adult occupant)”“儿童乘员(child occupant)”“弱势道路使用者(vulnerable road users)”及“安全辅助(safety assist)”四个大部分。不过除了“儿童乘员”这部分没有发生明显的变化之外,其他三项测试均发生了显著的变化。

EURO NCAP 在 2020 年新增了八项测试项目,包括假人远端保护、可移动的可变壁障、驾驶员监测、倒车 AEB、交叉路口转弯 AEB、紧急主动转向、后排鞭打测试和营救等。这些新增项目旨在提高汽车安全性,保护乘客和行人的安全。

其中,在“成人乘员”保护中,首先发生变化的是正面 40%偏置碰撞,由此前的固定壁障的形式,改为移动小车的形式,车重(1400±20)kg,与测试车的相对速度为(50±1)km/h,且偏置率也由此前的 40%更改为 50%。

新增营救测试项目,包括自动发送车内人员数量和事故地址至后台或救援机构,以及评估自动门锁、开门力和隐藏式门把手的易用性。

在“弱势道路使用者”的保护这部分中,主要的变化集中在车辆对行人和骑自行车者的预防碰撞方面。

对行人的保护分为两个部分,除了原本就有的针对车辆前方的同向或纵向行人之外,还增加了车辆左右转弯遇到行人横穿马路的场景。同时在这三个场景中除了 AEB 主动紧急制动外,还增加了对 AES 主动紧急转向功能的测试。

EURO NCAP 2023 年新规对五星级安全车型的主动安全要求有所提高,特别是针对“弱势道路使用者”一项的得分率从 60%提升至 70%。新增的主动安全测试场景主要涉及车辆对摩托车的 AEB 场景,如接近静止摩托车、左转接近迎面摩托车、左侧摩托车超车同时向左变道等。2020—2024 年 EURO NCAP 五星级各测试项目占比见表 4‑3‑3 所列。

表 4‑3‑3　2020—2024 年 EURO NCAP 五星级各测试项目占比

	成人乘员	儿童乘员	弱势道路使用者	安全辅助
占比	40%	20%	20%	20%

(二)IIHS 的 AEB 测试

IIHS 于 2014 年引入预碰撞系统评价体系,该体系根据自动制动效果分为“Superior”(优越)、"Advanced"(高级)和"Basic"(基本)三个等级。从 2016 年起,IIHS 将预碰撞系统纳入"TOP SAFETY PICK"或"TOP SAFETY PICK＋"考核范围。2018 年 IIHS 考核要求测试车辆的预碰撞系统必须获得"Superior"或"Advanced"评价,才能上榜。

与 EURO NCAP 一样,IIHS 在测试过程中都对自动制动和碰撞预警进行评价。不过 IIHS 只在两个速度下(12 mph 和 25 mph,即约 20 km/h 和 40 km/h)对 AEB 系统进行评价。在 IIHS 的评价中,AEB 系统评价的总分为 6 分。车辆配备有效的碰撞预警系统,可以得到 1 分;在车速为 12 mph 时,车辆能够避免碰撞,可以得到 2 分;在车速为 25 mph 时,车辆能够避免碰撞,可以得到 3 分。

(三)C-NCAP 的 AEB 测试

目前,中国新车评价规程(C-NCAP)已经完成了 2024 版的更新,并于 2024 年 7 月 1 日正式实施。此次更新充分借鉴了中国道路交通事故的研究成果及中国汽车基础数据,同时与国际先进的新车安全评价体系保持同步,以进一步提升汽车安全性。

1. 乘员保护版块调整显著

在正面碰撞测试中,2024 版将碰撞速度由 2021 版的 50(±1)km/h 提升至 55(＋1)km/h,同时对二排儿童假人胸部评价指标进行了修正,以更准确地反映实际碰撞中对乘员的伤害情况。

侧面碰撞测试中,碰撞速度也相应提升至 60(＋1)km/h,并更换了移动壁障前端的材料型号,以增强测试的准确性和实用性。

此外,新规程还增加了车辆侧面碰撞试验项目,要求所有车型均需进行侧面壁障碰撞试验和侧面柱碰撞试验,并对远端乘员和二排儿童的保护进行了更细致的评价。

在乘员保护方面,新规程还优化了低速后碰撞颈部保护试验(即鞭打试验)测评方法,增加了主动安全带加分项设置,并引入了儿童遗忘提醒功能测评项目。同时,保压气帘性能评价方法也得到了完善,电动汽车刮底试验与评价要求也得以加入。

2. VRU 保护版块更加全面

新规程将行人保护头型试验、腿型试验和 VRU 自动紧急制动(AEB VRU)系统试验合并为 VRU 保护版块,进行综合性评价,以更全面地评估车辆对弱势道路使用者(VRU)的保护能力。

在 AEB VRU 试验中,新规程新增了交叉路口场景,并对已有场景进行了优化升级,修改了测试参数,增加了障碍物和儿童目标物,以提高测试的准确性和实用性。

3. 主动安全版块新增多项测试项目

在主动安全版块,新规程对车辆自动紧急制动系统(AEB C2C)进行了扩展,新增了岔路口场景、高速公路追尾场景和 AEB 错误作用场景,以更全面地评估车辆的主动安全性能。

此外,新规程还增加了弯道偏商预警场景和紧急车道保持(ELK)场景,优化了盲区监测场景参数,并新增了多项评价项目,如车辆开门预警系统(DOW)、后方交通穿行提示系统(RCTA)、驾驶员监控系统(DMS)、交通信号识别(TSR)以及自适应远光灯等,以进一步提升车辆的安全性能。

四、AEB 系统的技术发展趋势

（一）提高各类突发情况下目标识别的精度

对汽车行驶前方环境的识别是 AEB 的基础。在突发情况下，快速、精确的目标识别及轨迹判断是 AEB 技术的关键。未来，雷达与摄像头技术的结合或多传感器融合技术将成为 AEB 系统发展的核心趋势，以实现更精确、及时的目标识别。

（二）完善控制策略

AEB 系统在危险判断、预警及主动控制中涉及车辆状态和对危险的评估。预警和主动控制的时机选择至关重要，过早预警可能被忽略，过晚则驾驶员反应不及。因此，AEB 系统的控制策略需持续优化，以适应不同情境和路况，确保驾驶安全。

（三）提高技术的可靠性

可靠性是 AEB 的主要问题之一。盲区、照明条件、天气、速度限制等因素可能导致漏报，每次漏报都是潜在事故威胁；误报增加则降低用户体验，并对市区低速驾驶构成挑战。因此，提高 AEB 系统技术的可靠性是必然趋势。

（四）加强对弱势群体（行人、自行车）的保护

行人及自行车为道路交通不可或缺的部分，但易在事故中受伤。雷达与摄像头技术的结合为 AEB 保护弱势群体（行人、自行车）提供了基础。将弱势群体保护纳入 AEB 功能是重要的发展趋势。

（五）实现对更多复杂场景（如十字路口）的覆盖

城市十字路口等场景事故频发，AEB 技术通过精准识别目标，可实现对侧方进入的车辆、行人等的识别与判断。

任务 4　智能网联实训车障碍物规避

任务目标

1. 能合理完成毫米波雷达、激光雷达传感器、双目摄像头传感器和车载卫星导航定位系统所需物料等的准备工作；

2. 能掌握 CAN 总线分析仪驱动安装的操作要点，能完成 GNSS 接收机设备的安装，完成准备工作；

3. 能掌握毫米波雷达、激光雷达传感器、双目摄像头传感器和车载卫星导航定位系统等系统的参数配置；

4. 能正确使用自动驾驶车辆维修手册、车载卫星导航定位系统手册和工作页等参考资料独立规范地完成功能模块离线验证；

5. 能正确使用自动驾驶车辆维修手册、毫米波雷达设备手册和工作页等参考资料独立规范地完成功能测试；

6. 能掌握 7S 管理规范，并按照规范完成实训任务，养成良好的职业习惯。

实 施 计 划

请在表格中写出本次任务的实施计划：

任 务 准 备

请在表格中勾选出本次任务需要使用的物品：

设备	□毫米波雷达 □激光雷达传感器 □车载导航	□双目摄像头传感器 □自动驾驶低速车
工具	□笔记本电脑 □CAN 总线分析仪 □数字万用表	□三角反射器 □汽车维修工具 □直流稳压电源
量具	□激光测距仪 □卷尺	□水平测量仪 □游标卡尺
耗材	□记号笔	□静电手套
软件	□CANtest □ARS_408 □Apollo 平台	□Xshell 软件 □Smarteye

任 务 实 施

一、毫米波雷达传感器参数配置

1. CAN 总线分析仪终端电阻配置

本实训使用的毫米波雷达传感器模块 ARS 408 未配置 120 Ω 终端电阻，但配套的测试线束中已配置 120 Ω 电阻。根据 ISO11898－2CAN 总线规范，在 CAN 网络两端的 ECU 需要配置 120 Ω 终端电阻。因此，本实

（续表）

训中的 CAN 总线分析仪也需要配置 120 Ω 终端电阻。
CAN 总线分析仪共有 2 路通道,分别为 CAN1 高速通道、CAN2 容错通道,可以通过底部拨码开关配置 CAN_H 与 CAN_L 间的电阻值

终端电阻配置 步骤记录	步骤 1	将 CAN1 通道拨码＿＿＿＿＿＿＿调节
	步骤 2	测量 CAN1 通道 CAN_H、CAN_L 间的电阻,其值为＿＿＿＿＿＿＿

2. 毫米波雷达传感器上电测试

① 将毫米波雷达传感器上电,将数字万用表调整到电压 20 V DC 挡位,检查 CAN_H、CAN_L 线束标识是否正确。

a. 将数字万用表红表笔与雷达线束 CAN_H 端对接,黑表笔与电源负极对接,观察电压表读数,若电压值为 2.5～3.5 V,则说明此端为 CAN_H;

b. 将数字万用表红表笔与雷达线束 CAN_L 端对接,黑表笔与电源负极对接,观察电压表读数,若电压值为 1.5～2.5 V,则说明此端为 CAN_L。

② 使用 CAN 总线分析仪的配套 USB 线束将 CAN 总线分析仪和笔记本电脑相连。

③ 将毫米波雷达传感器线束插件与雷达本体相连。

④ 将毫米波雷达传感器 CAN_H 线束端与 CAN 总线分析仪 CAN_H 线束相连,毫米波雷达传感器 CAN_L 线束端与 CAN 总线分析仪 CAN_L 线束相连。

⑤ 开启直流稳压电源,将直流稳压电源输出电压调整到 12 V。

⑥ 毫米波雷达传感器正极端线束与直流稳压电源正极柱对接,毫米波雷达传感器负极端线束与直流稳压电源负极柱对接。图 4-4-1 为线束连接示意图。

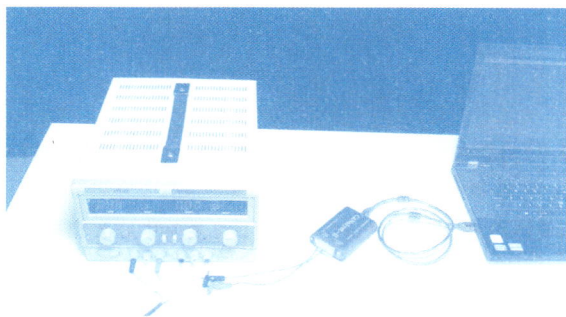

图 4-4-1 线束连接示意图

⑦ 打开毫米波雷达上位机软件 ARS_408,点击"操作",点击"启动",启动毫米波雷达上位机。若此时上位机界面未报错且能显示探测到的目标物信息,则说明毫米波雷达传感器工作正常。

⑧ 退出上位机软件 ARS_408,打开 CANtest 软件,点击"确定并启动 CAN",点击"DBC",进入"FrameAnalyzer"界面,点击"加载协议",选择文件名为"ARS408_can_database_ch0－new"的 dbc 文件并打开,此时可以看到解析后的 CAN 报文。

⑨ 点击名为"RadarState"的报文,查看毫米波雷达传感器的状态信息。如果没有错误状态显示,那么说明毫米波雷达传感器功能正常

CAN_H、CAN_L 线束标识 验证记录	测试项目	电压表读数	标准值/V	线束标识是否正确
	CAN_H 线束判别		2.5～3.5	□正确 □不正确
	CAN_L 线束判别		1.5～2.5	□正确 □不正确

（续表）

上位机软件 ARS_408 操作记录	毫米波雷达上位机 ARS_408 软件(□有　□无)报错,(□能　□否)显示探测到的目标物信息
CANtest 软件 操作记录	在"RadarState"的报文信息中,(□有　□无)报错,说明毫米波雷达传感器功能(□正常 □不正常)

3. 毫米波雷达传感器参数配置

打开上位机 ARS_408 软件,点击"操作"菜单栏,在弹出的下拉菜单中,点击"启动"。成功启动后,上位机 ARS_408 软件坐标系将会有被探测到的物体信息显示。

★ 下述配置中各参数说明请参考《德国大陆毫米波雷达使用说明》。

（1）雷达配置

① 毫米波雷达传感器"雷达配置"参数要求如下。

- 永久存储：valid。
- 排序方式：no sorting。
- 跟踪目标扩展信息：valid。
- 目标质量信息：valid。
- 检测模式：objects。
- 雷达功率：standard。
- 雷达 ID：01。
- 最大检测距离：204。
- 继电器：invalid。
- 雷达灵敏度：invalid。

② 配置步骤如下：

- 点击"雷达配置"菜单,弹出"雷达配置"窗口,在弹出的窗口中根据"雷达参数配置要求",在"配置项目"栏中,找到相应的配置参数;
- 点击对应的"是否配置",使能滑块变为绿色,在"值"列下拉菜单中修改相应的值。全部修改成功后,点击"发送配置";
- 在"雷达配置"窗口底部将会显示配置进度,当显示"设置成功！"时,雷达参数配置成功。图 4 - 4 - 2 为"雷达配置"设置示意图。

（2）过滤器设置

① 过滤器设置是指配置毫米波雷达传感器检测项目的范围。

② 毫米波雷达传感器过滤器设置参数要求如下。

- 径向距离：最小值为 15.0,最大值为 25.0。
- 存在可能性：最小值与最大值都为 1。
- 其他过滤器项目的参数最小值和最大值都设置成 0。

③ 配置步骤如下：

- 点击"过滤器设置"菜单,弹出"过滤器设置"窗口;● 在弹出的窗口中根据"过滤器参数设置要求",在"过滤器项目"栏中,找到相应的项目名;
- 点击对应的"是否配置",使能滑块变为绿色,修改相应的最小值与最大值,修改成功后,点击"发送"。图 4 - 4 - 3 为"过滤器设置"示意图。

（续表）

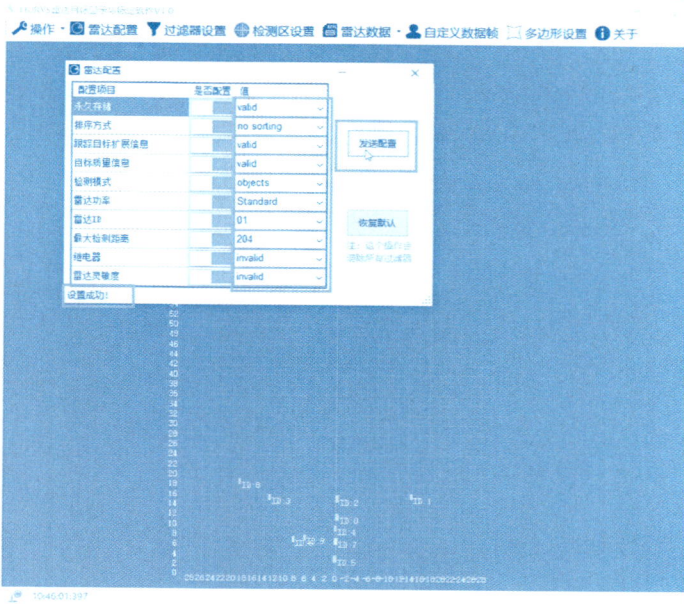

图 4-4-2　"雷达配置"设置示意图

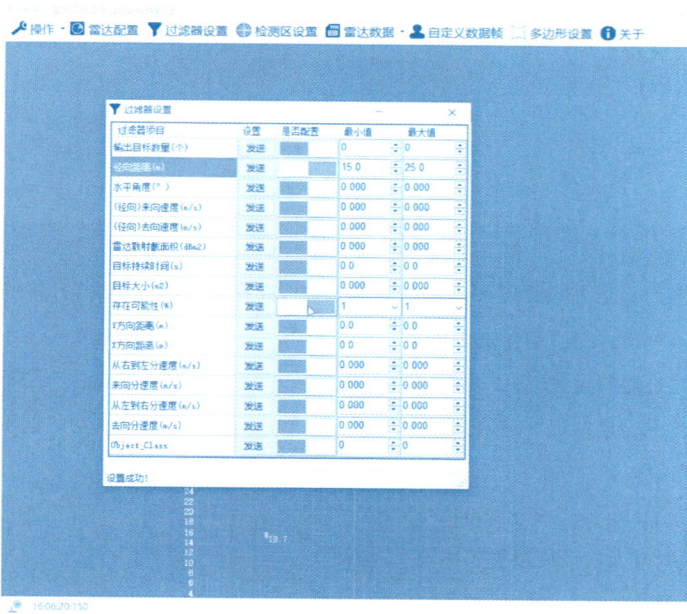

图 4-4-3　"过滤器设置"示意图

（3）多边形设置

① 多边形设置是指设置毫米波雷达检测的感兴趣区域。

② 毫米波雷达传感器"多边形设置"参数要求如下。

● 使能 CAN TX 为 Active 与 Valid。

（续表）

● P4x:50。P4y:6。P3x:50。P3y:−6。P1x:0。P1y:6。P2x:0。P2y:−6。
③ 配置步骤如下：
点击"多边形设置"菜单，弹出"Polygon"窗口，在弹出的窗口中根据"多边形参数设置要求"，找到相应的参数名进行参数修改，配置成功后，点击"发送配置"。图 4-4-4 为"多边形设置"示意图。

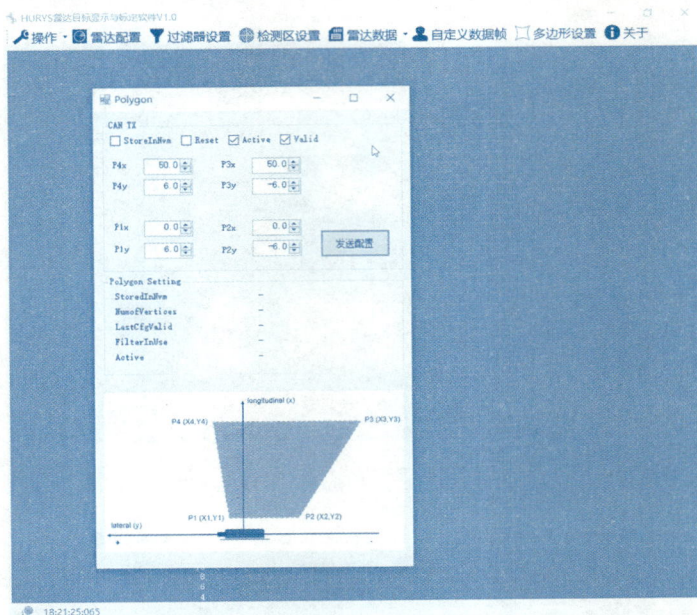

图 4-4-4 "多边形设置"示意图

（4）配置验证
① 将毫米波雷达传感器下电，再重新上电；
② 启动上位机 ARS_408 软件；
③ 分别点击"雷达配置""过滤器设置""多边形设置"菜单栏，查看相应的参数信息是否与设置要求一致

实操记录	"雷达配置"操作是否成功	□成功 □不成功
	"过滤器设置"操作是否成功	□成功 □不成功
	"多边形设置"操作是否成功	□成功 □不成功

二、激光雷达传感器网络配置

① 双击打开 Wireshark 软件，选择"本地连接"；
② 在"Source"列中读取激光雷达传感器的本地 IP 地址；

③ 在"Destination"列中读取激光雷达传感器的目标 IP 地址；
④ 打开控制面板中"网络和共享中心"；
⑤ 点击"本地连接"；
⑥ 在弹出的状态框中点击"属性"，双击"TCP/IP4 协议版本"；
⑦ 在"常规"窗口中选择"使用下面的 IP 地址"，然后输入相应的激光雷达传感器的目标 IP 地址、子网掩码、默认网关；

（续表）

⑧ 点击"确定"完成激光雷达传感器的网络配置及目标 IP 地址的设置	
激光雷达传感器网络配置 IP 地址读取	"Source"列本地 IP 地址：_____
	"Destination"列目标 IP 地址：_____
激光雷达传感器目标 IP 的设置	IP 地址：_____
	子网掩码：_____
	默认网关：_____

三、双目摄像头传感器的装配与调试

1. 双目摄像头传感器安装

① 将自动驾驶低速车下电；

② 取下电气盒盖板；

③ 移动双目摄像头传感器并固定；

④ 整理双目摄像头传感器线束并用扎带固定；

⑤ 将双目摄像头传感器与整车电源配电盒相连；

⑥ 用千兆以太网网线将双目摄像头传感器和 4G 路由器连接，并用扎带固定

安装步骤	拆卸电气盒盖板上螺丝使用的工具是_____
	双目摄像头需移动至_____再固定

2. 双目摄像头传感器联调

将自动驾驶低速车上电，判断双目摄像头与整车的联通状态

	步骤 1	进入 Ubuntu 操作系统，右击桌面"打开终端"
	步骤 2	输入_____命令，将当前目录切换到 apollo 源码所在目录
	步骤 3	执行_____命令
	步骤 4	执行_____命令
	步骤 5	apollo Dreamview（□是　□否）正常启动
实操记录	步骤 6	进入 apollo Dreamview
	步骤 7	选择车型_____
	步骤 8	在 Module Controller 界面"Modules"中点击"Camera"，运行 camera 模块
	步骤 9	打开"Others"操作栏中"Camera sensor"，双目摄像头（□是　□否）弹出拍摄画面
	步骤 10	双目摄像头与整车的联通状态（□是　□否）正常

（续表）

四、车载卫星导航定位系统参数配置

1. 车载卫星导航定位系统杆臂值测量

（1）Y 轴方向杆臂误差值测量

注意事项：

Y 轴方向杆臂误差值是指后天线中心点垂直于 GNSS 接收机中心点 X 轴的距离。

① 将激光测距仪垂直向下放置在后天线固定点下方，激光测距仪在自动驾驶低速车上生成的激光点即后天线固定点在车身上的投影，用记号笔标记投影点 a（图 4-4-5）；

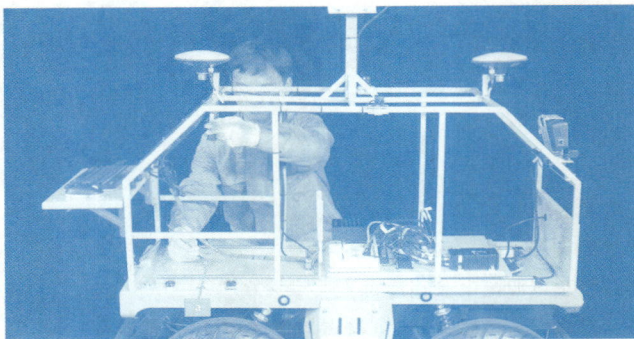

图 4-4-5　激光测距仪在自动驾驶低速车上生成的激光点 a

② 在后天线固定点 Y 轴方向的车身支架上另选一点，使用激光测距仪确定其在车身上的投影，用记号笔标记投影点 b，激光测距仪在自动驾驶低速车上生成的激光点 b（图 4-4-6）；

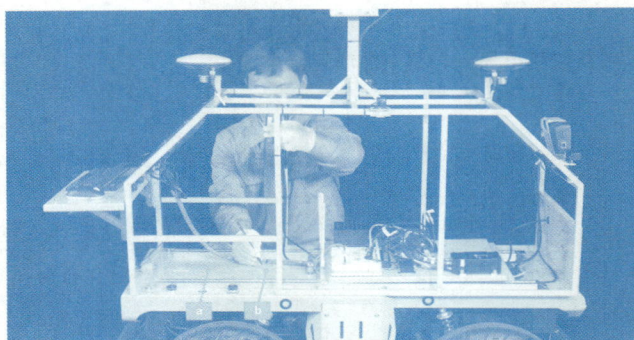

图 4-4-6　激光测距仪在自动驾驶低速车上生成的激光点 b

③ 使用直尺和记号笔将两个投影点 a、b 连成一条线段；

④ 作出一条过 a 点且垂直于线段 ab 的直线 ac；

⑤ 使用卷尺测量 GNSS 接收机中心点到直线 ac 的垂直距离 L_1；

⑥ 测量并记录后天线中心点到固定点的水平距离 L_2；

⑦ L_1 与 L_2 的距离之和即 Y 轴方向杆臂误差值，记录该数值。

（2）X 轴方向杆臂误差值测量

注意事项：X 轴方向杆臂误差值是指后天线中心点垂直于 GNSS 接收机中心点 Y 轴方向的距离。

使用卷尺测量 GNSS 接收机中心点到线段 ab 延长线的垂直距离 L_3，该距离即 X 轴方向杆臂误差值，记录该数值。

（续表）

（3）Z 轴方向杆臂误差值测量 注意事项：Z 轴方向杆臂误差值是指后天线中心点到 GNSS 接收机中心点的垂直高度。 ① 使用直尺测量 GNSS 接收机在 Z 轴方向的高度，高度的一半即 GNSS 接收机几何中心距其上表面的距离 H_1； ② 使用卷尺测量 GNSS 接收机上表面到天线安装高度所在平面的垂直高度 H_2； ③ 使用卷尺测量安装支架固定点到后天线几何中心的高度 H_3； ④ H_1、H_2、H_3 三者的高度之和即 Z 轴方向杆臂误差值，记录该数值	

Y 轴方向 杆臂误差值	在图 4-4-7 中标出 L_1 和 L_2 的测量位置： 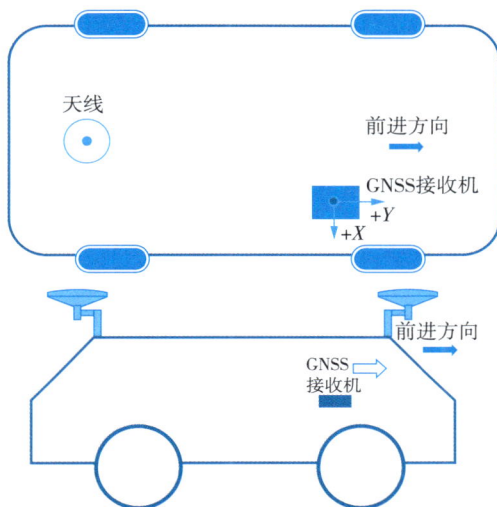 图 4-4-7　Y 轴方向杆臂误差测量示意
	实际测得的 GNSS 接收机中心点到直线 ac 的垂直距离 L_2 是＿＿＿＿＿＿＿＿
	实际测得的后天线中心点到固定点的距离 L_2 是＿＿＿＿＿＿＿＿
	Y 轴方向杆臂误差值计算公式：$L_1+L_2＝Y$ 轴方向杆臂误差值
	实际计算的 Y 轴方向杆臂误差值是＿＿＿＿＿＿＿＿
X 轴方向 杆臂误差值	在图 4-4-8 中标出 L_3 的测量位置： 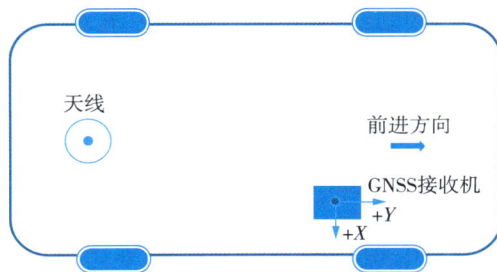 图 4-4-8　X 轴方向杆臂误差测量示意
	实际测得的 GNSS 接收机中心点到线段 ab 延长线的垂直距离 L_3 是＿＿＿＿＿＿＿＿
	X 轴方向杆臂误差值是＿＿＿＿＿＿＿＿

（续表）

Z 轴方向杆臂误差值	在图 4-4-9 中标出 H_1、H_2 和 H_3 的测量位置： 图 4-4-9　Z 轴方向杆臂误差测量示意 实际测量的 GNSS 接收机在 Z 轴方向的高度是＿＿＿＿＿＿＿＿。GNSS 接收机几何中心距其上表面的距离 H_1 是＿＿＿＿＿＿＿ 实际测量的 GNSS 接收机上表面到天线安装高度所在平面的垂直高度 H_2 是＿＿＿＿ 实际测量安装支架固定点到后天线几何中心的高度 H_3：＿＿＿＿＿＿＿＿ Z 轴方向杆臂误差值计算公式：$H_1+H_2+H_3=Z$ 轴方向的杆臂误差值 Z 轴方向杆臂误差值是＿＿＿＿＿＿＿＿

2. 车载卫星导航定位系统参数配置

（1）准备工作

① 将车辆开至合适位置；

② 连接相关线束；

③ 电脑设备管理器数据正常。

（2）导航模式配置设置

① 在 GNSS 接收机的产品手册中查阅并记录 GNSS 接收机的通信速率。

② 打开 COMCenter 软件，选择"COM6"串口，选择与设备相匹配的通信速率"115200bps"。

注意事项：

不要选择"16 进制收""16 进制发"模式。

③ 根据导航模式设置要求，在控制台中输入配置命令。

● 精对准设置命令：$ cmd,set,navmode,finealign,off * ff。

● 粗对准设置命令：$ cmd,set,navmode,corsealign,off * ff。

● 动态对设置命令：$ cmd,set,navmode,dynamicalign,on * ff。

● 卫星定位设置命令：$ cmd,set,navmode,gnss,double * ff。

● 车载模式设置命令：$ cmd,set,navmode,carmode,on * ff。

（续表）

- 零速模式设置命令：$ cmd,set,navmode,zupt,on * ff。
- 固件索引设置命令：$ cmd,set,navmode,firmwareindex,0 * ff。

④ 当发送完配置命令后,若反馈配置状态字段为"$ cmd,config,ok * ff",说明配置成功。

⑤ 对配置进行保存,输入设置指令："$ cmd,save,config * ff"。

⑥ 配置保存完成后,需要对 GNSS 接收机重新上电。

（3）车载卫星导航定位系统协议输出配置

① 以 GNSS 接收机全状态数据线上的 USB 端口作为导航数据输出端口,对其进行配置。

② 根据协议输出配置要求在控制台中输入配置命令：

$ cmd,output,usb0,rawimub,0.010 * ff;

$ cmd,output,usb0,inspvab,0.010 * ff;

$ cmd,through,usb0,bestposb,1.000 * ff;

$ cmd,through,usb0,rangeb,1.000 * ff;

$ cmd,through,usb0,gpsephemb,1.000 * ff;

$ cmd,through,usb0,gloephemerisb,1.000 * ff;

$ cmd,through,usb0,bdsephemerisb,1.000 * ff;

$ cmd,through,usb0,headingb,1.000 * ff。

③ 配置成功后,需要输入保存设置的指令"$ cmd,save,config * ff",对配置进行保存。

④ 输入当前协议输出配置状态命令"$ cmd,get,output * ff"验证协议,检查输出配置是否配置成功。

（4）车载卫星导航定位系统杆臂误差值及差分数据配置

① 将自动驾驶低速车上电,进入"Ubuntu"系统。

② 右击桌面上"打开终端",输入命令"ifconfig"查看以太网端口"eth0"。

③ 读取自动驾驶低速车计算单元的 IP 地址(为"192.168.1.9"),子网掩码是"255.255.255.0"。

④ 将笔记本电脑连接自动驾驶低速车的 4G 路由器无线网络。

⑤ 打开 Xshell 软件,新建会话,创建会话名称,以"apollo"为例,输入车载计算单元的 IP 地址。

⑥ 输入车载计算单元的用户名及密码,"点击确定"进行用户身份认证,选择会话"apollo",点击"连接",进入终端界面。

⑦ 输入"cd/apollo"命令,将当前目录切换到 apollo 源码所在目录。

- 执行"docker/scripts/dev_into. sh"命令。
- 执行". /scripts/bootstrap. sh"命令。

⑧ 用谷歌浏览器访问"http://localhost:8888"网址。点击"Setup Wizard"菜单,在"车辆配置界面"中点击"下一步",进入"GPS 接收机配置"界面,对接收机的参数进行配置。

⑨ RTK 的配置参数是由差分数据服务商提供的,本实训采用的服务是"千寻厘米级定位服务"。

- RTK 基站地址:203.107.45.154。
- RTK 基站端口:8002。
- RTK 基站用户名:* * * * * *。
- RTK 基站密码:* * * * * *。
- RTK 基站挂载点:RTCM32_GGB。
- HeadOffset 是指天线角度补偿设置,默认配置为"0"。如果天线不是前后安装的,而是左右安装的,那么需要进行天线角度补偿设置;此处设置为"0.0000"。

（续表）

	● 配置 GNSS 接收机 IP 地址，使用车载 4G 无线路由器 IP 网段未被占用的 IP 地址。 ● 配置 GNSS 接收机 IP 子网掩码。 ● 配置 GNSS 接收机 IP 网关为车载 4G 无线路由器的默认 IP 地址"192.168.1.1"。 ⑩ 杆臂值参数按照"车载卫星导航定位系统杆臂值测量"操作步骤中记录的数值进行填写。 ⑪ 参数填写完成后，按照 Apollo 配置引导界面，点击"下一步"，完成配置，将车载计算单元关机并进行整车下电再上电
准备工作	将自动驾驶低速车（□是　□否）移至能接收到较强的卫星定位信号的封闭场地
	将车辆上的 RS232 转接线 USB 端口（□是　□否）连接至笔记本电脑
	打开电脑设备管理器，查看 RS232 转接线的设备端口号，端口号为＿＿＿＿＿＿＿＿＿＿＿
导航模式配置 设置记录	产品手册提供的 GNSS 接收机的通信速率是＿＿＿＿＿＿＿＿＿＿＿＿＿＿＿＿＿＿＿＿＿
	打开 COMCenter 软件，选择＿＿＿＿＿＿串口，选择与设备相匹配的通信速率＿＿＿＿＿＿
	（□是　□否）按照正确的设置命令要求，在控制台中输入配置命令
	发送完配置命令后，反馈配置状态字段为＿＿＿＿＿＿＿＿＿＿＿＿。配置（□是　□否）成功
车载卫星导航 定位系统协议 输出配置记录	（□是　□否）按照正确的设置命令要求，在控制台中输入配置命令
	发送完配置命令后，反馈配置状态字段为＿＿＿＿＿＿＿＿＿＿＿＿。配置（□是　□否）成功
	（□是　□否）输入车载卫星导航定位系统的导航状态命令，检查导航配置（□是　□否）成功；配置导航（□是　□否）成功
	（□是　□否）按照正确的设置命令要求，在控制台中输入配置命令
车载卫星导航 定位系统杆臂 误差值及差分 数据配置记录	在进行车载卫星导航定位系统杆臂误差值及差分数据配置之前，（□是　□否）将与笔记本电脑连接的 RS232 转接线 USB 端口断开，重新连接至车载 USB 集线器
	读取的自动驾驶低速车计算单元的 IP 地址为＿＿＿＿＿＿，子网掩码是＿＿＿＿＿＿＿＿＿
	打开 Xshell 软件，输入的车载计算单元的 IP 地址是＿＿＿＿＿＿＿＿＿＿＿＿＿＿＿＿

五、自动驾驶系统功能模块离线验证

① 将自动驾驶低速车上电，进入 Ubuntu 系统；

② 右击桌面上"打开终端"，输入命令"ifconfig"查看以太网端口"eth0"。

③ 读取自动驾驶低速车计算单元的 IP 地址，IP 地址为"192.168.1.9"，子网掩码是"255.255.255.0"。

④ 使笔记本电脑连接自动驾驶低速车的 4G 路由器无线网络。

⑤ 打开 Xshell 软件，"新建"会话，创建会话名称，以"apollo"为例，输入车载计算单元的 IP 地址。

⑥ 输入车载计算单元的用户名及密码，点击"确定"进行用户身份认证，选择会话"apollo"，点击"连接"，进入终端界面。

⑦ 输入"cd /apollo"命令，将当前目录切换到 apollo 源码所在目录：

● 执行"docker/scripts/dev_into. sh"命令。

● 执行". /scripts/bootstrap/sh"命令。

⑧ 若界面中显示"Dreamview is running at http://localhost:8888"，用谷歌浏览器能成功访问"http://localhost:8888"，则表示 apollo Dreamview 已正常启动。

⑨ 返回终端，执行"rosbag play demo_2.5.bag"，进入"apollo Dreamview"。

（续表）

⑩ 在 Module Controller 界面上"Modules"中分别启动"Control""Perception""Prediction""Planning"模块。
⑪ 若数据回放正常,则说明自动驾驶系统功能模块状态正常

自动驾驶系统 功能模块离线 验证记录	将自动驾驶低速车上电,进入_____系统
	读取的自动驾驶低速车计算单元的 IP 地址为_____,子网掩码是_____
	使笔记本电脑连接自动驾驶低速车的_____
	打开 Xshell 软件,输入车载计算单元的 IP 地址:_____
	(□是　□否)输入车载计算单元的用户名及密码
	(□是　□否)输入"cd /apollo"命令,将当前目录切换到 apollo 源码所在目录,执行相关命令
	数据(□是　□否)回放正常,自动驾驶功能模块状态(□是　□否)正常

六、车载卫星导航定位系统整车联调及常见故障排查

1. 整车联调测试

① 通过笔记本 Xshell 软件远程进入 Dreamview,用谷歌 Chrome 浏览器登入 Dreamview web 网址"192.168.1.9:8888",访问 Dreamview 界面;
② 进入"Module Controller"栏,在"modules"中启动"GPS"和"IMU"模块;
③ 观察左侧"Hardware‑GPS"状态,若其由"ERROR"变为"OK",则 GPS 已启动;
④ 返回终端,输入"rostopic echo /apollo/sensor/gnss/best_pose",查看 GPS 后台数据,如果有数据显示,说明 GPS 与自动驾驶系统通信正常

联调测试记录	(□是　□否)用谷歌 Chrome 浏览器登入 Dreamview web 网址"192.168.1.9:8888",访问 Dreamview 界面
	(□是　□否)进入"Module Controller"界面,在"modules"中分别启动_____模块
	观察左侧"Hardware‑GPS"状态,"ERROR"(□是　□否)变为"OK"
	输入命令"rostopic echo /apollo/sensor/gnss/best_pose",(□是　□否)有惯性测量单元后台数据显示,如果有数据显示,说明_____

2. 录制地图

遥控自动驾驶低速车,开始录制地图

录制地图记录	步骤 1	(□是　□否)返回 dreamview"Module Controller"界面
	步骤 2	(□是　□否)关闭"Ultrasonic"
	步骤 3	启动_____3 个模块
	步骤 4	进入"Tasks"界面,点击右侧"Start record map"
	步骤 5	通过遥控器控制车辆行驶,行驶过程中(□是　□否)出现倒车现象。若出现倒车,需_____
	步骤 6	自动驾驶车辆到达目标地点后,(□是　□否)在"Tasks"界面右侧点击"Stop"命令,结束地图录制
	步骤 7	遥控车辆返回录制起点

（续表）

3. 基于车载卫星导航定位系统的循迹功能验证			
进行车载卫星导航定位系统的循迹功能验证			
循迹功能 验证记录	步骤 1	选择录制的地图，刷新界面	
	步骤 2	进入"Module Controller"界面，启动＿＿＿＿＿＿＿＿＿＿＿＿＿＿＿＿＿＿＿＿＿＿＿＿＿＿＿＿＿＿＿＿＿＿＿模块	
	步骤 3	进入"Routing adding"界面，（□是　□否）在地图路径上标记终点位置，（□是　□否）点击"Send Routing Request"，定义目标终点是＿＿＿＿＿＿＿＿＿＿＿＿＿＿＿＿＿＿＿＿＿＿＿	
	步骤 4	遥控车辆，车辆位置和方向与地图路径的起点位置（□是　□否）吻合，此时地图路径上显示的终点及路径规划信息是＿＿＿＿＿＿＿＿＿＿＿＿＿＿＿＿＿＿＿＿＿	
	步骤 5	返回"Module Controller"界面，启动＿＿＿＿＿＿＿＿＿＿＿＿＿＿＿＿＿＿＿＿＿＿模块	
	步骤 6	返回"Tasks"界面，开启"Start Auto"功能，观察界面右侧，右侧的现象：＿＿＿＿＿＿＿	
	步骤 7	（□是　□否）将自动驾驶遥控器由手动控制状态切换为自动驾驶状态	
	步骤 8	自动驾驶低速车按照预定路径自动行驶，说明：＿＿＿	

任务总结

请对本任务的完成情况及相关思考进行总结并填写：

任务 5　车道保持辅助系统

车道保持辅助（lane keeping assist，LKA）系统是在车道偏离预警（lane departure warning，LDW）系统基础上发展而来的一种主动控制类驾驶辅助系统。

LDW 系统是一种通过报警或振动提醒驾驶员，减少因车道偏离而导致的交通事故的系统。它通过摄像头、雷达等传感器检测车辆位置，

【微课】
车道保持辅助系统

当车辆未使用变道信号而越过车道标线时,系统会发出警告,提醒驾驶员避免危险。而 LKA 系统则在 LDW 系统的基础上增加了主动控制功能,当碰撞预警持续一段时间后,若驾驶员未采取措施,LKA 系统会控制车辆回归原车道,确保行车安全。车道保持辅助系统如图 4-5-1 所示。LDW 系统是 LKA 系统的子系统,LKA 系统是 LDW 系统的扩展系统。

图 4-5-1　车道保持辅助系统

一、LKA 系统的组成及原理

LKA 系统主要由感知层、信息处理层、决策层和执行层四部分组成(图 4-5-2)。

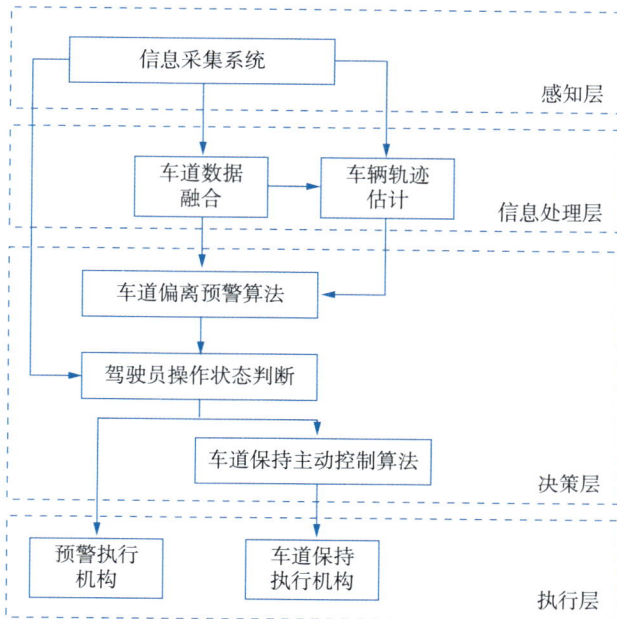

图 4-5-2　LKA 系统总体结构

感知层，即信息采集系统，主要由传感器和图像处理模块构成，是 LKA 车道线信号和车辆状态信号的来源。其所采集的信息包括车辆位置、道路情况、驾驶员转向力矩、转向盘转角及整车动力学信息等。

信息处理层接收感知层采集的各种信号并进行数据处理，得到车辆与车道线的相对位置关系，然后向决策层各模块传递处理后的信号。

决策层由三部分组成：车道偏离预警算法、驾驶员操作状态辨识算法、车道保持主动控制算法。此层通过收集车辆位置、方向及运动状态等信息，结合驾驶员操作行为，判断其状态。当检测到车道偏离风险时，决策层向执行层发送指令，控制 LKA 系统的工作状态。

执行层包括预警执行机构和车道保持执行机构。预警执行机构执行决策层的预警命令，采用声、光、振动等方式。车道保持执行机构通过转向或制动系统控制车辆运动，修正轨迹，保持原车道行驶。

二、LKA 系统的关键技术

LKA 系统的关键技术主要包括环境感知技术、车道偏离预警算法和车道保持辅助控制技术这几个方面。

(一)环境感知技术

在 LKA 系统中，最重要的环境感知内容就是对车道线的识别了。目前实现车道线识别的途径主要有 Look - Down 和 Look - Ahead 两类。

Look - Down，即在路面下安装线圈或磁导体标识安全行驶区域，利用汽车底盘的磁传感器获取车辆位置。Look - Down 方法不受天气、光照、路面杂质和障碍物等干扰，具有简单、方便、稳定的优点。然而，Look - Down 由于会破坏路基路面且维护成本高，因此难以在实际中推广。

Look - Ahead，即用车载摄像头或激光雷达采集道路图像，将道路图像转换为数字信号后，由算法处理芯片处理。早期使用具有图片处理功能的摄像头检测车道线和车辆位置，也有采用激光雷达尝试的。现在融合雷达和摄像头数据提高检测能力成为趋势。Look - Ahead 方法成本低、不损伤道路，但易受天气和路面障碍物干扰，图像处理和分析算法复杂。车道线识别过程(图 4 - 5 - 3)包括图像预处理、感兴趣区域设定、车道线边缘检测、消失点检测和特征点拟合成线。

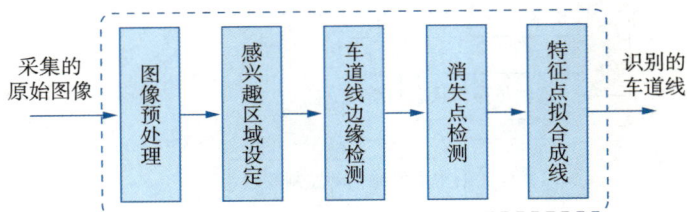

图 4 - 5 - 3 车道线识别过程

(二)车道偏离预警算法

车道偏离预警算法是一种利用视觉传感器或雷达探测车道线，结合车辆位置信息和状态信息,判断车辆与车道线相对位置关系的控制算法。多数预警算法采用视觉传感器获取车道线信息,再通过预警决策算法判断车辆是否偏离原车道。

现阶段,车道偏离预警算法主要有 8 种,包括跨道时间(TLC)算法、未来偏移距离(FOD)算法、车辆当前位置(CCP)算法、边缘分布函数(EDF)算法、预瞄轨迹偏离(TTD)算法、瞬时侧向位移预警算法、横向速度评价算法和路边振动带(RRS)算法。

各算法的基本判断逻辑及优缺点见表 4-5-1 所列。其中 TLC 和 FOD 两种算法的使用条件简单且精度较高,目前应用较多。

表 4-5-1　各算法的基本判断逻辑及优缺点

预警算法名称	基本判断逻辑	优点	缺点
跨道时间(TLC)算法	假设车辆保持当前运动状态不变,计算从当前位置运动至左前轮或右前轮触及车道边界线为止所经历的时间。若计算所得时间值小于设定阈值,系统报警	算法简单,参数容易测量,预警较早,使驾驶员有时间纠正车辆运动	假设偏离过程中转向盘转角、车速和航向角都不变,但实际驾驶情况难以完全满足假设条件,精度较低
未来偏移距离(FOD)算法	与 TLC 一样,都是以汽车即将跨越道路边界的时间来判断汽车是否会出现车道偏离的。但在考虑驾驶员的习惯偏移量对预警边界位置的影响的前提下,另外设置了一条可调节位置的虚拟车道线,允许车辆在到达虚拟边界线前偏离车道	根据驾驶员习惯的不同,可设置多个预警阈值,在保证预警时间的同时更符合实际中多样化的驾驶习惯,可有效降低误警率,提高驾驶员对系统的接受程度	需假设驾驶员能跟随道路曲率变化且横摆角速度不变
车辆当前位置(CCP)算法	根据车辆相对于当前车道的位置信息,计算车辆与当前车道中线的距离,借助车辆宽度和车道宽度信息来判断车辆是否出现横穿车道线的现象	所需参数少且准确度高,适用于车辆中轴线平行于车道中轴线的情况	只能判断当前时刻车辆是否发生车道偏离现象而不能提前一定时间实现预警功能
边缘分布函数(EDF)算法	通过边缘分布函数将车辆的位置与车道信息联系起来	不需要摄像机和车辆的相关参数,也不受道路变化的影响,仅将道路图像边缘分布函数对称轴的偏移量与设定的阈值进行比较就可判断出车辆是否发生偏离	算法复杂
预瞄轨迹偏离(TTD)算法	TTD 即从最初状态到汽车轨迹与预期轨迹偏差达到期望值所经历的时间;若 TTD 时间比给定的时间阈值小,则系统报警	车辆能够始终在最优路径上行驶,即在车道中心线上行驶,对车道偏离更具有预见性	算法复杂,最优路径的精度直接影响系统预警精度;若驾驶员在弯道上紧急转向,则容易产生误警

（续表）

预警算法名称	基本判断逻辑	优点	缺点
瞬时侧向位移预警算法	将汽车中心偏离车道中心的瞬时侧向位移值作为评价指标,当瞬时侧向位移值大于事先给定的阈值时,系统报警	算法简单,在实际应用中易于实现	忽略汽车运动轨迹,当车辆偏离道路中心一定距离且平行于车道行驶时,易产生误警;当车辆以较大角度偏离当前行驶车道时,系统报警时间较滞后
横向速度评价算法	以车辆的侧向速度作为评价指标,当车辆以比较大的速度偏离道路边界线时,系统报警	算法简单,在实际应用中易于实现	当车辆在道路上左右摇摆行驶或驾驶员快速纠正即将偏离车道的车辆时,该算法会产生误警
路边振动带(RRS)算法	建设道路时在道路路肩上设置一个宽 15 cm、长 45 cm 的凹槽,若车辆偏离车道进入该凹槽,轮胎会和凹槽接触而发生摩擦,二者摩擦发出的声音提醒驾驶员车辆偏离原车道需要纠正车辆运动方向	预警信息准确,可显著降低误警率,减少车道偏离事件	停车振动等基础设施昂贵,且振动带位置固定后很难改变;留给驾驶员反应的时间较短,另外对激进型驾驶员而言误警率较高

（三）车道保持辅助控制技术

常用的车道保持辅助控制技术主要有主动转向技术、差动制动技术、主动转矩分配技术等。

① 主动转向技术:通过转向机构改变前轮转角,控制车辆轨迹。常用系统包括电子液压转向、电动助力转向(EPS)和线控转向(SBW)系统。

② 差动制动技术:通过制动系统分配左、右车轮制动力,实现差动制动,利用横摆力矩控制车辆回归正确路径。常用系统包括防抱死制动(ABS)和电子稳定控制(ESC)系统。

③ 主动转矩分配技术:在全轮驱动车辆上,根据差动力矩分配方法,使各车轮驱动力矩不同,通过控制横摆运动,实现对车辆轨迹的控制。

现阶段,电动助力转向(EPS)系统在车道保持辅助系统中的应用最为普遍。

三、LKA 系统的技术要求

LKA 系统自诞生以来,系统功能及测试标准不断完善,对系统应用和发展有重要作用。ISO 17361:2007(E)中发布了 LDW 测试标准,ISO 11270:2014(E)中发布了 LKA 测试指导标准。2016 年,EURO NCAP 规定装备 LDW 的车辆可获得更高安全评级,同时交通运输部也规定车长 9 m 以上的营运客车应装备 LDW。2019 年 1 月,全国汽车标准化技术委员会智能网联汽车分会发布了关于 LKA 性能要求和试验方法的征求意见稿。征求意见稿中对 LKA 系统的技术要求如下。

（一）一般要求

➢ 系统在可视车道边线环境中应能识别车辆与车道边线的相对位置,辅助驾驶员将车辆保持在原车道内行驶。

➤ 系统至少应具备车道偏离抑制功能或车道居中控制功能。

➤ 系统应具备开机自检功能,应能检查 LKA 系统相关的主要电气部件和传感元件是否可以正常工作。

➤ 系统应设置开/关功能,以便驾驶员根据意图进行操作,且应避免驾驶员误操作。

➤ 系统应监测自身状态并向驾驶员提示系统当前状态(包括系统故障、系统的开/关等),提示的状态信息应清晰、易懂。系统的开/关状态提示允许驾驶员通过调取菜单等间接方式查看。

➤ 系统应有一定的抑制、失效、退出条件并通过机动车产品使用说明书加以说明。

➤ 系统的状态应该可转换。LKA 系统状态转换如图 4-5-4 所示。

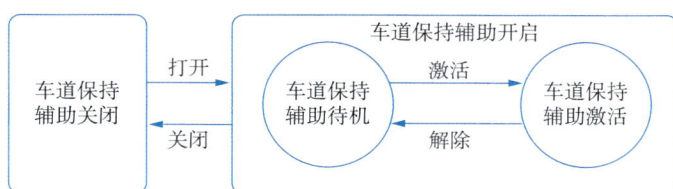

图 4-5-4　LKA 系统状态转换

① LKA 系统可以通过驾驶员或系统自动开启和关闭。系统自动开启的条件是点火开关已开启且系统未失效。系统自动关闭的条件是点火开关关闭或系统发生失效。

② 在 LKA 系统待机时,系统应评估激活条件,此时不得执行车道保持行为。激活条件之一是确定车辆相对于车道边线的位置。制造商可决定检测一侧还是双侧车道边线,并确定其他条件(如标线类型、最小车速、驾驶行为、转向角度等)。满足所有条件后,系统从待机状态转为激活状态,可由驾驶员确认或系统自动完成。

③ 在 LKA 系统激活时,系统应评估激活条件。如不满足,系统应从激活状态转为待机状态。当车辆可能无意识偏离车道时,LKA 系统会进行横向移动,帮助驾驶员保持车辆在车道内。车道保持动作通过增大 TTLC(时间到线路交叉)影响车辆在车道内的横向运动(除非驾驶员影响超过系统)。系统可检测抑制要求,减少不必要的车道保持动作。例如,驾驶员开启转向灯时可发出抑制请求。

(二)性能要求

➤ 系统在可视车道边线环境中应能识别车辆与车道边线的相对位置,辅助驾驶员将车辆保持在原车道内行驶。

➤ 系统的车道偏离抑制功能不应使车辆偏离超过车道边线外侧 0.4 m,车道居中控制功能不应使车辆偏离超过车道边线外侧。

➤ 由车道偏离抑制功能引起的车辆纵向减速度不超过 3 m/s²,引起的车速减少量不超过 5 m/s;

➤ 系统激活引发的车辆横向加速度不大于 3 m/s²,车辆横向加速度变化率不大于 5 m/s³。

➤ 系统应在 V_{min} 至 V_{max} 之间的车速范围内正常运行,其中,V_{min} 为 72 km/h,V_{max} 为 120 km/h 和最高设计车速两者之间的较小值。系统也可以在更宽的车速范围内正常运行。

四、LKA 系统的发展趋势

在环境感知方面,现有系统对完整、平直的车道线识别较好,但对弯曲、残缺、污损或被遮蔽的车道线识别则存在困难,易受影响。车道线识别的实时性和鲁棒性需进一步加强。

因此,LKA 技术发展应着重提升传感器性能和对多传感器信息融合技术的研究,并完善车道线识别算法,提高复杂车道线识别的准确性和获取其他道路信息的能力,同时改善系统的实时性和鲁棒性。

在决策系统方面,现有算法在驾驶员意图识别方面存在不足,缺乏对其状态和习惯的考虑,导致误启动和漏启动问题频发,系统安全性和用户接受度有待提高。因此,LKA 技术需优化预警算法,提升意图识别精度,结合驾驶人状态监测和车道保持辅助系统,增强安全可靠性。同时,现有算法要分析驾驶人特性,适应不同行为习惯和不同国家的驾驶环境,提升用户对 LKA 系统应用的接受度。

任务 6 智能网联汽车交通信号灯与交通标志识别技术

一、交通信号灯识别技术

(一)交通信号灯的种类

在国内,交通信号灯的设置需遵循国家标准《道路交通信号灯》(GB 14887—2011)和《道路交通信号灯设置与安装规范》(GB 14886—2016)。交通信号灯有红、黄、绿三种颜色,每种颜色在信号灯中的位置有固定顺序。按功能分,交通信号灯有机动车、闪光警告、道口、非机动车、左转非机动车、人行横道、车道、方向指示和掉头等多种信号灯。

(二)交通信号灯的标准要求

交通信号灯是指挥交通运行的信号灯,一般由红灯、绿灯、黄灯组成。红灯表示禁止通行,绿灯表示准许通行,黄灯表示警示。

国内现行的交通信号灯都遵循国家标准 GB 14887—2011 和 GB 14886—2016。交通信号灯的尺寸、色调、饱和度、亮度等均需要满足相应的范围要求。

由国家标准可知,交通信号灯按发光单元透光面尺寸可分为 p200mm、p300mm、p400mm。

交通信号灯按光源可分为白炽灯、低压卤钨灯、发光二极管及其他符合相关标准的光源。

交通信号灯按功能可分为机动车信号灯、非机动车信号灯、人行横道信号灯、方向指示信号灯(箭头信号灯)、车道信号灯、闪光警告信号灯等。交通信号灯如图 4-6-1 所示。

图 4-6-1 交通信号灯

（三）交通信号灯识别原理

人类靠眼睛和大脑去完成对信号灯的检测与识别,一些封闭园区、测试园区可以通过 V2X、ZigBee 等近场通信的方式识别红绿灯,公共道路上的交通信号灯的检测与识别则以摄像机检测识别为主。交通信号灯检测原理如图 4-6-2 所示。

目前,使用学习能力强的卷积神经网络进行交通信号灯识别是常见做法,但这种方法需要大量训练样本来防止过拟合。传统的图像处理方法则可根据原理分为基于色彩特征、形状特征和模板匹配的识别等多种方法。

基于色彩特征的识别方法适用于背景简单的交通信号灯检测。但在实际道路场景中,复杂的背景(如车辆尾灯、行人、广告牌、树木和路牌等)会对信号灯识别造成干扰,导致虚警现象。感兴趣的信号灯区域在图像中仅占很小部分,使得基于色彩特征的识别方法在实际应用中受限。

基于形状特征的识别方法可以有效地减少基于色彩特征的识别方法识别出的虚警,但需要建立形状特征规则。针对不同样式的交通信号灯,需要建立不同的形状特征规则,这严重限制了算法的灵活性和通用性。

基于模板匹配的识别方法同样需要建立不同样式的交通信号灯模板,或者建立多级的交通信号灯模板来实现对不同样式的交通信号灯的识别。

单一方法难以有效识别交通信号灯。目前主流方法多在颜色空间中根据信号灯颜色进行分割,获取兴趣区域,再进一步利用形状和角点特征进行判定。例如,Masako Omachi 等人提出在 RGB 空间中分割信号灯,使用 HOUGH 变换检测圆形区域;徐成等人提出在 Lab 空间中分割信号灯,利用模板匹配识别状态;谷明琴等人提出在 HSV 空间中通过颜色直方图统计 H 分量,确定信号灯类型。

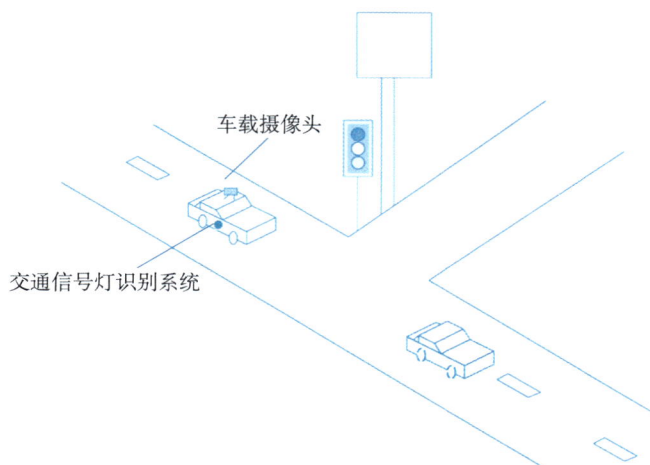

图 4-6-2　交通信号灯检测原理

（四）交通信号灯的识别方法

交通信号灯的检测与识别对无人驾驶和辅助驾驶至关重要,其精度直接关系到智能驾驶的安全性。在实际道路场景中,采集的交通信号灯图像背景复杂,信号灯区域占比小。传统图像处理方法及基于卷积神经网络的识别方法均存在挑战,如需要大量训练样本以避免过拟合。现有方法多利用颜色空间中的先验知识进行分割,并结合信号灯的形状和角点特征进行进一步判定。综上,交通信号灯的识别方法主要是结合颜色分割与特征匹配的方法。信号灯检测主要分为以下三个步骤。

1. 颜色分割

为消除噪声和光照干扰,首先对图像进行直方图均衡化,针对每个通道(R,G,B)分别进行,然后合并。交通信号灯的颜色特征是显著的,选择合适的色彩空间是关键。RGB 色彩空间中的 R、G、B 分量相关性强,受光照影响大,不利于颜色分割。因此,需要归一化处理信号灯,并统计不同环境中的红绿信号灯(R,G,B)值,确定颜色阈值。

2. 感兴趣区域提取

该步骤的主要目的是对分割的红色通道图像和绿色通道图像进行联通区域的标定,并提取区域的基本几何特征,比如长度、宽度、长宽比、面积(白色像素个数)。

3. 信号灯区域判定与识别

在前一个步骤基础上,通过信号灯的特征(如面积、形状和黑色边框),来识别真正的信号灯区域。面积阈值可根据实际情况设定,过滤过大或过小区域;对于圆形交通信号灯,采用圆形度检测,过滤圆形度过低的区域;交通信号灯灯板为黑色矩形框,可使用 SVM 分类器进行特征提取和识别。

交通信号灯识别的示例如图 4-6-3 所示。

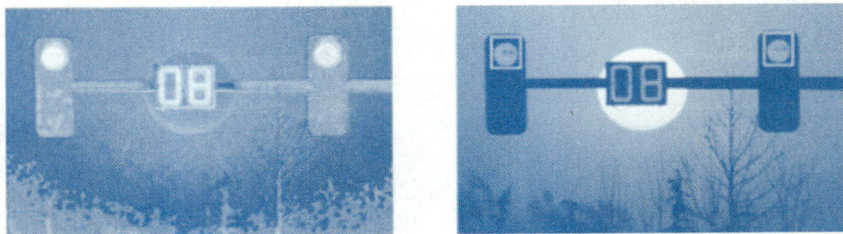

图 4-6-3　交通信号灯识别的示例

二、交通标志识别技术

(一)交通标志的种类

交通标志设置需遵循国标《道路交通标志和标线　第 2 部分:道路交通标志》(GB 5768.2—2022)。标志分主标志和辅助标志两类,主标志含警告标志、禁令标志、指示标志、指路标志、旅游区标志、告示标志六种。常见标志为警告标志、禁令标志和指示标志。

1. 警告标志

警告标志主要用来警告车辆驾驶员、行人前方有危险。警告标志的特征一般为黄色底色、黑色边缘且内部图形为黑色,形状大多数是正三角形。

2. 禁令标志

禁令标志用于限制或禁止车辆、行人的交通行为及其解除。其特点为白色背景、红色边框和黑色内部图像搭配红色斜杠(解除速度限制和超车除外),通常为圆形,特殊形状包括正八边形和倒三角形。

3. 指示标志

指示标志主要用来指示车辆及行人的行进。指示标志的特征一般为底色为蓝色,内部图形为白色,形状大多数是圆形和矩形。

(二)交通标志识别方法

当在试车环境中分割出来交通标志信息的感兴趣区域后,需要采用一定的算法对其进行判别,以便确定它属于哪一种具体的交通标志。一般的判别方法包括模板匹配法、基于聚类分析法、基于形状分析方法、基于神经网络分析法、支持向量机的方法。

1. 模板匹配法

模板匹配法涉及建立交通标志的模板库。当系统定位到感兴趣区域后,通过像素遍历与模板库中的形状进行比较。通过统计校验误差值,选择误差值最小的模板作为匹配结果。此方法简单易行,但运算量大,适应性不强,效果可能不尽如人意。

2. 基于聚类分析法

基于聚类分析法是一种建立在统计基础上的算法,抗噪声能力强,适用于自然场景图像处理。基于聚类分析法主要用于颜色识别,因交通标志颜色固定,初始聚类中心已知,分类效果好。基于聚类分析法也可对已完成聚类的区域进行二次聚类,去除噪声,提高效果。

3. 基于神经网络分析法

神经网络模拟人脑神经元网络结构,由大量相互连接的神经元构成非线性动态系统。对于交通标志认知,建议采用三层神经网络,对应于 RGB 三通道。通过控制单元,网络作为检测器,检测目标区域是否存在交通标志,并输出相应的高频或低频信号。

4. 支持向量机的方法

支持向量机的方法是一种典型的前馈神经网络方法,用于解决模式分类和非线性问题。其主要思想是建立一个最优决策超平面,使得该平面两侧距平面最近的两类样本之间的距离最大化,为分类提供更好的泛化能力。对于非线性可分模式分类问题,需要将负责的模式分类问题非线性地投射到高维特征空间中,因此只要变换是非线性的且特征空间维数够高,原始模式空间就能变成一个新的高维特征空间。

(三)交通标志的识别步骤

交通标志识别技术对智能网联汽车的无人驾驶至关重要。现有两种主要检测方法:基于颜色与图形特征的组合识别,以及基于深度学习的识别。目前量产车型多采用前者,其识别步骤主要如下。

1. 图像预处理

首先通过图像均衡、图像增强和图像去噪等算法,将图像的光线进行均衡,突出关键信息。

2. 交通标志分割

预处理后的图像含有大量信息,交通标志仅占据其中小部分区域。为减少处理数据量并提高速度,通常会先检测交通标志区域,再判断其具体含义。由于交通标志在颜色和形状上具有特殊性,因此需要进行分类。交通标志按颜色和形状分类示意如图4-6-4所示。

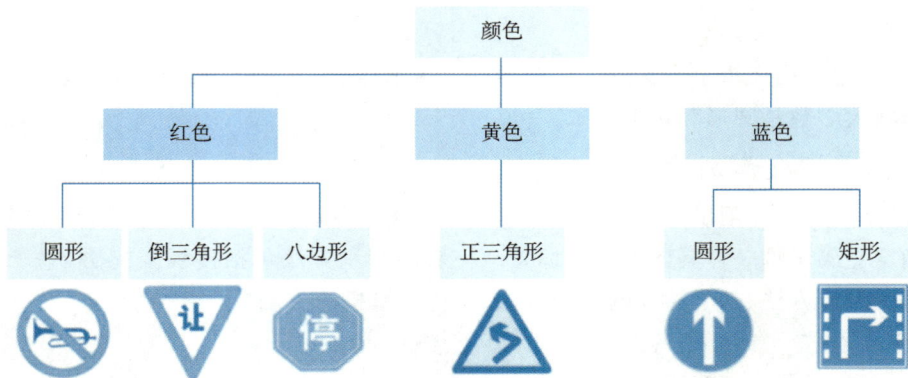

图4-6-4　交通标志按颜色和形状分类示意

颜色空间包括RGB、HSV、HSI等,需进行量化分析。以RGB为例,可将颜色分割为红、绿、蓝三种,通过设定交通标志牌常用色彩的色度坐标范围,过滤不相关颜色,快速检测交通标志牌。但仅检测颜色是不足的,还需考虑光照、背景色影响,进行形状检测。交通标志边缘清晰、形状简单,灰度图像中特征更明显。因此,通过边缘检测算子可准确检测交通标志的形状和轮廓特征。

3. 交通标志特征提取

图像的关键特征对识别具体信息至关重要,其好坏直接影响识别准确度。这些特征需具备可区分性、简约性和抗干扰度。可区分性指不同标志特征要有足够差异;简约性是在保证可区分性的前提下,用尽量少的数据表示图像特征,以提高检测速度和效率;抗干扰度则要求图像特征信息尽量少受噪声、自然光和图像畸变的影响。在交通标志的识别中,会提取颜色、线条变化、矩和灰度直方图统计等特征,并维护一个包含足够样本数量的特征库。识别时,将采集的图像特征与库中条件比对,即可得到交通标志的实际意义。

4. 识别结果匹配

图像特征与特征库数据的比对有多种方法,其中最简单的是模板匹配法,即将交通标志的特征参数规定为特定值,并在特征库中比对。然而,由于图像采集时可能存在形状畸变、颜色失真等误差,模板匹配的识别率和准确度并不高,且存在局限性。因此,需要配合其他方法进行识别判断。以模板匹配法为基础的交通标志识别结果,如图4-6-5所示。

机器学习技术的发展使图像识别发生巨大变化。通过设定简单判断条件和加入各种形态和场景下的学习样本,系统能不断提升交通标

图4-6-5　以模拟匹配法为基础的
交通标志识别结果

志识别的认知和概率。机器学习不再依赖固定参数,而是通过条件判断寻找概率最大的目标,提高识别准确度和灵活性。此技术成为研究热点,有效提高了交通标志识别的准确率和速度。

拓展阅读

一、智能网联汽车技术架构

(一)"三横两纵"的技术架构

智能网联汽车涉及汽车、信息通信、交通等多领域技术,其技术架构较为复杂,可划分为"三横两纵"式技术架构。"三横"即车辆/设施关键技术、信息交互关键技术与基础支撑技术这三大技术领域。车辆/设施关键技术方面涉及了汽车本身的技术和设备,信息交互关键技术方面涉及了车辆与外部信息的互动,基础支撑技术方面则为智能网联汽车提供了必要的基础支持。"两纵"即支撑智能网联汽车发展的车载平台及基础设施。车载平台是指为智能网联汽车提供计算和控制功能的平台,而基础设施则是指为智能网联汽车发展提供的外部环境条件,比如道路、交通和通信网络等。智能网联汽车"三横两纵"技术架构如图4-6-6所示。

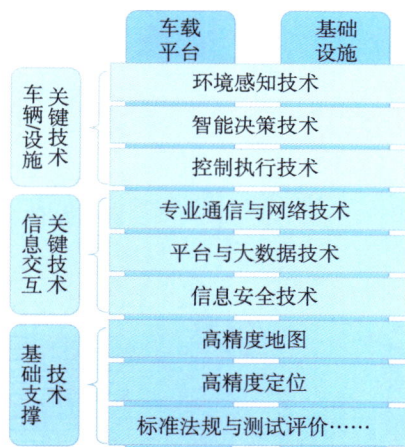

图4-6-6　智能网联汽车"三横两纵"技术架构

(二)"三横"技术体系分层

智能网联汽车的"三横"技术可细分为三层体系。第一层包含车辆/设施关键技术、信息交互关键技术、基础支撑技术三部分,各部分再细分到第二层和第三层技术。智能网联汽车的"三横"技术体系见表4-6-1所列。

表4-6-1　智能网联汽车的"三横"技术体系

第一层	第二层	第三层
车辆/设施关键技术	环境感知技术	雷达探测技术
		机器视觉技术
		车辆姿态感知技术
		乘员状态感知技术
		协同感知技术
		信息融合技术

（续表）

第一层	第二层	第三层
车辆/设施关键技术	智能决策技术	行为预测技术
		态势分析技术
		任务决策技术
		轨迹规划技术
		行为决策技术
	控制执行技术	关键执行机构（驱动/制动/转向/悬架）
		车辆纵向/横向/垂向运动控制技术
		车间协同控制技术
		车路协同控制技术
		智能电子电气架构
信息交互关键技术	专业通信与网络技术	车辆专用短程通信技术
		车载无线射频通信技术
		LTE－V 通信技术
		移动自组织网络技术
		面向智能交通的 5G 通信技术
	大数据技术	非关系型数据库技术
		数据高效存储和检索技术
		车辆数据关联分析与挖掘技术
		驾驶人行为数据分析与应用技术
	平台技术	信息服务平台
		安全/节能决策平台
	信息安全技术	车载终端信息安全技术
		手持终端信息安全技术
		路侧终端信息安全技术
		网络信息安全技术
		数据平台信息安全技术
基础支撑技术	高精度地图	三维动态高精度地图
	高精度定位	卫星定位技术
		惯性导航与航迹推算技术
		通信基站定位技术
		协作定位技术

（续表）

第一层	第二层	第三层
基础支撑技术	基础设施	路侧设施与交通信息网络建设
	车载硬件平台	通用处理平台/专用处理芯片
	车载软件平台	交互终端操作系统
		车辆控制器操作系统/共用软件基础平台
	人因工程	人机交互技术
		人机共驾技术
	整车安全架构	整车网络安全架构
		整车功能安全架构
	标准法规	标准体系与关键标准
	测试评价	测试场地规划与建设
		测试评价方法
	示范应用	示范应用与推广

二、智能网联汽车应用

智能网联汽车有着广泛的应用前景,它可以实现安全驾驶、节能环保、商务办公、信息娱乐服务等多个方面的功能。

（一）在安全行驶方面的应用

智能网联汽车的主要功能是确保汽车安全行驶。它利用环境感知、无线通信和网络通信等技术,综合运用交叉路口协助驾驶、车辆行车预警、道路危险预警、碰撞预警、交通信息提示等功能,以减少道路交通事故,保障行车安全。

【微课】
智能网联汽车
技术的应用

1. 交叉路口协助驾驶

智能网联汽车的一个典型应用是在交叉路口提供驾驶协助。它包括交通信号信息发布、盲点区域图像提供、过往行人信息传递以及交叉路口车辆启停信息服务提供。

交通信号信息发布,即通过 V2I 通信,向接近交叉路口的车辆发送当前的相位和配时信息。车辆可以根据这些信息判断乘车在绿灯剩余时间内是否能够安全通过交叉路口。同时,驾驶员也会收到提醒,以避免危险驾驶行为,并辅助驾驶员做出正确的判断。此外,驾驶员还可以通过控制车速来确保安全,以防止交叉路口发生碰撞事故。

盲点区域图像提供,即通过 V2I 通信,向那些即将准备停车或转弯的车辆提供盲点区域的图像,以避免直角碰撞事故和转弯视距不足引起的事故。这种方法有助于提供更清晰的视野,使驾驶员能够及时发现潜在的危险,并采取适当的行动。这种创新的交通安全解决方案可以帮助减少交通事故的发生,保护驾乘人员的安全。

过往行人信息传递,即通过 V2I 通信,将过往行人的信息传达给接近交叉路口的车辆,以及提供人行道及其周围行人、非机动车的相关数据,以预防交通事故的发生。

交叉路口车辆启停信息服务旨在通过车辆与交通基础设施之间的通信,使前车及时将启动信息传递给后车,从而减少后车在交叉路口等待的时间,提高路口的通行能力。

交叉路口最容易发生交通事故。智能网联汽车交叉路口的典型应用如图 4-6-7 所示。

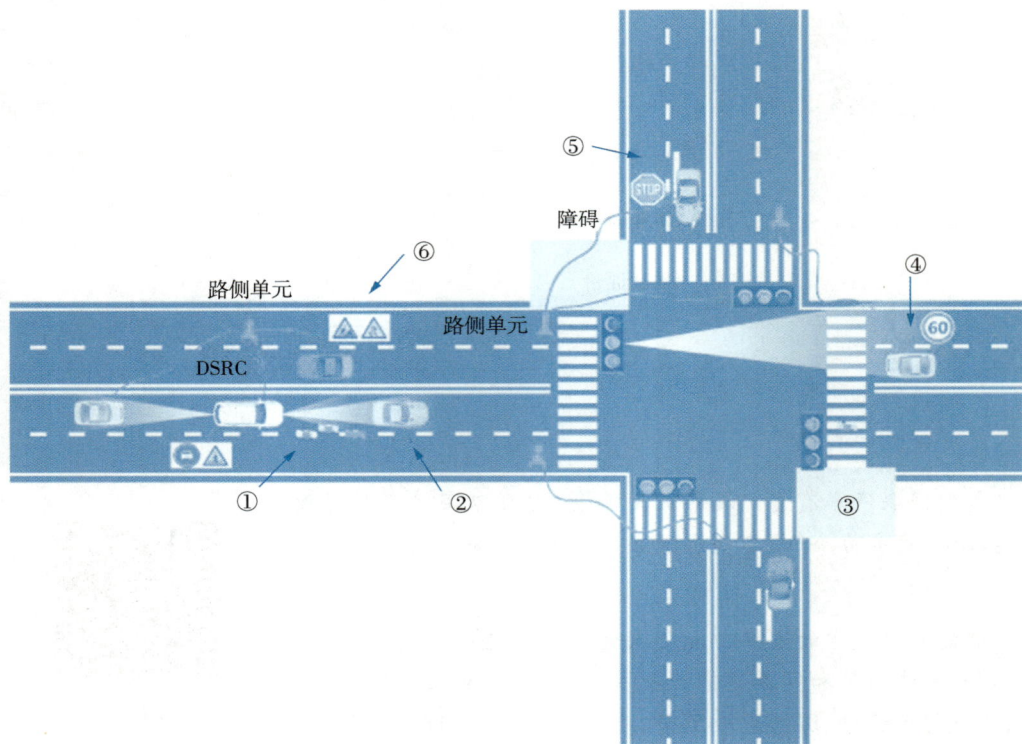

图 4-6-7　智能网联汽车交叉路口的典型应用

图 4-6-7 中,①表示利用安装在汽车上的视觉传感器,实现行人识别和防撞功能。该系统会通过视觉传感器对车辆前方的行人进行实时识别,并将识别结果显示在车载信息显示器上,以提醒驾驶员避免潜在的碰撞。②表示使用雷达技术实现车辆辨识和碰撞预防,通过安装在汽车上的雷达,能够对周围的车辆进行识别。当两车之间的距离小于安全间距时,系统会发出警报;当距离达到危险阈值时,系统会自动刹车以避免碰撞。③表示基于车路协同的行人识别及防撞,用于解决右转弯车辆在存在障碍物时无法看到右侧行人而导致危险的问题。在这种情况下,路侧单元感知到行人的存在,并将相关信息发送给右转弯车辆,提前进行预警,以防止碰撞的发生。④表示基于交通信号灯的交叉路口通行辅助,路侧单元将交通信号灯信息转发给即将经过交叉路口的车辆,车辆根据信息判断是否可通过该交叉路口。⑤表示车路协同的交叉路口主动防撞,车辆在通过

交叉路口时,会向周围的车辆发送自己的信息,以便彼此之间共享相关数据。如果车辆遇到了障碍物,它们会利用路侧单元来转发信息,并接收附近其他车辆的反馈信息。这样,不同方向的车辆都能感知到周围车辆的信息。根据这些信息和自身行驶情况,车辆可以判断是否需要避让或采取相应措施。⑥表示基于路面状态的车速自适应控制,车辆可以利用视觉传感器、短距离无线通信技术或 DSRC(专用短程通信技术)等方式来获取道路交通状况,并根据所获取的信息自动调整车辆的行驶速度,以确保安全行驶。

2. 车辆行车预警

车辆可以主动或被动地接收周围车辆的行驶信息,包括减速、加速、制动、停车、变道、超车、转向等行为的信息,还有正常行驶状态下的信息。这些信息能够帮助车辆避免或减少交通事故的发生,并提供驾驶辅助功能。

3. 道路危险预警

车辆协同系统在危险路段上能够向驾驶员提供安全辅助驾驶信息服务。该系统利用路侧单元检测前方道路状况,如交通堵塞、突发事件或路面障碍物,并通过 V2I 通信系统将实时道路信息传输给驾驶员。

安全辅助驾驶信息主要涵盖了两个方面,即发布路面信息和优化导航服务。发布路面信息是指向过往车辆发布路况信息,提醒驾驶员注意减速,以防发生事故。优化导航服务则是指路边设备检测到前方道路拥堵时,通过车与路、车与车之间的信息交互,提醒驾驶员避开拥堵道路,并为其选择最佳行驶路径。

4. 碰撞预警

当系统检测到潜在的碰撞风险时,通过 V2V、V2I 通信系统向车辆发送危险信息。这些危险信息包括障碍物的位置、速度和行进方向。这样做的目的是避免发生车辆碰撞及横向碰撞事故(即车辆与相邻车道上的变道车辆之间的碰撞)。

5. 交通信息提示

V2I 通信技术可以用于向车辆发送交通信号灯和交通标识等安全提示信息。目前驾驶员需要通过目视来获取交通信号和交通标识,这不但增加了驾驶的负担,而且在发现问题后采取应对措施的时间很短,容易导致交通事故和交通违章。通过 V2I 通信技术,道路上的设备可以将道路限速、限行和信号灯状态等信息传输给车辆。车辆可以根据这些信息及时提醒驾驶员,例如超速提醒和直行提醒等,提高驾驶的舒适性并降低交通违章率。

(二)在节能环保方面的应用

智能网联汽车利用雷达、视觉传感器等技术,能够提前感知交通信号、前方车流、限速标志和道路坡度等信息。通过车辆控制系统,智能网联汽车可以采取经济驾驶策略,以达到节能和环保的目的。

智能网联汽车优化通过连续交叉路口如图 4-6-8 所示。智能网联汽车在连续交叉路口通行系统中,通过获取交通灯、位置和车流量等信息,使用车载计算器来计算出最佳车速,并通过控制油门和制动系统来实现高效通行、保证安全,同时降低油耗。这样,整个系统不仅可以提高车辆的通行效率,还可以提高燃油经济性,减少尾气排放。

（三）在商务办公方面的应用

智能网联汽车能够用作移动办公室，在商务办公方面发挥了重要作用。它利用无线通信技术和互联网技术，方便进行文件传输、视频会话、会议交流等活动。智能网联汽车移动办公室如图4-6-9所示。

图4-6-8 智能网联汽车优化通过连续交叉路口

图4-6-9 智能网联汽车移动办公室

（四）在信息娱乐服务方面的应用

智能网联汽车提供了丰富的服务，包括信息服务、娱乐服务、预约服务和应急服务等方面。在信息服务方面，它可以提供车辆、路况、交通、导航、定位、气象、旅游、商场和活动等各种信息。而娱乐服务则包括下载音乐、电影和游戏等。此外，智能网联汽车还可以提供预约服务，包括活动、设施、餐厅、住宿、机票和保养等预约服务。最后，它还拥有应急服务功能，可以提供道路救援、救护、消防、保险等紧急情况下的帮助。如图4-6-10所示是通过智能手机查看车辆信息。

智能网联汽车技术的不断进步将引发一系列变革，从而扩大其应用领域，并对人们的生活方式产生重大影响。

图4-6-10 通过智能手机查看车辆信息

参 考 文 献

［1］何娜．工信部印发车联网（智能网联汽车）产业发展行动计划［J］．物联网技术，2019，9（1）：3＋5.

［2］中国汽车技术研究中心，日产（中国）投资有限公司，东风汽车有限公司．中国新能源汽车产业发展报告．2023［M］．北京：社会科学文献出版社，2023.

［3］中国汽车工程学会，国家智能网联汽车创新中心，罗洋坤，等．智能网联汽车智能传感器安装与调试［M］．北京：机械工业出版社，2022.

［4］中国汽车工程学会，天津智能网联汽车产业研究院．中国智能网联汽车产业发展报告．2018［M］．北京：社会科学文献出版社，2018.

［5］崔胜民．智能网联汽车新技术［M］．北京：化学工业出版社，2016.

［6］崔胜民，俞天一，王赵辉．智能网联汽车先进驾驶辅助系统关键技术［M］．北京：化学工业出版社，2019.

［7］邹德伟，李妙然．智能网联汽车技术概论［M］．2版．北京：机械工业出版社，2024.

［8］王芳荣，王鼎．汽车电工电子技术［M］．2版．北京：清华大学出版社，2018.

［9］姜立标．汽车传感器及其应用［M］．2版．北京：电子工业出版社，2013.

［10］陈慧岩，熊光明，龚建伟，等．无人驾驶汽车概论［M］．北京：北京理工大学出版社，2014.

［11］王世峰，赵馨，孟颖，等．基于人工智能的无人驾驶车辆路面识别技术［M］．北京：机械工业出版社，2018.

［12］程增木．智能网联汽车技术入门一本通［M］．北京：机械工业出版社，2021.

［13］程增木，康杰．智能网联汽车技术概论（彩色版配视频）［M］．北京：机械工业出版社，2021.

［14］郑伟．汽车自适应巡航系统控制策略研究［D］．西安：长安大学，2019.

［15］彭岳军．道路交通标志检测与识别技术研究［D］．广州：华南理工大学，2013.